本科层次职业教育发展论纲

EXPOSITION ON THE DEVELOPMENT OF BACHELOR-
LEVEL VOCATIONAL EDUCATION

◎ 李梦卿 等著

华中科技大学出版社
http://press.hust.edu.cn
中国·武汉

内 容 简 介

本科层次职业教育打破了我国职业教育人才培养止步于高职专科的"天花板",是我国职业教育乃至整个教育领域的重大制度设计和重大实践创新。2019年国务院印发的《国家职业教育改革实施方案》和2022年修订的《中华人民共和国职业教育法》为我国本科层次职业教育发展和本科层次职业学校建设提供了政策支持和法律保障。本书从创新发展的"辩"与"定",人才培养的"学"与"术",产教融合的"新"与"力",科教融汇的"变"与"通",教师队伍建设的"型"与"性",国际化发展的"进"与"出",以及国别化发展的"形"与"式"等方面系统地阐述了本科层次职业教育发展范式和路径,旨在为构建我国本科层次职业教育话语体系提供学理支持,为促进我国本科层次职业教育特色化发展提供理论支撑。

图书在版编目(CIP)数据

本科层次职业教育发展论纲 / 李梦卿等著. -- 武汉 : 华中科技大学出版社, 2024. 12.
ISBN 978-7-5772-1548-8

Ⅰ. G718.5

中国国家版本馆 CIP 数据核字第 20240FA260 号

本科层次职业教育发展论纲   李梦卿 等 著
Benke Cengci Zhiye Jiaoyu Fazhan Lungang

策划编辑:徐晓琦 周晓方
责任编辑:余晓亮
责任校对:唐梦琦
责任监印:曾 婷
出版发行:华中科技大学出版社(中国·武汉)   电话:(027)81321913
         武汉市东湖新技术开发区华工科技园   邮编:430223
录   排:武汉正风天下文化发展有限公司
印   刷:武汉科源印刷设计有限公司
开   本:710mm×1000mm 1/16
印   张:17
字   数:306千字
版   次:2024年12月第1版第1次印刷
定   价:78.00元

华中出版

前　　言

职业教育是与普通教育具有同等重要地位的教育类型，为促进我国教育公平和经济社会发展作出了巨大贡献。长期以来，我国职业教育人才培养止步于专科层次，职业教育人才培养的"天花板"抑制了技术技能人才的成长通道。2019 年，国务院印发了《国家职业教育改革实施方案》，提出要完善学历教育与培训并重的现代职业教育体系，畅通技术技能人才成长渠道；提出要开展本科层次职业教育试点，适时地为我国现代职业教育体系建设开启了一扇更加可持续发展的大门，职业教育发展的视野更加广阔。

为了有效指导各地各校开展本科层次职业教育人才培养工作，2021 年 1 月 22 日，教育部办公厅印发了《本科层次职业教育专业设置管理办法（试行）》，该文件第六条提出，高校依照相关规定，在其专业目录内设置专业。此条文说明只要是高校，不论是何类高校，只要符合相关要求都可以依照相关规定在其专业目录内设置本科层次职业教育专业，即普通本科高校也可以比照规定开展该项专业设置工作。该文件第十六条提出，符合条件的高等职业学校（专科）设置本科层次职业教育专业总数不超过学校专业总数的 30%，本科层次职业教育专业学生总数不超过学校在校生总数的 30%。此条文说明专科层次的高职院校也可以设置本科专业，开展本科层次职业教育。由此可知，本科层次职业教育不仅限于在本科高校开展，专科层次的高职院校也可以进行。这在 2020 年教育部与山东省共建国家职业教育创新发展高地的教育部政策支持清单中已经体现，该清单明确提出教育部支持山东省进入"双高计划"的高职院校的骨干专业可以试办本科层次职业教育，于是高职院校也能办本科教育一时成为热门话题。本书之所以全篇以"本科层次"而没有以

"职业本科"这样的名词称谓进行阐述，其一是因为采用教育部政策文件的表述，规范统一；其二是因为考虑到后者更易使人误以为"本科层次职业教育"只是在"职业本科"高校内开展的人才培养工作，而忽略在高职院校中其实也是可以按照相关要求开办本科专业这一政策信息。近几年，为数不少的高职院校都将重点放在了学校如何整体"升本"的工作上，鲜有院校为在专科层次高职院校内建设"本科专业"的工作上谋定而动。2021 年 1 月 27 日，教育部印发的另一个指导性文件是《本科层次职业学校设置标准（试行）》，它依然沿用上一个文件的名词称谓，即"本科层次"。上一个文件是对如何设置本科层次职业教育专业进行规范，这个文件是对如何设置本科层次职业教育学校进行规定，其意十分清晰，即要建设一批开展高层次技术技能人才培养的本科高校，这类高校要坚定职业教育定位、属性和特色。截至 2024 年底，已有 51 所本科层次职业教育学校通过专家评审和行政审批，本科层次职业教育人才培养工作已经如火如荼地在全国各地开展。

为了更好地推动本科层次职业教育工作，我们一直跟踪了解本科层次职业教育发展情况，针对本科层次职业教育开展系统研究，并在此基础上形成本书。本书分七章阐述。第一章主要阐述本科层次职业教育创新发展的"辩"与"定"。我国本科层次职业教育依然处于探索阶段，社会对本科层次职业教育的理解比较模糊，试点办学中还存在不少需要理论支撑和实践检验才能得以解决的问题，学界对本科层次职业教育存在一些认识上的分歧，由此展开对本科层次职业教育发展的思考。第二章主要阐述本科层次职业教育人才培养的"学"与"术"。"学"与"术"是本科层次职业教育人才培养的恒常之道、恒常之名，须在遵循职业教育发展逻辑和人才成长规律的基础上，彰显职业教育类型特色，确立"学"与"术"相结合的人才培养目标。第三章主要阐述本科层次职业教育产教融合的"新"与"力"，旨在通过本科层次人才培养催生校企协同育人新生态，通过产业需求催生校企合作办学新形式，通过政策制度催生产教融合改革新方向，从生态学角度提出要强化组织种群的适应力，重构高等职业教育生态环境，强化组织生态位的开放力，重构校企资源共享生态格局，强化组织生态圈的协同力，重构产教融合创新生态系统。

第四章主要阐述本科层次职业教育科教融汇的"变"与"通"。科教融汇是统筹教育、科技与人才，协同推进三者高质量发展的重要形式，也是实施科教兴国战略、人才强国战略、创新驱动发展战略的重要内容。从高层次技术技能人才培养、职业教育国际化发展、产业转型升级、完善科技创新生态链等现实维度厘清科教融汇的内在逻辑，聚焦新质生产力，优化专业布局，着力于产教融合与校企合作，促进教育链、人才链、产业链和创新链有机衔接，以教学与科研为抓手，打造高水平师资队伍，通过加强技术创新提升社会服务水平，通过加快数字化转型增强本科层次职业教育适应性等提升科教融汇的畅通策略。第五章主要阐述本科层次职业教育教师队伍建设的"型"与"性"。"师范性""专业性""职业性"是本科层次职业教育教师队伍建设的三个基本属性，"双师型"是本科层次职业教育教师的基本特征，打造一支师德高尚、技艺精湛、专兼结合、充满活力的"双师型"教师队伍是本科层次职业教育教师队伍建设的基本要求。第六章主要阐述本科层次职业教育国际化发展的"进"与"出"。本科层次职业教育国际化发展须坚持以"引进来"和"走出去"为抓手，推动本科层次职业教育与国际经验的立地式融合，构建中国特色的本科层次职业教育国际化范式，发挥其在职业教育领域头部地位的引领示范作用。第七章主要阐述本科层次职业教育国别化发展的"形"与"式"。发展本科层次职业教育在职业教育发达国家已有探索，不同的国家有不同的举办形式，以德国"双元制"大学和日本专门职业大学为例，剖析德国"双元制"大学以培养理实一体化高素质应用型人才为目标，以校企合作的人才培养模式为基础，以坚持企业员工与学生双重身份为立足点，充分呈现本科层次职业学校的运行逻辑与办学特色的做法；剖析日本专门职业大学通过突出实践性的课程设置强化学生从事某种专门性职业的实践应用能力，通过结构优化的师资队伍建设保障人才培养质量的提升，介绍日本专门职业大学除接受政府、社会机构的认证评估，还积极接受领域内企业的专业评估，通过多元、规范的认证评价体系促进其办学水平的提高。

在全书成稿过程中，青年学人刘晶晶、余静、陈竹萍等协助开展了部分内容的研究和文稿撰写工作；刘开亚、王庆洁、陈姝伊、田舒蕾、王志、付明茹、郭方营、肖艳婷等参与了相关章节的审校工作，同时还得到很多专家学者的指导和帮助，出版社的王红梅、徐晓琦两位编辑在编印过程中也付出了辛勤劳动，在此一并致以诚挚谢意。

本科层次职业教育畅通了我国职业教育人才培养通道，完善了我国现代职业教育体系，我们十分期待在未来的发展中，通过本科层次职业教育培养出更多高层次技术技能人才、能工巧匠和大国工匠，更好地服务我国经济社会高质量发展，为教育强国建设贡献职业教育力量。

著 者

2024 年 12 月

目　录

第一章

逐流与坚守：本科层次职业教育
创新发展的"辩"与"定"

我国本科层次职业教育的建设工作正处于试点推进状态，社会各界对于这类学校的办学定位和发展路径尚不明确，在认识上也存在分歧，出现了多种观点和论争，这些问题不仅关乎本科层次职业教育的内涵与定位，也直接影响到其未来发展的方向和成效。因此辩明并坚守本科层次职业教育的独特价值使命，在当前职业教育改革的浪潮中显得尤为紧迫与必要。

第一节　分歧与论争：
关于本科层次职业教育发展的争鸣

在现代职业教育体系中，本科层次职业教育作为一个新兴的组成部分，自诞生以来便受到了广泛关注和高度期待。学术界围绕其办学理念和发展路径展开了热烈讨论，常常将其与高职专科教育和应用型本科教育相比较，提出了复制论、延伸论、衔接论等理论观点，这些观点不仅反映了本科层次职业教育在发展过程中的复杂机理和多元形态，也展示了这一学校类型的独特价值与定位。通过梳理关于本科层次职业教育发展的诸多观点论争，有助于在其与高职专科教育和应用型本科教育的对比中，更加清晰地探寻本科层次职业教育在构筑自身独特发展模式之路上，在继承与发展之间找准其科学定位。

一、复制论：本科层次职业教育是应用型本科的"复刻品"

"复制论"观点认为，本科层次职业教育可以由应用型本科教育替代，即本科层次职业教育是应用型本科的"复刻品"。主要论点有：从层次结构的内生性角度来看，低积淀的高职教育无法在短时期内达到本科层次要求，而应用型本科学校在办学定位、人才培养目标、规格等方面与职业教育具有相近性；① 同时，本科层次职业教育需要达到本科教育的标准，而应用型本科教育与其具有本质上的一致性。② 该类观点具有相关政策的支撑，回顾以往的教育政策，可以发现在 2019 年国务院印发《国家职业教育改革实施方案》之前，一直强调本科层次职业教育的办学须通过应用型本科院校来实施。1998 年 12 月发布的《面向 21 世纪教育振兴行动计划》奠定了应用型本科院校开始承担本科层次职业教育的政策基础。该计划中明确规定，"部分本科院校可以设立高等职业技术学院，允许职业技术院校毕业生经过考试接受高一级学历教育"。2011 年 8 月，《关于推进中等和高等职业教育协调发展的指导意见》进一步强调应用型本科教育承担高层次职教人才的责任使命，提出要"完善高端技能型人才通过应用型本科教育对口培养的制度"，要"以科学定位为立足点，优化职业教育层次结构"。③ 此时培养高素质技术技能人才依托于高等职业教育和应用型本科教育，二者均被列入建设现代职业教育体系的任务之中。

2014 年 2 月，国务院常务会议部署加快发展现代职业教育，提出"引导一批普通本科高校向应用技术型高校转型"。④ 同年 4 月，178 所高校聚集河南驻马店，落实"引导部分普通本科高校向应用技术型高校转型"的战略部署，发布《驻马店共识》，共同探讨"部分地方本科高校转型发展"和"中国特色应用技术大学建设之路"。⑤ 在实践推进层面形成了地方本科高校转型举办应用型本科教育的初步共识。2014 年 5 月，《国务院关于加快发展现代职业

① 王春雷. 地方本科高校转型有利于提升职业教育层次 [J]. 高校教育管理，2015 (3)：94-97.

② 郑文. 本科应用型教育还是本科职业教育：历史演进与现实选择 [J]. 高教探索，2020 (1)：5-10.

③ 教育部关于推进中等和高等职业教育协调发展的指导意见 [EB/OL]. [2024-04-03]. http://www. moe. gov. cn/srcsite/A07/s7055/201112/t20111230_171564. html.

④ 中国政府网. 李克强主持召开国务院常务会议部署加快发展现代职业教育 [EB/OL]. [2024-04-03]. https://www. gov. cn/guowuyuan/2014-02/26/content_2622744. htm.

⑤ 178 所高校发布《驻马店共识》推进地方高校转型发展建设中国特色应用技术大学 [J]. 教育发展研究，2014 (9)：14.

教育的决定》明确提出，"探索发展本科层次职业教育""引导一批普通本科高等学校向应用技术类型高等学校转型，重点举办本科职业教育"；① 6 月，由教育部等六部门联合印发的《现代职业教育体系建设规划（2014—2020年）》对应用型本科举办本科层次职业教育提出新要求，将"发展应用技术类型高校，培养本科层次职业人才""本科层次职业教育达到一定规模"② 等作为发展目标。

2015 年 10 月，教育部印发《高等职业教育创新发展行动计划（2015—2018 年）》，进一步要求"引导一批独立学院发展成为应用技术类型高校，重点举办本科层次职业教育"。③ 这里的独立学院主要是指依据 2003 年教育部发布的《关于规范并加强普通高校以新的机制和模式试办独立学院管理的若干意见》建立起来的一批学院，专指由普通本科高校按新机制、新模式举办的本科层次的二级学院。一些普通本科高校按公办机制和模式建立的二级学院、分校或其他类似的二级办学机构不属于此范畴。④ 2015 年 10 月，教育部、国家发展改革委、财政部联合印发的《关于引导部分地方普通本科高校向应用型转变的指导意见》提出，要"推动转型发展高校把办学思路真正转到服务地方经济社会发展上来，转到产教融合校企合作上来，转到培养应用型技术技能型人才上来"，要"推动高等教育改革和现代职业教育体系建设不断取得新进展"。⑤ 此时，本科层次职业教育的实现形式依然是依靠独立学院和地方普通本科院校向应用型本科院校转型来实现。尽管国家政策积极引导应用型本科院校融入本科层次职业教育体系，但在具体实施过程中，这些转型的院校并未如预期般热烈响应，至少在 2019 年以前，尚未有任何一所应用型本科院校在名称上更名为"职业技术大学"这类名称，或是公开宣布其办学定位为本科层次职业教育。这一现象与社会传统观念中对职业教育根深蒂固的偏

① 国务院关于加快发展现代职业教育的决定［EB/OL］.［2024-04-03］. http：//www. moe. gov. cn/jyb＿xxgk/moe＿1777/moe＿1778/201406/t20140622＿170691. html.

② 关于印发《现代职业教育体系建设规划（2014—2020 年）》的通知［EB/OL］.［2024-04-03］. https：//www. gov. cn/gongbao/content/2014/content＿2765487. htm.

③ 中国教育经济信息网. 教育部关于印发《高等职业教育创新发展行动计划（2015—2018年）》的通知［EB/OL］.［2024-04-03］. https：//www. cee. edu. cn/n161/n245/n269/n6374/c254097/content. html.

④ 教育部《关于规范并加强普通高校以新的机制和模式试办独立学院管理的若干意见》，教发〔2003〕8 号，2003-04-23.

⑤ 教育部 国家发展改革委 财政部关于引导部分地方普通本科高校向应用型转变的指导意见［EB/OL］.［2024-04-03］. http：//www. moe. gov. cn/srcsite/A03/moe＿1892/moe＿630/201511/t20151113＿218942. html.

见不无关系，许多应用型本科院校担忧被贴上职业教育的标签，从而影响其声誉和吸引力。这种顾虑也反映了更深层次的社会认知问题，即职业教育长期以来未能获得与其重要性相匹配的认可度。国家政策虽然大力引导应用型本科院校举办本科层次职业教育，但受制于认知和其他诸多现实因素影响，转型后的应用型本科院校始终未能全身心投入培养本科层次职业人才的工作，本科层次职业教育的功能特色难以凸显，在实践层面成为应用型本科教育的附庸物，甚至在探索应有的独特办学模式中有名无实。

2017 年 1 月，教育部发布了《关于"十三五"时期高等学校设置工作的意见》，将我国高等学校类型划分为研究型、应用型和职业技能型三类。研究型高等学校以培养学术研究的创新型人才为主要任务；应用型高等学校主要培养本科以上层次的应用型人才，同时承担着社会发展与科技应用等方面的研究；职业技能型高等学校主要培养从事生产管理服务一线的专科层次技能型人才，同时参与技术服务和技能应用型的改革与创新。[①] 根据这一高校分类，本科层次职业人才的培养只能由应用型高等学校来实施。然而现实中由应用型高等学校举办本科层次职业教育的途径始终存在认同障碍，并且从深层逻辑出发，应用型本科教育隶属于普通教育体系，与根源上属于职业教育体系的本科层次职业教育的发展路径并不完全相同，虽然二者同属于本科层次教育，但为不同类型教育，对比之下，本科层次职业教育坚持职业教育的类型定位，更须突显"职业性"的特征。

其一，职业性的逻辑起点。本科层次职业教育与应用型本科教育是同层次但不同类型的两种教育，所培养的依然是职业型技术技能人才，本科专业体现了学科知识内部生长与社会职业流变的双重逻辑。[②] 正是基于此，二者对于人才培养的逻辑起点也有很大不同。应用型本科教育的逻辑起点始于学科专业标准，其人才培养方案要达到本科教学指导委员会制定的专业标准中的相关要求；而本科层次职业教育的逻辑起点始于职业标准，职业学校制定人才培养方案主要参考人力资源和社会保障部颁布的《中华人民共和国职业分类大典》，其中规定了职业岗位和相应的职业能力要求。[③]

① 教育部关于"十三五"时期高等学校设置工作的意见 [EB/OL]. [2024-04-03]. http://www.moe.gov.cn/srcsite/A03/s181/201702/t20170217_296529.html.

② 阎光才. 重新思考本科教育定位 [N]. 光明日报, 2022-05-24 (15).

③ 王旭初, 黄达人. 历史同源与类型竞合: 职业本科与应用型本科关系的厘清与重塑 [J]. 国家教育行政学院学报, 2022 (9): 30-37, 83.

其二，职业性的人才类型。人才培养逻辑起点的差异注定二者所培养出的人才类型各具特色。应用型本科院校延续了传统研究型高校的学术性，相较于本科层次职业教育更多了研究性质。目前学界对此较为统一的说法认为，应用型人才是介于理论研究能力较强的学术型人才和实际操作能力突出的技术技能型人才之间的人才类型，重在将理论研究成果应用于社会实践。① 而本科层次职业教育相较于应用型本科更加强调职业性，但同时也在探索在职业性与学术性中寻求最佳平衡。本科层次职业教育本质是具有高等教育属性的职业技术教育，面向基层，培养德、智、体、美、劳全面发展，符合生产、建设、管理、服务一线需要，掌握一定的专业理论知识，具有较强的操作技能和技术，能迅速适应工作岗位并在该岗位上具有明显发展潜力的，② 会动手、会研发、会管理、会发展的"四会型"高素质技术型人才。③ 本科层次职业教育是融合理论性、实践性和职业性的教育，培养的学生应具备行业性与可持续发展能力，以适应后续岗位发展目标。

其三，职业性的培养模式。培养类型的不同注定这二者在人才培养模式上存在显著差异。2015 年 10 月，教育部等部门印发《关于引导部分地方普通本科高校向应用型转变的指导意见》，规定应用型本科"要创新应用型技术技能型人才培养模式，实训实习的课时占专业教学总课时的比例达到 30% 以上"。④ 但在《本科层次职业教育专业设置管理办法（试行）》中，对本科层次职业教育实践教学的要求则是"实践教学课时占总课时的比例不低于 50%，实验实训项目（任务）开出率达到 100%"。⑤ 二者对比可以发现，虽然应用型本科要求学生参与实训实习，但学生的主要精力更多的是用于理论知识的学习，这显然与职业教育的培养模式有所不同，也不能完全代替本科层次职业教育。同时，应用型本科教育在传统知识的学习之外更加注重技术应用，

---

① 罗静，侯长林，蒋炎益. 应用型和技术技能型人才的区别 [J]. 高教发展与评估，2022（5）：13-22，119-120.

② 张宝臣，祝成林. 高职本科发展的关键是专业人才培养目标及课程设置 [J]. 职业技术教育，2014（6）：50-53.

③ 方泽强. 本科层次职业教育的人才培养目标及现实问题 [J]. 职业技术教育，2019（34）：6-11.

④ 教育部 国家发展改革委 财政部关于引导部分地方普通本科高校向应用型转变的指导意见 [EB/OL]. [2024-04-03]. http://www. moe. gov. cn/srcsite/A03/moe_1892/moe_630/201511/t20151113_218942. html.

⑤ 教育部办公厅关于印发《本科层次职业教育专业设置管理办法（试行）》的通知 [EB/OL]. [2024-04-03]. http://www. moe. gov. cn/srcsite/A07/zcs_zhgg/202101/t20210129_511682. htmll.

注重多学科知识、交叉学科的综合运用，着重培养学生具有专业知识、职业素养、社会责任、团队合作等多方面能力。本科层次职业教育围绕职业岗位的能力要求，更加强调职业教育的专业性，围绕产业需求和产业变化在专业设置、专业发展等方面重新规划，并严格遵循职业教育的人才培养逻辑，知识的专用性、应用的经验性贯穿于全部教学之中，为传统产业升级与新兴产业发展培养具有系统理论知识和精深专业能力的高层次技术技能人才。

二、延伸论：本科层次职业教育是高职专科的"衍生品"

"延伸论"观点认为，本科层次职业教育是在专科层次高等职业教育的基础上发展而来的，即认为本科层次职业教育是专科层次高等职业教育的"衍生品"。截至 2024 年 12 月，全国共有 51 所学校参与本科层次职业教育试点改革，其中有 42 所本科层次职业学校是在专科层次高职院校基础上升格而来的，其余 9 所为独立学院与高职院校合并转设而成。高职专科升格后，在办学上也出现了一些不同做法，有的升本学校还将原高职专科学校的办学理念、治理体系、科学研究、社会服务等诸方面顺延至升格后的本科层次职业学校，除了将"学院"更名为"大学"之外，其他并无明显区别，本科层次职业教育变成了高职专科教育的"衍生品"。从历史演进来看，我国系统规范的高职专科教育可以追溯到 1996 年 6 月的全国职业教育工作会议，时任国家教委副主任的王明达在总结讲话中明确指出：高等职业教育属于高等层次的职业教育，是高等教育的一部分，是一种特殊类型的高等教育。① 随后于 1996 年 9 月 1 日正式实施的《中华人民共和国职业教育法》第 13 条明确规定："高等职业学校教育根据需要和条件由高等职业学校实施，或者由普通高等学校实施。"此时的高等职业教育的高等教育性质已然确立。

1999 年，国务院颁布《面向 21 世纪教育振兴行动计划》，提出在过去"三改一补"（即对现有高等专科学校、职业大学和独立设置的成人高校进行改革、改组和改制，并选择部分符合条件的中专学校改版）的基础上允许部分本科院校设立高等职业技术学院。在计划的推动下，大批高职专科院校开始合并、升格为本科院校，我国初步形成了"具有职业教育基因的本科高校"

---

① 尹雨晴. 对我国高职教育层次与类型问题论争的反思——兼论我国高职教育发展观 [J]. 职教论坛，2012（1）：19-22.

与"本科内部高职学院"的本科层次职业教育双重办学格局。① 2006 年开始，高等职业教育一改过去的双重办学格局，已明显将高等专科学校作为其办学的主要方向，无论是政策方面还是学术研究方面，"高职专科"已然成为高等职业教育的代名词。2006 年 11 月，教育部部长周济对高职教育的类型特征进行了阐释。他认为："高等职业教育是我国高等教育发展中的一个新类型，具有明显的中国特色和时代特征：既有高等教育的属性，又有职业教育的特色；既区别于传统的专科教育，又比国外的职业技术教育更有优势。"② 但高职专科升格与合并的猛烈势头也使本科层次职业教育的办学逐渐出现"学术漂移"的现象，高职专科学校急于想通过升格和"学术漂移"获得社会认同。事实证明，将高职专科教育简单延伸到本科层次职业教育并非正确之举。

20 世纪 70 年代，联邦德国将原有的三年制高等专科学校陆续改为四年制应用科技大学③，通过几十年的发展使德国应用科技大学超越普通综合大学成为德国制造业人才培养的重要载体。诚然，在借鉴国外办学的先进经验时必须承认高职专科院校"升本"具有较大优势这一事实，承认其能够为国家制造业的发展提供充足人才，但本科层次职业教育与高职专科之间也绝非简单的"衍生"关系，二者在培养定位和未来指向上具有一定差异。换言之，本科层次职业教育更加强调其人才培养成果的"高层次"，这体现在以下方面。

（1）高层次的培养模式。高职专科与本科层次职业教育是同根同源但不同层次的教育，在人才培养方面均具有明显的职业定向性和产业适应性等办学特征，但在具体人才培养模式中存在显著差异。因生源的差异，高职专科教育办学着重在于实践，主张模块化教学，对于理论知识学习的系统性相对弱化，学生所学知识与技能主要针对生产或服务中某一具体的岗位或岗位群，要求掌握基本理论知识且能够将技术人员的设计、想法转化为实物；而本科层次职业教育弥补了高职专科教育中理论学习不足的问题，调节理论知识与实践的比重，相较于中、高等职业教育培养的技术技能人才，本科层次的职业教育以培养创新与实践能力兼备的高层次技术技能人才为目标定位。

（2）高层次的就业岗位。在国际上获得广泛认同的人才类型分类理论——

---

① 庄西真. 我国本科层次职业教育的前世今生——一个历史制度主义视角的分析 [J]. 教育研究与实验，2021（2）：57-62.

② 张连绪. 构建一流高职院校评价体系的探讨 [J]. 职业技术教育，2015（25）：39-42.

③ 李均，赵鹭. 发达国家本科层次高等职业教育研究——以美、德、日三国为例 [J]. 高等教育研究，2009（7）：89-95.

"职业带"理论，将工程领域的技术人才按其教育层次和工作范围划分为技术工人、技术员和工程师三种人才类型。[①] 该套理论体系依然适用于现代职业教育体系，高职专科教育主要培养技术工人类人才，目标是培养卓越工匠。本科层次职业教育主要培养工程师类人才，目标是聚焦于卓越工程师培养，两种教育层次共同服务于现代产业。同时，在实际岗位操作中，高职专科所培养的一线技术技能人才注重解决工作中的具体操作问题，就业定位基层性强；本科层次职业教育所培养的高层次技术技能人才则更关注利用技术创造新产品等具有创新性设计工作，就业定位为专业性更强的岗位。

（3）高层次的对口产业。《2021 中国制造强国发展指数报告》显示，我国制造强国建设进程持续深化，展现出较强韧性，并将于 2025 年迈入世界制造强国第二阵列。[②] 在这种新发展格局的推动下，本科层次职业教育将始终保持与国家发展目标同步，以人才优势持续促进各种优势资源向制造业聚集，培养符合产业基础高级化、产业链现代化的高层次技术技能人才，释放创新、绿色发展潜能，以技术赋能和人才赋能促进我国制造业高质量发展。

综上，"延伸论"忽视了高职专科与本科职业教育分属两种教育层次，二者在人才培养的前中后阶段均存在较大差距，并非简单过渡即可。本科层次职业教育更是面向产业和市场的教育，在专业知识、专业技术、创新能力与应用能力等方面更优于专科层次的职业教育。[③] 本科层次职业教育办学任重道远，实践也非易事，必须拒绝简单改变高职专科的教学设施、师资队伍、管理经验等便应用到本科层次职业教育的建设中，必须拒绝简单化地将本科层次职业教育打造为"高职本科"。2019 年开始，我国陆续有一些学校从高职专科升格为本科层次职业学校，未来这种升格的学校数量将会更多。升格后的学校面临观念转变、学科专业建设与师资队伍建设以及资源整合等诸多问题，在处理时应充分考虑本科层次职业教育的发展方向，以新理念、新思维、新视角看待本科层次职业教育，克服高职专科办学惯性，杜绝将本科层次职业教育办成"四年制专科"的现象，培养符合社会需求的本科层次职业教育人

① French H W. Engineering Technicians Some Problems of Nomenclature and Classification ［M］. Paris：The United Nations Educational，Scientific and Cultural Organization，1981.

② 《2021 中国制造强国发展指数报告》发布 ［EB/OL］. ［2024-04-12］. https：//www. workercn. cn/c/2021-12-30/6938427. shtml.

③ 郑文. 本科应用型教育还是本科职业教育：历史演进与现实选择 ［J］. 高教探索，2020（1）：5-10.

才。毛泽东曾在《反对本本主义》与《实践论》中提出"理论联系实际"的优良作风，"我们要从具体的实际情况出发，从其中引出其固有的而不是臆造的规律性"①。因此，只靠对高职专科的过往经验就轻易将本科层次职业教育作为高职专科的延伸产物，是未结合本科层次职业教育实际情况的片面判断。若将高职专科与本科层次职业教育简单类比，则模糊了本科层次职业教育发展的真正目的。

三、衔接论：本科层次职业教育是高职专科与应用型本科的"立交桥"

"衔接论"的观点是，本科层次职业教育是完全不同于高职专科与普通本科的办学形式，但又兼具二者的特点，属于中间形式，即本科层次职业教育是高职专科与应用型本科的"立交桥"。

"衔接论"的出现，一是由于借鉴了发达国家职业教育与本科教育沟通衔接的经验，如 20 世纪 60 年代，德国开始设置兼具普通大学与高等专科学校特色的应用科学大学；二是由于我国顶层设计在很长一段时间内主张由应用型本科院校举办本科层次职业教育的历史现实。但无论如何，本科层次职业教育与应用型本科教育、高职专科教育存在差异。

其一，社会分工不同。高度工业化的社会要求更为专业化的社会分工。法国社会学家埃米尔·涂尔干提出，分工的作用不仅限于改变和完善现有的社会，而且使得社会的存在成为可能。② 人们摆脱自给自足的个体生活，既各自独立，又相互依赖。当社会分工出现并逐渐细化后，各行业领域对人才的需求开始向高适应性和高职业性转变。这意味着不同教育类型下的人才有着更为精准的就业方向，所承担的角色也各不相同。根据人才类型的一般划分，可以分为学术型人才和应用型人才，其中，应用型人才又可分为工程型人才、技术型人才和技能型人才三类③；亦有学者将应用型人才划分为工程型人才和职业技术型人才两类，工程型人才主要从事为社会谋取直接利益的产品设计、工程规划等工作，而职业技术型人才主要从事生产一线或工作现场的、使工程型人才的成果变成物质形态的工作，接受的是技术技能教育，同时职业技

① 毛泽东选集：第 3 卷 [M]. 北京：人民出版社，1991.
② 埃米尔·涂尔干. 社会分工论 [M]. 渠东，译. 北京：生活·读书·新知三联书店，2013.
③ 李硕豪，耿乐乐. 应用技术型本科人才培养规格论理 [J]. 职业技术教育，2017（22）：26-31.

术型人才按层次划分又可分为技术应用型人才（本科及以上层次）和技能型人才（专科及以下层次）。① 由此可见，无论是应用型本科教育、本科层次职业教育还是高职专科教育，所培养的人才均可统称为应用型人才，但三种教育类型所培养的人才类型在社会分工中并无冲突，各自承担着相应的社会角色与使命。

其二，教师专业发展侧重不同。20世纪60年代，国际劳工组织和联合国教科文组织发布的《关于教师地位的建议》提出，"教师工作应被视为一种专门职业"。② 职业院校的发展很大程度上体现在教师个体的专业发展中，根据对教师专业发展侧重的分析也可以看出各类院校本身的价值取向。高职专科院校教师的专业发展侧重职业性，由于高职专科教育在专业设置上以市场为导向，这要求教师应基本了解企业、技术、产品和一线技术操作的前沿内容，但对专业理论知识的掌握程度和学术研究水平等方面要求不高。应用型本科院校教师与职业教育院校教师相比更侧重于科学研究，职称评定与绩效奖励不依赖于企业实践经验和技能等级证书，且教师队伍的主要来源是学术型高校的毕业生，这部分教师虽专业知识基础扎实，但一线实践经验不足。本科层次职业学校的教师将平衡和综合二者优点，既要求教师参与企业生产实际，攻关技术研发难题，也强调实践教学和理论教学的同等重要性，即既能够进行理论知识教学，也能够进行实践教学，同时还能够进行应用技术讲解。③ 由此可见，相较于高职专科教育和应用型本科教育，本科层次职业教育更加强调教师专业发展的"双师型"特征，其核心在于构建兼具理论素养与实践能力的复合型师资队伍，不仅要求教师系统掌握学科专业知识，还须深度参与行业技术革新与生产实践，实现"教学能力"与"工程能力"的有机统一。

"衔接论"认为高职专科教育应科学设置教育目标与质量标准，其升格重点在于提升内涵质量并稳步发展。但经验与政策的加持并不能说明本科层次职业教育是应用型本科与高职专科的中间形式。"衔接论"的观点看似是为了保障职业教育的发展质量，借鉴二者之长处，但是若依据这一观点，本科层

---

① 涂向辉. 本科层次高等职业教育培养目标及其内涵探析 [J]. 中国职业技术教育，2012（27）：15-20.

② 张文军，郭宏群. 新课程背景下教师参与课程开发的方式研究 [J]. 全球教育展望，2005（12）：37-41.

③ 蔡玉俊，叶帅奇，赵文平. 本科层次职业教育教师产教融合能力发展探析 [J]. 教育理论与实践，2022（6）：23-27.

次职业教育是介于高职专科与应用型本科教育之间的中间形式，那么办学层次也应处于二者之间。这无疑降低了本科层次职业教育的地位，将办学层次设置为本科以下，使人产生本科层次职业教育依然是"低人一等"的错觉，这与设置本科层次职业教育的初衷相违背，同时也打击了本科层次职业学校的发展信心。本科层次职业教育在设定之初就应科学定位，在明确职业教育与普通教育具有同等地位这一法律规定的前提下，注重内在价值与长期规划，通过优化教育教学内容和提高师资队伍水平来实现教育层次间的有机衔接，而非仅仅着眼于学历层次的形式性提升。在继承中发展，在发展中创新，坚守职业教育的基本办学规律，始终保持职业教育的特色与本科层次的人才培养标准。

第二节　恪守与遵循：发展本科层次职业教育的原则

原则规定着事物的发展方向，在本科层次职业教育发展中，坚持原则就是要坚持职业教育的发展方向。当前本科层次职业教育处于探索期，这一时期的理论体系、实践经验尚不足，在探寻这条"独特之路"时容易陷入学术漂移的误区，故须恪守和遵循发展本科层次职业教育的基本原则，并在不断的探索中完善原则体系，以推动本科层次职业教育创新性发展、渐进性完善。

一、恪守职业性原则，以强化本科层次职业教育类型特色为遵循

美国著名高等教育学家伯顿·克拉克将高等教育系统内部权力划分为学术权力、市场权力和政府权力，该理论被称为"三角协调模型"理论。[①] 当前，我国高校发展也受这三种权力的影响，其中学术权力通常是表现最为明显的部分。大学不能缺少学术，学术是高等教育的灵魂；同理，职业教育不能缺乏职业，职业是职业教育生存发展的基础和职业属性的本源。[②] 2019 年《国家职业教育改革实施方案》政策出台，正式确立了职业教育作为一种教育

① 伯顿·克拉克. 高等教育系统——学术组织的跨国研究 [M]. 王承绪，徐辉，殷企平，等译. 杭州：杭州大学出版社，1994.

② 姜大源. 基于职业科学的职业教育学科建设辩析 [J]. 中国职业技术教育，2007 (11)：8-16.

类型的政策地位，2022 年修订的《中华人民共和国职业教育法》实施，正式确立了"职业教育是与普通教育具有同等重要地位的教育类型"的法律地位。因此，发展本科层次职业教育，既要体现"学术"，也要重视并融入"应用"和"技术"，实现"学术性"与"职业性"的共生。

18—19 世纪，欧美国家的高等教育受社会工业化的影响，出现了培养高级技术管理人才的专门学院或技术学院。然而，这种职业导向的发展趋势在高等教育领域的显现，与传统大学理念及教育思想家的观念产生了剧烈碰撞。以英国教育学家约翰·亨利·纽曼为代表的传统教育学家极力反对这种将职业与高等教育融合的现象。1873 年，纽曼在《大学的理念》中主张"大学是一个教授普遍知识的场所"①，他反对将学生学习局限于特定专业。20 世纪下半叶，随着人力资本理论的提出以及第三次科技革命的推进，高等教育与职业教育的融合成为关键。西方社会开始逐渐认识到，职业教育对于国民经济的发展以及专门人才的培养具有重要作用。美国教育家克拉克·克尔认为："试图把大众化高等教育和普及高等教育的学生都容纳在精英框架之内，是一个巨大的历史性错误。"② 此后，西方高等职业院校如雨后春笋般迅速涌现并逐渐改进办学形式，如德国应用科学大学、德国双元制大学、英国多科技术学院等，并先后探索了"高级学徒制"和"学位学徒制"等办学形式，诸多办学形式为本科层次职业教育增添了更多活力。

长期以来，我国职业教育与世界上其他国家的职业教育一样，深受德国职业教育发展模式的影响，努力坚持"理论实践一体化"人才培养模式，引导学生在"做中学"和"学中做"，以职业需求作为人才培养的逻辑起点，在专业设置、课程体系、培养规格目标、考核方式等方面均体现着鲜明的职业性。从经济学的角度看，职业就意味着工作，意味着谋生手段，意味着创造社会财富的途径。③ 劳动者选择职业进入工作中，创造个人价值与社会价值并获得一定物质财富。从教育学的角度看，胜任职业岗位是个体接受教育的结果，职业教育在针对职业能力培养的同时还必须关注个体人格等整体性的发展，

---

① Newman J H. The Idea of a university defined and illustrated［M］. London：Routledge/Thoemmes Press，1994.

② ［美］克拉克·克尔. 高等教育不能回避历史——21 世纪的问题［M］. 王承绪，译. 杭州：浙江教育出版社，2001.

③ 李必新，李仲阳，唐林伟. 职业性、开放性与实践性：职业教育课程体系的构建依据［J］. 中国职业技术教育，2021（20）：27-32.

否则过度的专门化的专业能力，将阻碍非专门化的方法能力、社会能力的培养。职业性既规范了社会职业劳动岗位的维度，又规范了职业教育专业设置、课程开发和考核评价的标准。[①] 因此，本科层次职业教育的职业性原则要建立在对职业的充分理解与关注的基础上。

1988 年，德国职业教育家劳耐尔提出“广义的现代职业性”这一概念，而后欧洲最大的行业工会——德国五金工会（IG Metall）于 2014 年对这一概念进行重新阐释，并将其正式作为应对“工业 4.0”的主要方案。“广义的现代职业性”为了适应灵活的劳动力市场，以核心职业素养或专业素养为基准，并对内容交叉的单个职业或专业进行合并，运用工作过程导向的教学方式，将培养职业行动能力作为目标。[②] 这种现代职业性打破了职业的原有界限，坚持“以人为本”，以拓宽劳动者专业能力为目标，防止过度专业化造成学生就业困难而影响其职业发展。从“广义现代职业性”视角出发，本科层次职业教育将教育性、职业性、学术性落实到育人的各个环节中，在教师资源、课程资源、校园基础设施建设等多方面寻求创新，[③] 以期提升职业教育的办学活力。

本科层次职业教育的兴起来自社会分工和产业发展的需求，其对原有人才结构提出了更高的要求，核心依然是“职业”与“技术”。然而，尽管许多本科层次职业教育试点学校以“职业”冠名，但在办学目标上依然存在浓重的普通本科教育色彩，或是在办学中向普通本科院校靠拢，陷入“伪职业教育”办学困境中。本科层次职业教育必须始终以服务发展、促进就业为导向，遵循职业性的教育规律，恪守职业性的培养目标，整合具有职业针对性的教学内容，构建具有职业实践性的专业设置和知识结构，防止在办学过程中产生模仿普通本科教育而出现的“学术漂移”现象。概言之，本科层次职业教育的实施必须符合职业教育发展规律，坚持职业性原则进行试点办学；对接职业教育特有规律，将培养学生的核心素养和关键能力放在重要位置；坚持德技并修、育训结合，培养高层次技术技能人才；坚持产教融合、校企合作，

① 李必新，李仲阳，唐林伟. 职业性、开放性与实践性：职业教育课程体系的构建依据 [J]. 中国职业技术教育，2021（20）：27-32.

② 陈莹. “工业 4.0”时代德国职业教育与高等教育融通研究 [J]. 比较教育研究，2018（4）：94-100.

③ 吴康妮. 德国职业教育与高等教育融通的实践路径及启示——基于“广义的现代职业性”视角 [J]. 重庆师范大学学报（社会科学版），2022（4）：60-68.

突出本科层次职业教育人才培养的职业性优势，防止并遏制本科层次职业教育办学的"去职教化"现象发生。

二、恪守适应性原则，以满足经济社会与人的全面发展需求为遵循

目前我国已经建成了世界上规模最大的职业教育体系，据 2023 年全国教育事业发展统计公报显示，目前我国共有职业学校 1.08 万所，在校生约有 3000 万人[①]，各层次职业教育人才培养正如火如荼地进行。当前我国经济发展方式已告别高速度增长期而向"智能制造"的高质量增长期转变，一批批高素质知识集约型与技能集约型劳动力获得市场青睐，社会对人才需求与职业教育人才培养之间结构性矛盾日益凸显，人才培养方向也从被动接受的"技术顺从者"转为主动回应社会需求的"技术设计者"，而这一大幅度跨越预示着发展本科层次职业教育刻不容缓。从 2019 年《国家职业教育改革实施方案》的颁布到《中共中央关于制定国民经济和社会发展第十四个五年规划和二〇三五年远景目标的建议》的目标蓝图设计，再到 2021 年 3 月颁布的新版《职业教育专业目录（2021 年）》，均将增加职业教育的适应性作为今后职业教育行动的目标。新修订的《中华人民共和国职业教育法》也明确提出："增强职业教育适应性，建立健全适应社会主义市场经济和社会发展需要、符合技术技能人才成长规律的职业教育制度体系，为全面建设社会主义现代化国家提供有力人才和技能支撑。"

适应人的全面发展是本科层次职业教育发展的重要任务。美国经济学家埃里克·哈努谢克与卢德格尔·沃斯曼因在《国家的知识资本》一书中提出，"教育传递了知识和能力，使一个国家的民众能够产生并采用一些新的思想，激发创新和技术进步，从而确保未来的繁荣。"[②] 随着产业转型升级与结构优化不断演进，职业教育不再局限于解决民众生计这一目标。黄炎培提出，"余向论教育之旨，归本人生。其义惟何？一曰治生，一曰乐生"。[③] 职业教育重

---

① 2023 年全国教育事业发展统计公报 ［EB/OL］. ［2024-11-28］. http：//www. moe. gov. cn/jyb＿sjzl/sjzl＿fztjgb/202410/t20241024＿1159002. html.

② 埃里克·哈努谢克，卢德格尔·沃斯曼因. 国家的知识资本 ［M］. 银温泉，等译. 北京：中信出版社，2017.

③ 中华职业教育社. 黄炎培教育文选 ［M］. 上海：上海教育出版社，1985.

在满足人的生存发展需要，无论如何，教育的首要逻辑起点永远是人的全面、自由、和谐的发展。那么，何为人的全面发展？简而言之，人的全面发展就是："人以一种全面的方式，也就是说，作为一个完整的人，占有自己的全面的本质。"① 马克思认为，人的全面发展是包含人的劳动活动的全面发展，这种劳动活动不局限于社会活动的片面化与固定化，人们利用自身天赋、特长、爱好等自由选择活动领域，在政治、经济、社会、文化等多方面实现自身价值。

适应性是职业教育的重要属性，是经济转型与产业升级的时代诉求。产业迭代升级的每一步动向都牵动着职业教育未来发展，本科层次职业教育必须合理配置资源，科学定位人才培养目标，注重区域产业布局与地方经济发展。德、日等国均具备丰富的本科层次职业教育办学经验，在办学中适应性原则的体现也更为淋漓尽致，这能够为我国本科层次职业教育的发展提供更为多元化的经验与启发。作为德国高等职业教育主体的应用科学大学紧跟经济社会发展趋势科学定位，适时调整人才培养目标，所实施的人才培养模式有效避免了传统精英教育模式下对纯学术型人才的培养，而是致力于大众化教育道路，着重培养具有理论知识与实践能力的高级应用型人才。德国应用科学大学十分注重人才培养与区域产业布局、地方经济发展乃至社会需求的全方位接轨。同时，在专业设置方面着重强调应用性。以实践应用为导向，聚焦行业前沿，为区域经济提供高质量人才资源。以魏恩施蒂芬-特里斯多夫应用科学大学为例，根据德国将于2050年实现可再生能源使用率达到50%左右这一目标，2012年该校引进风能方面的教授，并在原有生物能源、太阳能基础上，设置风能专业方向。② 德国应用科学大学在紧跟地方经济社会发展需求的同时，时刻以校企休戚与共为行动准则，不仅能够根据企业需求与产品结构调整及时对所设专业进行改进与补充，同时企业与学校在人才培养上也共同发力，学校负责理论教学，企业负责实践操作，打造校企共育的格局。

本科层次职业教育突破传统职业教育人才培养模式，通过知行合一的行

---

① 马克思，恩格斯. 马克思恩格斯全集：第四十二卷 [M]. 中共中央马克思恩格斯列宁斯大林著作编译局，译. 北京：人民出版社，1979.

② 卢亚莲. 德国应用科技大学（FH）应用型人才培养模式及其启示 [J]. 职教论坛，2014（13）：84-88.

动教学实现技术设计研发与操作并重的高层次技术技能人才培养，使人才能够充分发挥所长，在劳动中改造自然界、改造社会、改造自身。增强职业教育适应性，要围绕类型特色、融合发展、开放办学、多元主体等关键路向，增强产教融合的制度适应性、极具职教的治理适应性、"双师"队伍的保障适应性、同等地位的政策适应性、双轮驱动的活力适应性等。① 但无论从何种角度进行变革，职业教育的最终落脚点始终都是人才培养与促进人的全面发展。作为为解决国民生计问题而生的教育，职业教育天然就应充分了解人、为了人、发展人，并通过促进职业能力的可持续发展来实现人的全面发展。因此，增强职业教育适应性依然是当前我国现代职业教育高质量发展的重要内容。本科层次职业教育的出现使技术技能人才培养实现了层次上的跨越，也为质量的提升带来新的希望和可能，成为增强职业教育适应性的"新动能"。

在技能型社会建设的大背景下，提升本科层次职业教育适应性对现代职业教育体系建设具有深远意义。值得注意的是，这种适应性并非绝对，本科层次职业教育作为一种与经济社会联系高度密切的教育活动，必然要以经济社会的需求为考量，但并非意味着亦步亦趋。所谓教育先行，即教育发展先于其他行业和现有经济发展水平而超前、提前发展②。这种教育先行是一种以人为本的先行，教育不能只顾经济社会发展而盲目把人看作经济发展的工具，而应将人看作社会发展的目的，以促进人的全面发展、满足百姓对美好生活的向往为出发点和落脚点，将培养和谐发展的人作为实现社会全面进步的最有效形式，时刻坚持以人为本的教育思想，面向人类的未来生活。因此，本科层次职业教育在多方面考量之下必然要适度超越现有社会发展，才能有效助推经济社会发展，以教育促人才成长，在跟随经济社会发展步伐的同时把握教育未来发展走向，真正实现科教兴国与人才强国。

三、恪守高质量发展原则，以提升本科层次职业教育质量效益为遵循

美国教育社会学家伯顿·克拉克认为，"各国高等教育都面临着日趋复杂

① 吴敏启，曹明. "职业教育适应性"语境下职业教育文化自信建设［J］. 中国职业技术教育，2022（27）：68-73.
② 柳海民. 略论教育优先发展［J］. 高校理论战线，1995（6）：28-30.

的形势，因而都有向多样化结构发展的倾向"①。在经济发展新常态的大背景下，职业教育也必须以新发展理念为遵循，坚定不移恪守高质量发展原则。2019 年 1 月，国务院印发的《国家职业教育改革实施方案》提出，要经过 5～10 年，实现职业教育"由追求规模扩张向提高质量转变"的目标。② 2020 年 9 月，教育部等九部门联合印发的《职业教育提质培优行动计划（2020—2023 年）》继续提出高质量发展的宏伟目标，提出职业教育要"坚持服务高质量发展、促进高水平就业的办学方向"，以"育人为本，质量为先"作为教育的行动原则③，着力推进职业教育高质量发展。同年 10 月，党的十九届五中全会明确提出我国已转向高质量发展阶段。

2021 年 4 月，在全国职业教育大会召开前夕，习近平总书记对职业教育工作作出重要指示，强调："在全面建设社会主义现代化国家新征程中，职业教育前途广阔、大有可为。"④ 同年 10 月，中共中央办公厅、国务院办公厅印发《关于推动现代职业教育高质量发展的意见》提出，要推动职业教育高质量发展，对巩固职业教育类型特色、完善产教融合办学体制、创新校企合作办学机制等方面都提出了要求，着力为职业教育未来发展补短板、提质量，并要求"稳步发展职业本科教育，高标准建设职业本科学校和专业，保持职业教育办学方向不变、培养模式不变、特色发展不变"⑤。本科层次职业教育是职业教育高质量发展的重要载体，将为国家高质量发展提供有力的技术技能支撑和人才保障。目前，关于本科层次职业教育到底"是什么""怎么办"和"办成什么样"，社会各界观点不一。但可以肯定的是，以高质量发展原则为指引，兴办本科层次职业教育是职业教育服务国家高质量发展的重要手段和形式，是推动产业转型升级、完善我国现代职业教育体系的现实诉求，这也是对当下的理性评价与对未来发展方向的基本把握。

所谓高质量发展，即打破传统的规模扩张式的粗放型发展，注重质量为

① 伯顿·克拉克. 高等教育系统——学术组织的跨国研究 [M]. 王承绪，徐辉，殷企平，等译. 杭州：杭州大学出版社，1994.

② 国务院关于印发国家职业教育改革实施方案的通知 [EB/OL]. [2024-12-11]. https：//www. gov. cn/zhengce/content/2019-02/13/content_5365341. htm.

③ 教育部等九部门关于印发《职业教育提质培优行动计划（2020—2023 年）》的通知 [EB/OL]. [2024-12-11]. http：//www. moe. gov. cn/srcsite/A07/zcs_zhgg/202009/t20200929_492299. html.

④ 习近平对职业教育工作作出重要指示 [EB/OL]. [2024-12-11]. http：//www. qstheory. cn/yaowen/2021-04/13/c_1127324420. htm.

⑤ 中共中央办公厅 国务院办公厅印发《关于推动现代职业教育高质量发展的意见》[EB/OL]. [2024-10-11]. https：//www. gov. cn/zhengce/2021-10/12/content_5642120. htm.

主的内涵式发展。对于教育质量，《教育大辞典》将"教育质量"一词定义为"教育质量是对教育水平高低和效果优劣的评价"①。在实际操作中，以教育办学条件、课程设置、教育内容、学生的培养质量、校企合作的效果、社会服务、国际交流与合作等为教育质量评价指标②，对教育水平和效果进行综合评判。"职业教育高质量"主要是指当职业教育进入新的发展阶段后，职业教育发展的动力机制、职业教育发展过程的要素结构及特征、职业教育发展目标的最终实现，均呈现出显著的"高质量"特征，更加彰显"好"的职业教育的本质特征。③ 本科层次职业教育的高质量发展以更好地满足人民日益增长的对美好生活的需求为逻辑起点，在服务国家高质量发展的同时实现职业教育的高质量发展。④ 高质量的本科层次职业教育是一种能够满足个体日益多样化的技术技能学习需求、帮助学习者获得更高层次学历以及可持续就业的能力的教育，这区别于传统"轻学术，重技能"的职业教育，更为强化劳动者的综合素养与适应日趋变化的新时代的能力。将"高质量"与本科层次职业教育结合，须突出职业教育"类型化""现代化""数字化""智能化"等特征。事实证明，当前我国职业教育乃至所有教育都向高质量发展转型是必然选择。遵循高质量发展的实践原则，是职业教育改革与发展的时代诉求。

高质量发展是数字化时代对本科层次职业教育的热情召唤。技术变革使数字化、自动化、智能化的快速发展加快了第四次工业革命，以5G、人工智能、云计算、大数据等一系列数字技术为代表的数字化时代已经到来，技术的新陈代谢驱动劳动力必须快速适应数字化时代，而这意味着职业教育的数字化转型已是必然趋势。数字经济发展速度前所未有，其规模之大、辐射范围之广皆是以往所不能比拟的。全球经济结构正在重构，新的国际竞争格局逐渐形成，加强实体经济与数字经济的深度融合是未来职业教育的行动主线，职业教育数字化转型正是增强职业教育适应性，提升发展质量的治本之策。目前，本科层次职业教育作为我国现代职业教育体系中的最高学历层次的教育，承担了培养面向生产、建设、管理、服务一线的高层次技术技能人才的

---

① 顾明远. 教育大辞典（第一卷）［M］. 上海：上海教育出版社，1990.

② 赵蒙成. 何谓职业教育的"质量"？——基于实践哲学的思考［J］. 职教论坛，2022（2）：5-13.

③ 孙翠香. 新时代职业教育高质量发展的内涵、特征与推进策略［J］. 教育与职业，2022（3）：5-12.

④ 朱德全，杨磊. 职业本科教育服务高质量发展的新格局与新使命［J］. 中国电化教育，2022（1）：50-58，65.

责任，同时相较于高职专科教育也应更为关注培养劳动者适应时代需求的数字素养能力。因此，"高质量发展"是数字时代下对本科层次职业教育的热情召唤，也是增强职业教育适应性的发展导向。

高质量发展是人民群众对本科层次职业教育的心之向往。职业教育改变以往专注规模扩张的发展模式，向高质量的内涵式发展迁移。本科层次职业教育是我国打破职业教育学历"天花板"的一种创新设计，它向下对接中职、高职专科，向上与专业硕士、专业博士衔接，作为承上启下的桥梁，在创立与实践之初便应秉持优质的教育理念，向社会输送能担当起民族复兴大业的时代新人。一直以来，社会对职业教育的看法存在一定偏差，几千年来以学术为重的成才观延续至今，也非一朝一夕便可改变。本科层次职业教育的出现承载着为职业教育"正名"的重要使命，更加坚定了"职业教育是与普通教育具有同等重要地位的教育类型"。以往的职业教育人才培养一直重技术技能训练，轻理论知识学习，造成人才普遍难以适应急速更新换代的产业发展的育人困局，毕业生职业成长受限。本科层次职业教育必须转变办学理念，保持职业教育的类型特征，打造不同于高职专科与应用型本科的全新办学形式，着眼于高层次、高水平、高质量的人才培养模式。因此，"高质量发展"是人民群众对本科层次职业教育的美好期盼。

高质量发展是技能型社会对本科层次职业教育的迫切期待。2021年4月，全国职业教育大会中提出要"办好新时代职业教育服务技能型社会建设"，将打造"国家重视技能，社会崇尚技能，人人学习技能，人人拥有技能"的技能型社会作为未来职业教育改革的时代使命。[①] 同年10月，《关于推动现代职业教育高质量发展的意见》中对技能型社会建设提出"两步走"的发展目标：到2025年，职业教育类型特色更加鲜明，现代职业教育体系基本建成，技能型社会建设全面推进；到2035年，职业教育整体水平进入世界前列，技能型社会基本建成。[②] 当前世界各国纷纷制定国家技能战略，将提升技能资本开发与利用效率作为迎接新技术挑战、增强国家竞争力的重要路径。[③] 技能型社会的建设将成为我国实现制造强国的重要途径。技术资本成为参与国家发展格

---

① 陈宝生. 办好新时代职业教育 服务技能型社会建设 [N]. 光明日报，2021-05-01（07）.

② 中共中央办公厅 国务院办公厅印发《关于推动现代职业教育高质量发展的意见》[EB/OL].
[2024-11-06]. http://www.gov.cn/zhengce/2021-10/12/content_5642120.html.

③ 鄂甜. 论技能型社会：战略意义、内涵目标与实现路径 [J]. 中国职业技术教育，2022（25）：
12-17，28.

局的全面建设的生产要素，强化人力资本为我国参与国际竞争增强技术优势。本科层次职业教育致力于提升人才的技术应用与创新能力，为社会输送具备参与国际竞争能力的人力资本与技术资本。作为与技能型社会最为直接密切的教育类型，职业教育所肩负的责任巨大，技能型社会离不开高质量的职业教育，更离不开高质量的本科层次职业教育，本科层次职业教育在教育内容、专业设置、要素结构等方面都要体现与技能型社会更为契合的样态。因此，"高质量发展"是技能型社会对本科层次职业教育的殷切期许。

严把高层次技术技能人才的"入口""培养""出口"，通过建立与普通高考并行的职教高考制度选拔生源，制定严格的教学质量保障机制，实现人才培养"高起点、高质量、高标准"，完善技术技能人才聘用考核机制，确保毕业生"能就业、就好业"。高质量发展，关键在"质"的提升而非"量"的突破，以提质培优为重点，以"精而优"的质量竞争取代"泛而杂"的规模比拼。以产业转型升级需求促进职业人才供给，在实践中探寻本科层次职业教育的发展方向，以彰显职业教育类型地位、完善现代职业教育体系为动力，稳步推进本科层次职业教育高质量发展。同时，依据高质量发展原则，本科层次职业学校在办学中应将质量居于优先地位，以发展的眼光看待现有状态，突破思维定式，寻求创新与发展，科学设置办学定位，全方位促进本科层次职业教育高质量发展。

第三节　定位与导向：
发展本科层次职业教育的应然之态

本科层次职业教育的应然之态是基于我国高质量发展阶段的一种理想状态，它承载的是职业教育最纯粹的初心与坚持。从教育生态定位、复合人才定位与产业优势定位的视角出发，以稳中有为、稳中有进为前提，实现本科层次职业教育的高标准建设、高质量发展，高水平构建"纵向贯通，横向融通"的现代职业教育体系。

一、坚持教育生态定位，建立"以本为本"与"办职为职"相协调的办学导向

1967 年，美国哥伦比亚大学教授劳伦斯·克雷明在《公共教育》一书中

创造性地提出了"教育生态学"，将生态学运用于教育研究之中，着重考察各种教育机构之间及其与整个社会之间的相互作用关系。[①] 从教育生态学的视角看，当生态位发生重叠时，必然会引起组织间的竞争关系，造成不必要的资源浪费与自身竞争力的削弱。作为现代职业教育体系中的重要一环，本科层次职业教育的建设初衷旨在层次上的再延伸与类型上的再凸显，即与高职专科处于不同层次的同一类型，与普通本科教育处于同一层次的不同类型，应然之态是具有独特的生态位，发挥自身独特的功能作用。因此从理论层面与实际需求来看，本科层次职业教育应当精准定位，通过合理规划生态空间，推进整个高等职业教育系统走向生态平衡。"本科层次"是人才培养高度的基本要求，而"职业性"是人才培养方向的特色所在，没有"本科层次"，职业教育就止步于长期以来专科层次的"天花板"，技术技能人才培养体系结构难以满足当下现实需要；不坚持"职业性"，职业教育就无法突出类型特色，与普通教育具有同等重要地位的顶层定位易发生偏离，故而坚持"以本为本"与"办职为职"相协调，才是办好真正的本科层次职业教育的应然之态。

"以本为本"体现的是本科层次职业教育应坚持和遵循的办学定位和办学导向，即既要有大学之名，又要有大学之形。职业教育长期被视为"差生教育""弱势教育""断层教育"，是由缺乏本科及以上层次的教育导致学历上的断层，使得职业教育在现实社会中难以实现与普通教育"同等重要"的地位。本科层次职业教育在课程设置、教学内容的设计上必须达到本科教育水平，确保理论知识和技术技能学习符合高端化、复杂化、高层次的职业定位。寻求本科层次职业教育的合理生态位，需要在最大限度上实现教育资源优化配置，保证教育随环境变化而动态改变。以《本科层次职业学校设置标准（试行）》为基准，参照普通高等学校基本办学条件指标，在生师比、生均教学行政用房面积、生均教学科研仪器设备值、生均图书数量等基本办学条件上达到本科层次标准。例如，本科层次职业学校的专任教师应确保其总数满足生师比不高于18：1的标准；生均教学科研仪器设备值则可根据不同办学定位类型的本科层次职业学校而有所不同；实训和实习场所需要满足校企共建共享的要求，能够支撑各专业的基础技能训练、技术技能实训和顶岗实习需要。通过满足本科办学的基本条件，使在校师生能够不受限地开展符合本科层次职业教育人才培养规律的学习与研究活动。同时，对于"研究性"的关注须

---

① 梁云，陈建华. 劳伦斯·克雷明教育生态学视域下的学校变革［J］. 外国中小学教育，2016（6）：30-35.

进一步提升，加强学科建设，将科学研究的重点转向认识世界和改造世界、开展技术理论探索与实践创新的新功能，将科研所产生的技术知识体系应用于人才培养与社会服务中。[①] 坚持"以本为本"的办学导向，打破职业教育学历"天花板"，加强各层次职业教育间的衔接与贯通，才有助于消除社会对职业教育的歧视。

"办职为职"体现的是本科层次职业教育作为类型教育的题中应有之义。自《国家职业教育改革实施方案》发布以来，职业教育作为一种独立的教育类型已成为一种共识，本科层次职业教育属于现代职业教育体系中的重要组成，其办学旨趣必须着眼于职业教育类型定位，优化职业教育外部环境，精炼内部生态资源，充分发挥自身优势，找准高层次技术技能人才培养的生态定位。对于本科层次职业教育来说，如何融合职业教育的职业性特质与高等教育的学术性要求是其发展过程中需要关注的重点。例如在师资方面，目前我国本科层次职业教育的教师大多来源于普通高校，长期沉浸于"学术性"的研究氛围中，在实际的教育教学过程中极易陷入"学术漂移"的泥潭之中，因此师范性、专业性、职业性"三性"融合的知能结构是本科层次职业教育师资队伍建设的必然要求。而在专业课程方面，本科层次职业教育的办学定位需要通过经典学科课程＋技术学科课程＋能力本位课程的结构来布局，且三类课程在课程体系中的比重应根据具体专业理论性和实践性强弱水平进行设定。[②]

综上，"办职为职"要坚持职业教育的办学形式，差异化发展、选择性卓越，将职业教育的类型特色作为本科层次职业教育办学的基本方向来培养本科层次人才，以凸显本科层次职业教育的特色所在。例如，超越职业岗位对人才的单一定位，向学生传递职业的深层意蕴和工匠精神，打破教育的功利性思维；加大"双师型"教师建设和高层次人才引进的力度；坚持高层次技术技能人才培养定位，专业设置应体现职业教育类型特点，将培养本科层次职业人才的意愿转化为实际行动，完善职业教育体系的"生态环境"，进一步增强职业教育适应性。本科层次职业教育须以面向市场、服务发展、促进就业为方向，防止因缺乏特色而成为本科教育的另类。发展本科层次职业教育，以高职专科院校升格建设为最优路径，高职专科院校具有深厚的职业教育办学底蕴、成熟的产教融合人才培养模式、完善的职业教育专业建设理念、良

---

① 李政. 职业本科教育的学科建设：大学职能的视角 [J]. 江苏高教，2022 (3)：111-118.
② 徐国庆、王笙年. 职业本科教育的性质及课程教学模式 [J]. 教育研究，2022 (7)：104-113.

好的校企合作机制，有较好的举办本科层次职业教育的办学基础，有"办职为职"的信念和追求。不迎合传统学术研究型大学的办学风格，着重打造职业化技术技能人才，不因"以本为本"而忽视办学初心。

二、坚持复合人才定位，建立应用能力与技术能力相融合的育人导向

20 世纪 60 年代，美国经济学家西奥多·W. 舒尔茨提出：在经济现代化进程中，人力资本的增长率比可再生产的实物资本的增长率高，且人力资本促进物质资本和劳动力的劳动生产率。[①] 随着经济结构调整转型，社会就业结构性矛盾也挑战着劳动者的就业能力。进入工业 4.0 时代，互联网从"虚"的服务业大规模进入"实"的制造业，企业的生产方式在互联网基础上实现了人与人、人与机器、机器与机器之间的协同对话，从而实现"智能"生产、柔性制造和互联制造。[②] 在个性化需求和信息技术的共同作用下，智能化的生产能够快速高效满足市场个性化需求，迅速向顾客提供低成本、高品质的产品。工业 4.0 通过网络与信息物理生产系统的融合改变当前的工业生产与服务模式，而物联网、信息通信技术以及大数据分析等相关技术是"工业 4.0"的基础，其意在将传统工业生产与现代信息技术相结合，将集中式控制向分散式增强型控制的基本模式转变，并最终实现工厂智能化、生产智能化。[③] 数字工业只有依靠人才能实现，教育作为人力资本的关键生产形式，其对经济的作用不言而喻，造就数字工业需要的人才，只有依托教育才能实现。工业 4.0 时代的生产一线技术工人必须是知识型工人，是融技术、技能于一身的技术技能型人才，纯粹的以隐性智慧技能为特征的单一技术型人才、以显性动作技能为特征的单一技能型人才将不复存在。[④]

2022 年 11 月，人力资源和社会保障部公布了第三季度全国招聘量大于求职量的 100 个职业排行，制造业缺工情况依然延续，其中"机械制造工程技术人员""机械设计工程技术人员""计算机软件工程技术人员"等技术工种岗位缺工较为突出。在岗位缺工情况如此严重的状况下，当前我国却面临技

① 闵维方. 教育经济学国际百科全书 [M]. 北京：高等教育出版社，1988.
② 师慧丽. 工业 4.0 时代技术技能型人才：内涵、能力与培养 [J]. 职业技术教育，2017 (16)：29-33.
③ 陈志文. "工业 4.0"在德国：从概念走向现实 [J]. 世界科学，2014 (5)：6, 13.
④ 师慧丽. 工业 4.0 时代技术技能型人才：内涵、能力与培养 [J]. 职业技术教育，2017 (16)：29-33.

能人才与高技能人才数量不足的问题，供与求始终难以平衡。截至 2021 年 3 月，我国技能劳动者超过 2 亿人，其中高技能人才超过 5000 万人，但我国技能劳动者占就业人口总量的比例仅为 26%，其中，在"十三五"期间，我国新增高技能人才超过 1000 万人，但高技能人才仅占技能人才总量的 28%，这与发达国家相比仍然存在较大差距。① 与此同时，我国制造业依靠低价劳动力以量取胜的这一优势正逐渐消失。国家间竞争对抗的加剧，发达国家再工业化需求的不断增强，国内老龄化问题又日渐加剧，这预示着经济增长方式将必然由全球生产要素流动和市场扩张驱动转向内需和自主创新驱动。党的十八大以来，我国制造业从以"量"取胜转向以"智"取胜和以"质"取胜，从资源驱动向创新驱动转变，亟须更多具有创新能力和技术能力的人才。而要想保证人才市场供求平衡，作为培养高层次技术技能人才的本科层次职业学校在办学中就必须以极具创新性的眼光选择更为科学的培养模式，为我国工业化提供培养应用能力与技术能力兼备的复合型人才。

近年来，我国发展质量逐步提高、产业转型升级、经济结构不断调整，在这种产业生产复杂化、精细化趋势的驱动下，市场不得不提高对劳动者技术与职业素质的要求。《中国应用型人才需求报告（2019）》指出："当前的职业教育人才培养标准与需求不匹配，人工智能、大数据、云计算、物联网等新兴领域的人才培养，尚未形成成熟的系统性体系，人才供需矛盾突出。"② 从一般岗位能力到综合岗位能力的变化体现了新兴领域对人才的岗位能力的更高要求。未来新兴技术岗位将会着重关注产业工人的创新与应用能力，其将会成为本科层次职业教育毕业生的核心竞争力。为适应复杂岗位和新技术的变革，须逐步提升其服务地方产业发展的能力。伴随数字化、智能化时代到来，以创新应用为导向，培养应用型、技术技能型人才是推动科技创新与产业转型发展的关键，本科层次职业教育为产业关键技术创新提供丰富人才储备，以人才资本创造社会经济价值。本科层次职业教育所培养的人才与中职和专科职教质的区别就在于创造性，即掌握知识并能创造性地运用知识解决复杂的技术难题。它与中职和高职专科的差别并非知识、技能和素质方面在"量"上的差别，而是"质"的不同。③ 本科层次职业教育更加重视学生对

---

① 王红茹. 用"高考分流"来破解"用工荒"？[J]. 中国经济周刊, 2022（8）: 29-32.

② 张鸿彬. 职业本科教育学生核心素养培养探究 [J]. 深圳信息职业技术学院学报, 2024（2）: 73-78.

③ 方泽强. 本科层次职业教育的人才培养目标及现实问题 [J]. 职业技术教育, 2019（34）: 6-11.

理论知识的学习，但这种理论知识的学习并不局限于书本，将知识应用于生活和岗位中才是其内在追求。新一代的技术技能人才不仅需要掌握扎实的技术理论知识，还要掌握从事该行业的其他相关知识，提升适应能力。

本科层次职业教育是基于实践导向的高层次技术技能教育，内生发展的技术样态是其逻辑起点。① 以培养技术能力为育人导向既是源于职业教育最本质的技术延续，更是技术创新与社会经济发展的需要。现代职业教育已经超越以往培养低层次技能人才的功能定位，开始将专业性、系统性技能教育作为发展定位。② 2021 年 6 月，人社部印发的《"技能中国行动"实施方案》更是将高技能人才、能工巧匠、大国工匠的培养提升至新高度，着力构建"技能型社会教育体系"，并将技能人才作为支撑中国制造、中国创造的重要力量。③ 本科层次职业教育作为高层次技术技能人才培养载体，应坚持以学生的技术技能思维能力、技术技能运用能力和技术技能反思能力的养成为准则，使学生能够掌握所学专业技术技能知识体系，进行各种疑难故障的处理和项目案例的训练，通过针对化训练更好地从事技术发明与创造，同时将技术审美、技术道德与技术伦理培养贯穿技术技能人才培养全过程，打造符合当前产业需要的新型技术人才。④ 本科层次职业教育将继续以产教融合为抓手，着力培养"知行合一"的和具有应用性与创新能力的高层次技术技能人才。通过与企业联合搭建职业教育科研平台、产业研究院等形式实现高品质校企合作，采用平等互利的原则促进科技成果、科研平台等要素最大限度共建共享，保障学生能够获得充足的科研素养锻炼机会，提升创新与应用能力，实现科研成果转化与人才能力提升，形成产教、产学、产研融合相长模式，引导学生在学习运用技术的同时实现技术的突破与创新。

高质量的本科层次职业教育要求试点学校必须将立德树人作为办学基本导向，在遵循人才培养的客观规律前提下构建符合应用能力与技术能力提升的人才培养课程体系，依据职业岗位对技术、能力和素质的要求，对课程内

① 王佳昕，郊海霞. 基于逻辑起点探寻本科职业教育的基本内涵与实践路径——从科学、技术与生产发展的关系视角 [J]. 中国职业技术教育，2022（3）：12-17，34.

② 徐国庆. 什么是职业教育——智能化时代职业教育内涵的新探索 [J]. 教育发展研究，2022（1）：20-27.

③ 人力资源社会保障部关于印发"技能中国行动"实施方案的通知 [EB/OL]. [2024-11-06]. https://www.gov.cn/zhengce/zhengceku/2021-07/06/content_5622619.htm.

④ 王佳昕，潘海生，郊海霞. 技术论视域下职教本科定位与人才培养逻辑 [J]. 高等工程教育研究，2021（5）：141-146.

容全面系统的解构与重构，形成科学合理的、完备的、有机衔接的课程体系和课程内容。① 同时，在师资队伍建设和育人平台的搭建上也始终秉承教育性、职业性、创新性、实践性的职业教育基本特征。以南京工业职业技术大学为例，作为具有黄炎培先生创办的百年职业名校和全国首家公办本科层次职业学校双重身份的高校，南京工业职业技术大学深入贯彻复合性（即掌握多项技术技能）、精深性（即精通基础理论和核心技术技能）、创新性（即适应和推动技术变革）人才理念，建成"德技并修"通识课程＋"理实并举"基础课程＋"三跨并行"专业课程的"三并组合"课程体系，推进"三阶递进"创新教育，培养学生创新思维和专业技术创新能力，培育博士专任教师＋企业工程师＋技能大师的"三师融合"师资队伍，打造技术联盟型平台＋协同服务型育人平台＋双创孵化型育人平台的"三型协同"育人平台，共同培养出能够适应工作岗位快速变化和技术更迭的高层次应用型技术技能人才。②

德国哲学家卡尔·雅斯贝尔斯指出：所谓教育，不过是人对人的主体间灵肉交流活动，它包括知识内容的传授、生命内涵的领悟、意志行为的规范，并能通过文化传递的功能，将文化遗产教给年轻一代，使他们自由生成，并启迪其自由天性。③ 教育不是知识的堆积，本科层次职业教育的最高境界不是教人知识和技能，而是对学生进行精神和灵魂的升华，帮助其实现自身价值，成为想成为的人。对于劳动者而言，职业不只有维持生计的价值，个人价值与社会价值的实现也同样重要。本科层次职业教育的目的不是满足就业即可，而是通过教育这盏"明灯"指引学生理性思考未来，在职业中发现并完成价值追求，实现个人的全面发展。在紧跟时代发展步伐的同时，培养学生获得技术技能，满足教育基本育人育德功能，使其生成符合社会价值和基本道德规范的、具有工匠精神和劳动精神的现代工匠。这应是本科层次职业教育的灵魂所在，而应用能力和技术能力则是高层次技术技能人才的两翼，帮助其在职业发展中完成自我超越。

① 郭广军，李昱，刘亚琴. 高质量职业本科教育的教育目标、关键特征及推进策略 [J]. 教育与职业，2022（22）：44-47.

② 和光. 南京工业职业技术大学"三性一体化"高层次技术技能人才培养模式 [J]. 职业技术教育，2021（26）：1.

③ ［德］雅斯贝尔斯. 什么是教育 [M]. 邹进，译. 北京：生活·读书·新知三联书店，1991.

三、坚持产业优势定位，建立社会需求与地方特色相适应的发展导向

20世纪80年代，美国著名战略管理学家迈克尔·波特提出竞争优势理论，即当某个组织拥有一种同类组织无法模仿、复制和超越的价值时，就会形成竞争优势。[①] 就本科层次职业教育办学而言，在该理论视角下，采用"特色化竞争逻辑"的学校能够在众多学校中突出独特性，以获得更多的生存与发展空间。但在实际办学中，许多本科层次职业学校出现同质化现象，办学内容、办学定位、专业设置、课程体系等大同小异，难以真正实现地方人才结构平衡。本科层次职业教育承载着服务社会及地方发展的任务，它对于"特色化竞争"的需求更加强烈，必须以满足区域产业发展为前提，把办学的关注点落在满足社会需求与地方特色产业发展上，将人才培养与促进区域经济协调发展融为一体，在行业竞争中居于优势地位。以德国不来梅应用科学大学为例，该校在专业设置方面就充分利用港口城市的特色和邻近空中客车生产基地的优势，大力发展航空科技、船舶制造、航海技术等特色专业，该校在同类院校中获得了充分竞争优势。[②]

努力提升适应社会需求的能力是本科层次职业学校未来发展的方向与目标，这是由社会发展与现实需求共同决定的。[③] 2016年3月，国务院教育督导委员会印发了《高等职业院校适应社会需求能力评估暂行办法》，该办法推动高职院校朝着"以立德树人为根本，以服务发展为宗旨，以促进就业为导向"的方向发展。全面提高本科层次职业教育适应社会需求的能力和水平，能够引导各学校充分发挥办学主体地位，提升人才培养质量，打造人才就业优势的同时，也能满足地方经济社会发展与行业发展的需要。本科层次职业教育办学中应从办学基础能力、"双师"队伍建设、专业人才培养、学生发展和社会服务能力等方面关注院校的适应社会需求情况。[④] 同时，从当前的产业需求结构出发推动校企合作、产学研用的全方位合作，提升产教融合度；以德育为先，抓住学生成长关键期形成正确的世界观、人生观和价值观，并突

① ［美］迈克尔·波特. 国家竞争优势 [M]. 李明轩，邱如美，译. 北京：华夏出版社，2002.

② 张福喜. 德国应用科技型大学的变革趋势 [J]. 职业技术教育，2015（9）：70-73.

③ 何秀超. 推动办好适应社会需求的高等职业教育 [J]. 中国高等教育，2018（21）：36-37.

④ 国务院教育督导委员会办公室关于印发《高等职业院校适应社会需求能力评估暂行办法》的通知 [EB/OL]. [2024-09-28]. http://www.moe.gov.cn/srcsite/A11/moe_764/201603/t20160323_234947.html.

出技术技能素质培养，开展技能竞赛并引导学生向大国工匠、能工巧匠发展，全面满足社会需求。

2019 年，教育部、财政部发布《关于实施中国特色高水平高职学校和专业建设计划的意见》（以下简称"双高计划"），为服务建设现代化经济体系和满足更高质量更充分就业需要，深入推进产教融合、校企合作，聚焦高端产业和产业高端，重点支持一批优质高职学校和专业群。① "双高计划"高职学校是职业院校的排头兵，这些学校中有一部分已经"升格"为本科层次职业学校，这些学校依然要保持职业教育类型特征，要更加巩固符合地方特色的专业群建设。以浙江省为例，该省共有 21 个国家级高水平专业群和 51 个省级高水平专业群，其中有 55 个专业群紧密对接浙江省重点发展产业，专业群布局对接产业发展有较好的匹配性和契合度，部分"双高计划"学校坚持推进国家级协同创新中心市场化运行，引领行业服务能力升级。② 本科层次职业学校应充分发挥其服务区域经济社会发展的社会服务功能，根据地理位置和社会需求不同、生产供给侧结构性差异等主动适应和满足产业结构调整而产生的职业岗位差异化，优化专业布局，科学设置人才培养全过程。

在新一轮科技革命和产业变革背景下，我国将新发展理念注入产业发展中，产业高端化驱动本科层次职业学校整体专业定位主动向智能制造领域上移，人才培养面向岗位从相关产业中低端岗位群向产业高端岗位群上移③，新兴专业不断涌现。本科层次职业学校在建设高水平专业时应开展充分调研工作，对本校和各院系的办学实力进行综合评估，掌握学校高水平专业建设的基础。同时对社会需求和地方特色进行调研，确保相关专业能够对社会和地方发展提供较大的经济效益。此外，各试点学校也要构建完善的行业市场调研制度，定期抽调一线教师、教学管理人员深入行业企业，调查研究相关领域对专业技术技能、专业服务以及技术技能人才的需求状况，以此作为遴选一流专业的依据。④ 通过打造高水平专业，适应并满足地方产业需求，实现百

① 教育部 财政部关于实施中国特色高水平高职学校和专业建设计划的意见 [EB/OL]. [2024-09-28]. https://www.gov.cn/zhengce/zhengceku/2019-10/23/content_5443966.htm.

② 张余，曹晔. "双高计划"学校举办职业本科教育的策略研究 [J]. 职业技术教育，2022 (12)：14-18.

③ 筑牢本科层次职业教育专业发展根基 推进高质量职业教育体系建设 [EB/OL]. [2024-09-28]. http://www.moe.gov.cn/jyb_xwfb/moe_2082/2021/2021_zl11/202102/t20210223_514448.html.

④ 徐俊生，张国镝，高羽. 职业本科院校一流专业建设的价值、机制与路径 [J]. 教育与职业，2022 (9)：57-63.

花齐放的本科层次职业教育办学态势。

本科层次职业教育办学依托地方，而各校办学特色的形成在很大程度上源于其地缘优势，在长期办学实践中融合区域特色，逐渐形成被当地认可的办学风貌。本科层次职业教育应时刻关注区域特色产业，挖掘地区优势资源，以特色专业群建设牵引学校改革，使学校专业整体布局在内部竞合与外部适应的共同作用下形成"特色专业群主导、协同专业群并进"的发展态势。① 以景德镇艺术职业大学为例，该校在学校专业设置上以应用艺术为特色，紧密对接陶瓷文化、现代服务等新兴产业，成为景德镇国家陶瓷文化传承创新试验区技术技能人才储备中心。② 职业院校与地方相伴相生，本科层次职业学校依托当地特色产业培养人才，实现自身的差异化发展，避免了与其他学校的趋同；加之，本科层次职业学校在为当地产业培养并输送高端人才的同时，促进了当地产业的可持续发展。总而言之，本科层次职业教育若想不陷入同质化的困境，就必须以区域产业结构布局和发展目标为依托，形成以社会需求与地方特色相适应为发展导向的本科层次职业教育。

美国未来学家托夫勒在《未来的冲击》中提出，教育的主要目的在于增进个人的应对能力，以适应不断变动的速度及经济动向，例如，对未来 20 年到 50 年中社会所需的职业种类、运用何种技术等，因此，教育必须转变为面向未来。③ 本科层次职业教育的出现为人们提供了更加多元的面向未来的路径选择，使高等教育真正从"筛选的教育"走向"选择的教育"。目前，我国开展本科层次职业学校数量在不断增加，这对建设现代职业教育体系具有重要意义，把握办学导向尤为关键。对本科层次职业教育而言，未来的发展方向究竟是该"逐流"还是该"坚守"是在确立之初就应思考的问题。"逐流"意味着顺应社会普遍更为认同应用型本科教育的现状和依靠应用型本科办职业本科的历史背景，将本科层次职业教育向应用型本科靠拢。"坚守"则意味着无论目前社会是否对职业教育抱有期待，都不会动摇其职业教育的精神内核，坚定选择职业教育的类型属性，不因升格而盲从。由此来看，"坚守"才是本科层次职业教育办学的真正方向。

---

① 李天源，石伟平. 职业本科院校在高质量发展阶段的特色发展之路：理论原则、关键任务与保障策略 [J]. 中国职业技术教育，2022（12）：16-20，70.

② 景德镇艺术职业大学学校简介 [EB/OL].［2024-10-08］. https：//jdzvua. edu. cn/html/895/.

③ ［美］阿尔文·托夫勒. 未来的冲击 [M]. 蔡伸章，译. 北京：中信出版社，2006.

第二章

常道与常名：本科层次职业教育
人才培养的"学"与"术"

《道德经》曰："道可道，非常道；名可名，非常名。""常道"与"常名"是一切事物变化都须遵循的法则。就职业教育而言，"学"与"术"是本科层次职业教育人才培养的恒常之道、恒常之名，须在遵循职业教育发展逻辑和人才成长规律的基础上，彰显职业教育类型特色，确立"学"与"术"相结合的人才培养目标。"学"即学术，《辞海》把"学术"解释为有系统、专门的学问；"术"即"技术"，泛指操作方面的技术技能。加强本科层次职业教育"学""术"人才培养，不仅能够推动教育链、人才链与产业链、创新链的有效衔接，填补高层次技术技能人才培养和经济社会转型发展下劳动力市场需求之间的缺口，还有助于打破我国职业教育的"天花板"，加快构建纵向贯通、横向融通的现代职业教育体系，助推本科层次职业教育高质量发展。

第一节　以标准、专业、课程为支撑
打好本科层次职业教育底色

美籍奥地利理论生物学家贝塔朗菲在《一般系统论——基础、发展和应用》中强调，系统是由要素或子系统组成的，但系统的整体性功能可以大于各要素的功能之和。[①] 本科层次职业教育是本科教育和职业教育的有机的集

---

① ［美］冯·贝塔朗菲. 一般系统论——基础、发展和应用［M］. 林康义，魏宏森，等译. 北京：清华大学出版社，1987.

合，是本科教育和职业教育生态融合而成的结果，有其自身独特的内涵和特色，综合体现其应有的层次、类型和归属。本科层次职业教育与普通本科教育虽分属不同教育类型，但处于同一层次，具有教育层次的本科性；与高职教育的专科层次属于不同层次但同一类型，具有教育类型的职业性；与应用型本科和研究型本科人才培养存在相似之处，具有教育面向的社会性，要求培养人才具有全面发展的综合素质、处理生产问题的应用技术以及胜任岗位要求的职业能力。在实践过程中，本科层次职业教育应以人才培养标准为指引，找准人才培养方向；以高质量专业建设为龙头，夯实人才培养基础；以高标准课程体系为抓手，彰显理实一体化本色。

一、以高水平育人标准为指引，找准人才培养方向

1981 年，联合国教科文组织出版了 H. W. French 所著的《工程技术员命名和分类的若干问题》，其对三十多个国家进行实证调查研究后，提出了"职业带"理论模型，将工程领域的技术人才按其教育层次和工作范围的不同划分为技术工人、技术员和工程师三种人才类型，并阐明了人才结构和教育结构类型之间的对应关系。[①] 这一分类法在国际上得到了广泛认同。本科层次职业教育作为现代职业教育体系中的高位环节，成功打破了传统职业教育体系中的"断头路"现象，促进了职业教育与普通教育之间的衔接和贯通。它不仅有助于实现更高水平的技术技能人才培养目标，而且其人才培养标准相较于中职和专科层次的高职教育也有所区别。那么，具体来说，本科层次职业教育应当培养何种类型及规格的人才？其人才培养的服务面向又是什么？这些问题在当前的实践探索过程中显得尤为重要且值得深入思考。

（一）明确人才培养规格，遵循人才培养规律

本科层次职业教育目前尚处于试点探索阶段，但其规模化发展已是大势所趋。在此过程中，首先需要明确的是人才培养的标准，通过设立高标准来推动其健康发展。从人才培养规格考虑，不同层次职业教育所培养人才的素质结构与质量标准都有所不同。中等职业教育培养初、中级技能型人才，且主要是前者，学生通过在实操中反复练习获得技能，侧重于学习和掌握经验技能，追求"术"能生巧；专科层次高职教育主要培养中级技术技能人才，

---

① French H W. Engineering Technicians Some Problems of Nomenclature and Classification［M］. Paris：The United Nations Educational，Scientific and Cultural Organization，1981.

同时兼顾高级技术技能人才的培育，学生在总结经验的基础上不断调整完善并改进技能，侧重于学习掌握策略技能，追求"术"中有学；而本科层次职业教育培养的人才类型定位为高层次技术技能人才，学生侧重于学习掌握更高水平技术技能包括现代智慧技能，能够通过对事物进行分析和思考，完成智力含量较高的复杂技术技能操作，追求好学有"术"，即能够把握技术技能所蕴含的真理和规律，并达到"进乎技矣"的"道"的境界。[①] "庖丁解牛"的故事也深刻揭示了技术与技能之间的关系。"族庖月更刀，折也。"普通的厨师每月都需要更换新刀，因为他们依赖力量切断骨头，这体现了最基本的经验技能，其最高境界在于"熟练"。"良庖岁更刀，割也。"优秀的厨师每年更换一次刀，他们擅长切割肉而不损伤刀刃，这代表了一种策略技能，其最高境界在于"巧妙"，不仅要会做，还要做到"巧做"与"做得巧"。而庖丁的技艺则达到了更高的层次："今臣之刀十九年矣，所解数千牛矣，而刀刃若新发于硎。"庖丁使用同一把刀长达 19 年，处理了数千头牛，但刀刃依旧锋利如初。这是因为他在解牛时依靠的是心灵的感知而非仅凭视觉，是顺应牛体自然的结构和纹理进行切割，他的操作技能达到了"进乎技矣"的"道"的境界。这种技能，强调的是对事物深层次理解后的自然运用，以及基于深厚专业知识和丰富实践经验基础上的灵活应对，这也正是本科层次职业教育人才培养所应追求的目标。通过这种方式培养的人才不仅具备扎实的专业知识和操作能力，还能在复杂多变的工作场域中展现出创新意识和解决问题的能力。

（二）明确人才培养目标，找准人才培养方向

人才培养目标的确定直接关系到未来人才培养的质量与层次。从人才培养目标来看，本科层次职业教育是面向社会生产、服务、建设、管理一线需要，培养德智体美劳全面发展的、适应现代产业布局调整和产业技术变革、掌握扎实的专业理论知识和较高的技术技能水平并能熟练应用于生产实践、具有创新能力和可持续发展潜力的高层次技术技能人才。本科层次职业教育，重点关键词在"本科"二字，即要求人才培养目标水平达到本科层次，因此在办学过程中，强化实践技术和操作技能的同时更不能忽视其根本基础的本科标准。[②] 具体来说，本科层次职业教育的人才培养目标如下：首先，强调高层次，这意味着本科层次职业教育应确保学生的基本素质和知识技能水平不

---

① 张健. 高职本科应用型人才规格定位初探［J］. 职教论坛，2018（4）：33-37.
② 袁梦奇. 本科层次职业高校人才培养模式的体系构建［J］. 菏泽学院学报，2021（4）：88-92.

仅要满足中等职业教育和专科层次高职教育的要求，还要达到本科教育的标准，在一定知识要求的基础上，突出对能力和素质的培养，把对知识的要求内化于对能力和素质的要求之中；其次，强调创造性，即从培养仅能掌握现有工艺、被动顺应技术发展的人，转向培养面向未来主动创新、推动技术改造的人，能够化"技"为"术"，创造性地将所掌握的理论知识运用于实际技术问题解决之中，既能知其然地理解技术原理，还能知其所以然地洞察背后的逻辑，并在具体实践中不断反思和应用已有知识，形成通达的实践性知识与技能，真正实现理论到技能的纯熟贯通；再次，强调职业性，突出直接服务经济社会一线职业岗位的能力要求，从专业能力、方法能力和社会能力等多个维度进行规划设计，培养学生更高水平的职业关键能力和职业发展能力，更好适应并服务于社会的发展[①]；最后，强调复合性，即学生既要掌握某一工作岗位所需的知识与技术，又要打破学科壁垒和行政屏障，学习一定的人文社科知识、基础科学知识与应用科学知识等，掌握跨行业或跨学科的知识和技能，使培养出来的人才能够在不同技能要求的工作岗位上有效工作，多方位的知识和技能储备有助于毕业生应对复杂多变的职业环境。

（三）明确人才服务面向，提升人才培养质量

黄炎培先生在《学校教育采用实用主义之商榷》一文中提出，"教育要与生活、学校要与社会实际相联系"，"社会之需要"一直是职业教育不可忽视的办学动力。[②] 从人才培养的服务面向来看，本科层次职业教育必须坚持面向市场经济，以社会经济发展需求为导向，深入研究并对照国家宏观布局和重大项目，根据行业信息与产业发展变化，适时进行办学调整，实现教育供给结构和人力需求结构的协调发展，培养更多的能够将技术、工艺和艺术结合的本科层次复合型人才，更好地提升学习者的技术技能、就业能力、创新能力，并奠定其长期发展的坚实基础，增强本科层次职业教育对社会经济发展与技术进步的适应性。[③] 此外，在坚持服务地方发展的基础上，充分发挥本科层次职业学校的"高等性"，突出人才培养对地方产业发展的贡献度，基于服

① 胡业华. 我国本科层次职业教育人才培养的规格要求研究 [J]. 职教论坛，2020（4）：154-160.

② 黄炎培. 学校教育采用实用主义之商榷 [J]. 教育杂志，1913（7）：3.

③ 姜安心，王梓林. 产教融合视野下的高职本科人才培养 [J]. 黄冈职业技术学院学报，2016（4）：5-7.

务区域经济社会发展这一核心导向，锚定自身特色，确立发展目标与办学模式，深度融入并全力支持地方发展。唯有如此，方能更有效地整合和利用地方教育资源，依据区域社会需求调整人才培养模式和学科专业设置，从而使学校真正成为地方经济社会发展的"人才库"和"智力源"，成为科技成果的"孵化器"和"转化器"，成为文化传播的"辐射源"和"助推器"，实现高等学校的社会服务功能。① 同时，坚持促进高质量就业，牢牢把握人才培养的职业导向，保障技术技能的岗位匹配性，落实高校人才培养与地方人才需求的有效衔接，实现毕业即就业，拓宽学生就业渠道，提升学生就业能力，为地方经济建设和社会发展服务输送强大发展生力军，培养出更适应社会发展趋势的具有较高职业素养的高层次技术技能人才，为我国经济转方式、调结构、促升级提供与之相适应的人力资源支撑。本科层次职业教育须明确体现层次上是本科教育、类型上是职业教育的特征，服务行业和产业发展需要，突出层次性和职业性，强化创新性、复合性和应用性，着眼于高层次、高水平、高质量的技术技能人才目标进行建设。

二、以高质量专业建设为龙头，夯实人才培养基础

专业建设是职业教育发展的基石。建设高质量专业，不仅是现代职业教育迈向高质量发展的核心诉求，而且是顺应产业变革、匹配技术创新需求的重要驱动力。本科层次职业教育需要锚定高质量的专业建设，这不仅是提升人才培养质量的重要途径，还是实现教育链、人才链与产业链、创新链深度融合的必然选择。高质量专业建设有助于提高本科层次职业学校办学水平，提升人才培养质量。专业作为职业教育办学的核心单元，直接影响着职业教育人才培养质量，加强高质量专业建设，能够为本科层次职业学校提高人才培养质量、输出符合现代社会要求的高素质技术技能型人才提供重要支撑。② 因此，强化高质量专业建设是本科层次职业教育行稳致远的重要基石。

（一）对接产业发展需求，调整专业发展布局

美国高等教育学者约翰·S. 布鲁贝克在其著作《高等教育哲学》中提

---

① 苏志刚. 本科层次职业教育的价值取向和路径选择 [J]. 职教论坛，2021（3）：31-35.

② 柴草，王志明. 高职特色高水平专业群建设的价值内核、逻辑、问题与路径 [J]. 成人教育，2021（9）：65-72.

出，社会是不断发展进步的，各种环境的发展是不容忽视的，教育要在实际中进行。[①] 高等教育与社会发展之间存在密切的内在关联性。本科层次职业教育是全日制本科学历教育的一种，属于高等教育范畴，专业发展应与社会需求相吻合，与经济转型发展相适应。本科层次职业教育专业建设应结合产业转型升级需求与职业岗位变化。随着产业结构的转型升级、技术工艺的更新迭代以及新型职业的大量涌入，传统职业由于信息技术的介入使得工作内涵逐渐丰富，产业与岗位的复合性、嫁接性程度更高，与信息化、数字化与智能化的结合更紧密，工作岗位由单一的、专业的向综合的、开放的趋势演变，要求从业人员不断提高个人在跨知识、跨行业与跨岗位的复合发展能力，从而适应岗位群的技能要求和工作内容。因此，学校在专业建设上需要结合岗位群建设进行人才培养，塑造学生更深厚的知识体系、更综合的技术技能以及更优秀的职业素养，以高水平的培养来应对更加复杂多元的职业岗位。[②] 专业（群）建设与产业（群）发展息息相关、密不可分，产业（群）升级改造或优化重组都将引起人才需求的变化，而人才需求的变化又会倒逼本科层次职业学校人才培养的质量和水平。[③] 因此，应围绕产业集群来整合学校专业群的建设，立足于地方经济社会发展，满足区域产业结构优化与产业发展需求，更好地促进人才链与需求链互相一致，推动专业链与产业链精准对接，实现人才培养与社会需求同频共振、互利共赢。高水平专业（群）建设是本科层次职业教育人才培养的固本培元之举，应充分发挥专业（群）集聚效应，将导向作用发挥到最大，并与学校办学特色相契合，通讨合理规划专业人才培养方案、教师队伍以及课程体系等教学资源，实现各种信息资源的流通与整合，形成人才培养合力最大化，推动实现地方区域产业、企业经济效益最大化。

（二）构建专业标准体系，完善专业标准内容

专业标准是本科层次职业学校专业建设的基本指南，具有举旗定向的作用。[④]

———————

① ［美］约翰·S. 布鲁贝克. 高等教育哲学［M］. 王承绪，郑继伟，译. 杭州：浙江教育出版社，2002.

② 张学，周鉴. 本科层次职业教育人才培养的定位、逻辑与理路［J］. 中国职业技术教育，2022（18）：39-45.

③ 邓肖丽，郑世珍，黄妙红，等. 本科层次职业教育的教学体系探索与实践［J］. 高教学刊，2021（23）：27-30.

④ 李梦卿，田舒蕾. 本科层次职业教育专业建设的逻辑、机制与路径［J］. 中国职业技术教育，2023（1）：46-53.

本科层次职业教育专业建设质量的提升需要遵循职业教育办学逻辑和应用技术型人才成长规律，在国家职业教育标准框架的指导下，构建科学且合理规范的专业建设标准，形成长效机制，展现专业标准的指导作用，确保专业建设的规范化和科学化。具体来说，科学的专业标准体系应当紧盯当代高新技术研究和应用前沿，兼顾区域经济发展与院校自身的办学特色，结合一流专业定位、建设目标和发展方向，以及本科层次职业教育人才培养目标和规格定位，以高起点、高要求、高质量作为专业标准的构建主线，同时保证专业调整机制的动态性。① 而合理规范的专业标准内容，应着重发挥"引导"功能，从专业名称设置规范、人才培养目标设定到校企合作资源整合、实训基地条件优化，再到职业能力要求明确、"双师型"教师比例达标，全方位引导本科层次职业教育的专业建设，实现育人环节与社会发展需求紧密对接；同时应注重专业标准的"特色"功能，专业标准的内容既要赓续"职教基因"，参照既有的专科层次高职教育的专业标准，又要对标本科要求，有机结合本科层次职业人才培养的目标与规格。② 总体而言，构建和完善专业标准体系与专业标准内容需要坚持试点先行，基于本科层次职业教育试点专业设置发展现状和自身办学基础，结合本科层次职业人才培养的规格定位和目标要求，妥善进行专业资源整合和专业结构优化调整，在已有的专科层次高职院校专业建设标准基础上继承与创新，制定出更高层次和更高水平的专业建设标准。在环节落实过程中，本科层次职业教育专业标准内容应完整贯穿人才培养的全周期，立足于学生的思想品德、文化素养、专业知识、实践技能和行为能力培养，同时结合本科层次职业学校办学实际，可由行业企业领军人物、骨干教师、专家学者组建专业教学标准研制团队，研究确定高层次技术技能人才的技能要求与标准，联合开发具有现代职业教育特色的专业标准体系。

（三）完善专业管理机制，优化专业目录结构

现代管理学之父彼得·德鲁克提出："管理是一种实践，其实质不在于'知'而在于'行'；其验证不在于逻辑，而在于结果。"③ 专业管理是专业建

---

① 高羽. 本科层次职业教育专业建设的指向、机制及路径 [J]. 教育与职业，2021 (19)：19-26.

② 李梦卿，田舒蕾. 本科层次职业教育专业建设的逻辑、机制与路径 [J]. 中国职业技术教育，2023 (1)：46-53.

③ 邵建东. 高职院校教师绩效管理存在的问题及改进策略 [J]. 职业技术教育，2021 (6)：33-38.

设的基础工作，对于专业建设的质量与成效起着基础性的作用。应建立完善的行业市场调研制度。基于本科层次职业教育专业建设的社会功能性与社会服务性以及人才培养应面向社会、面向产业的最终目标，定期组织一线教师与教学管理人员深入专业所面向服务的行业企业、就业市场进行充分调研，反复征询行业企业在专业服务、人才培养、技术技能革新等方面的需求与建议，科学分析和预测专业人才需求动向。① 应建立健全完整的专业动态调整和专业退出机制。及时淘汰过时陈旧的内容，对就业市场狭窄、办学资源少的专业进行适度调减；充分考虑专业链与市场需求的匹配度，适度超前规划一批适应现代产业发展趋势的新专业。本科层次职业教育专业在进行申报、试点、推进的过程中，要依托地方支柱产业与特色产业，推动专业链、产业链、岗位链的深度耦合，把产业发展优势转化为高水平专业建设的驱动力。同时，专业建设还能反哺产业转型发展诉求，确保为产业升级源源不断地输送符合产业规格与技能要求的高层次技术技能人才。专业目录是专业设置、规划与布局的重要依据。2021 年 3 月，教育部印发《职业教育专业目录（2021年）》，明确指出"专业目录是职业教育教学的基础性指导文件，是职业院校专业设置、招生、统计以及用人单位选用毕业生的基本依据，是职业教育类型特征的重要体现，也是职业教育支撑服务经济社会发展的重要观测点"②。专业目录的重要性不言而喻。我国本科层次职业教育在制订专业目录的过程中需要理顺与其他各层次职业学校类型专业目录的关系，实现中、高、本三个培养层次在专业目录上的纵向衔接，构建具有贯通性、职业性、层次性和特色性的专业目录衔接体系，切实推进高端技术技能人才贯通培养③，以产业转型升级为导向，提升专业层次，丰富专业内涵，推动专业建设目标适应职业需求、专业内容对应工作内容、专业结构顺应就业结构、专业标准符合职业标准。

三、以高标准课程体系为抓手，彰显理实一体化本色

英国经济学家科林·克拉克于 1940 年在其著作《经济进步的条件》中提

---

① 徐俊生，张国镛，高羽. 职业本科院校一流专业建设的价值、机制与路径 [J]. 教育与职业，2022（9）：57-63.

② 教育部关于印发《职业教育专业目录（2021 年）》的通知 [EB/OL]. [2024-11-27]. http://www.gov.cn/zhengce/zhengceku/2021-03/22/content_5594778.htm.

③ 匡瑛，李琪. 此本科非彼本科：职业本科本质论及其发展策略 [J]. 教育发展研究，2021（3）：45-51.

出了配第-克拉克定理。该定理指出，随着国家经济的发展和人均收入水平的提升，劳动力呈现出从第一产业向第二产业转移，随后再向第三产业过渡的趋势。当前，新产业、新业态以及新商业快速发展，新的工作岗位不断涌现，社会分工越来越精细化，劳动力结构变化对人才培养的供给侧与需求侧两端都提出了新要求。课程体系作为实现人才培养目标的关键内容，在本科层次职业学校的办学中处于核心环节。为达成特定的人才培养目标，本科层次职业教育须大力推进课程体系改革与创新。从比较视野来看，普通本科教育重在培养具有深厚理论知识基础的学术型人才，课程设置主要围绕学科体系展开，课程内容的选取逻辑也以学科知识体系为依据；而本科层次职业教育以培养高层次技术技能人才为主，其课程体系源于工作体系，基于工作逻辑进行课程体系重构与课程开发。① 值得强调的是，本科层次职业教育作为一种全新的、复杂的教育系统，重构课程体系是强化类型教育特色的关键一环，其课程体系改革不是在研究型本科与应用型本科基础上"修修补补"的改良，而是触及实质内涵的"调筋动骨"。因此，本科层次职业教育应在课程建设上，探索建立适合于其人才培养的规范化、系统化的高标准课程体系，这应为当前亟待解决的现实问题。

（一）重构课程标准，打造示范引领机制

鉴于本科层次职业教育兼具高等教育与职业教育的双重属性，其课程体系的设计不仅要涵盖相较于专科层次高职教育而言更为深入的专业理论知识，培养学生的批判性思维、创新能力和持续学习的能力，体现"高等性"；还须强调课程内容紧密贴合行业需求，确保学生获得必要的职业技能和技术应用能力，体现"职业性"。课程标准是实现本科层次职业学校办学定位、人才培养取向与课程体系建设相协调的关键，应充分发挥课程建设标准的示范引领作用。在课程标准构建过程中，一要坚持服务于本科层次职业教育人才培养的定位，彰显类型特色，充分体现出其与普通本科教育、专科层次高职教育的差异性，聚焦更高层次、更高水平的技术技能人才培养目标指向，突出技术技能传授过程中的复合性、创造性与特色性，基于理实一体化研制与其层

---

① 路建彩，李潘坡，加鹏飞. 职业教育本科层次课程开发研究［J］. 教育与职业，2021（23）：102-106.

次定位相匹配的课程标准①，为提高课程教学质量和指导课程规范建设提供支持和保障。二是要构建校企协同开发机制，通过深化产教融合强化校企联动效应，例如，组建跨教育层级、多主体参与的课程标准建设共同体，由中职、高职、本科层次职业学校的一线教师、学科带头人和行业企业技术专家组建课标研制团队，在课程体系设计过程中以职业伦理素养培育为价值基点，以职业能力体系建构为核心框架，以服务区域经济发展和产业转型升级为价值导向。着重参考本科层次职业教育人才培养要求与学生认知规律，贯连中职、高职、本科层次职业教育的学生技术技能成长特点，对学生在思想行为、知识学习、技能学习和情感学习方面进行研究、分析与定位，在此基础上策划和构建与行业企业生产实际紧密结合的、有一定前瞻性的、有利于学生可持续发展的本科层次职业教育课程标准。② 三是强调与职业标准的对接，以强化学生职业能力的培养。具体而言，应依据本科教学质量的国家标准，结合行业企业对岗位技能与技术领域的实际需求，基于专业人才培养目标，科学定位课程标准和课程目标。在课程标准制定过程中，应系统整合工作任务、生产过程、技术标准及职业技能等级证书等核心要素，确保课程教学内容紧密围绕专业对应岗位所需的职业能力展开。通过促进课程标准与职业标准的紧密衔接，将职业能力培养置于核心地位，以此提升人才培养质量，匹配行业发展的实际需求。

（二）重建课程组织，优化专业人才培养

在课程组织层面，本科层次职业教育应充分体现其类型特征，突出职业性导向，突破传统学科逻辑主导的课程构建模式。具体而言，应以职业岗位（群）所需的实践性知识作为课程内容的核心，从典型工作任务出发，作为课程架构的逻辑起点，搭建以培育职业能力培养为导向的课程体系。在此过程中，须注重理论知识与实践技能的深度融合，同时平衡学术性与技术性的双重属性，从而实现职业教育在本科层次上的独特定位与功能。这种课程组织方式不仅能够有效衔接职业需求与教育目标，还能为学生提供更具实践性和应用性的学习体验，为其职业发展奠定坚实基础。在推进课程组织的重构过程中，可从以下三个维度系统性落实：一是打造"平台＋模块"的课程体系。

① 庄西真. 本科层次职业教育的制度需求、制度设计和制度实施［J］. 中国高教研究，2021（7）：98-102，108.

② 汪长明. 关于职业教育专业和课程标准体系建设的思考［J］. 教育与职业，2019（22）：85-90.

以"通识课程平台＋专业课程平台＋实践课程平台"为基础搭建基本框架，其中通识课程平台细分为通识必修课、通识选修课等模块；专业课程平台涵盖专业基础课、专业发展课、专业方向课等模块；实践课程平台则包括专业实训课、专业实践环节及专业产学研结合三大模块。这种结构设计既能够体现学科共性特征，又能够适应学生个性化发展及就业岗位的多样化需求，有效协调面向全体学生与面向学生个体之间的关系。二是构建"理论＋实践"一体化的课程体系。我国杰出的革命教育家徐特立提出，"缺乏实际的理论是空虚的，同时缺乏理论的实际是盲目的"。[①] 通过将理论课程与实践环节有机衔接，确保学生在掌握学科基础理论的同时，能够通过实践环节提升技术应用能力与问题解决能力，加强理论知识与实践能力的深度融合，这种课程设计不仅强化了学术性与职业性的平衡，还为学生在真实工作场景中的应用能力培养提供了有力支撑，满足现代社会对复合型人才的需求。三是构建"1＋N"课程体系。其中，"1"代表完整的课程活动安排，包括系统的课程目标、课程内容、课程安排与课程实施等核心要素，旨在为学生提供全面、连贯的学习体验，在"1"的基础上增设"N"个特色化、个性化的职业技术技能专项培训模块，鼓励学生在完成学历教育的同时，积极获取多种职业技能等级证书，以增强其就业竞争力和创业能力。[②] 这种课程体系设计不仅能够满足学生多元化发展的需求，还能够有效提升其职业适应性与可持续发展能力。在课程衔接方面，本科层次职业教育应注重人才培养的高阶性与整体性。作为职业教育体系中的重要组成部分，本科层次职业教育突破了传统高职专科教育的"天花板"，在办学层次上实现了显著提升。因此，其课程体系应与中、高职课程教学体系形成层次分明、有机衔接的结构，突出本科层次职业教育的高等性特征，强化专业课程的理论深度与应用广度；同时注重跨学科课程的通用性、综合性与创新性，从而全面提升学生的职业素质与能力水平，满足现代社会对高层次技术技能人才的需求。[③]

（三）重组教材内容，支撑课程体系改革

在课程资源的开发与利用过程中，课程内容实施的核心载体就是教材，

---

① 常顺英. 徐特立教育思想对当前高等教育改革的启示 [J]. 河北科技大学学报（社会科学版），2007（4）：103.

② 孟庆男. 本科层次职业教育试点探究 [J]. 职教论坛，2021（12）：79-85.

③ 石伟平，兰金林，刘笑天. 类型化改革背景下本科层次职业教育发展的困境与出路 [J]. 现代教育管理，2021（2）：99-104.

其建设质量直接决定了课程建设的实际成效。美国课程理论学者古德莱德认为：教材内容须依据教学目标，通过教师的解构与重构，转化为可执行且学生可体验的课程内容。① 本科层次职业教育的教材建设正是基于这一理念，通过对教材内容的解构与重构，打破传统学科逻辑体系的限制，依据职业能力培养目标，按照职业岗位的技术逻辑重新组织教材内容，例如围绕核心内容进行整合，剔除过时知识，融入新兴技术与工艺，以体现职业教育的职业性、实践性与实效性，同时突出人才培养的高层次性，使其能够动态适应产业升级、技术革新及岗位需求的变化。然而，当前职业教育教材面临一系列问题，包括教材设计未凸显职业教育特色、内容与岗位需求不适配、更新不及时以及实际使用率不高等。为此，本科层次职业教育在教材改革中须关注教材的更新与体系变革，确保教材内容与产业升级同步，融入新技术、新工艺与新规范，实现教材内容的动态调整，使其与企业生产实践紧密结合，从而提升课堂教学质量。要对接本科层次专业教学标准与新兴职业岗位能力标准，依据国家专业教学标准、行业规范进行职业能力分析，提炼技术知识、工作任务载体及职业素养等共性元素，构建模块化教材体系，以职业能力清单为框架统筹教材内容。② 同时，要结合本科层次职业教育人才培养目标与专业标准的发展状态与实际内容，开发符合其需求的新教材，采用活页式、工作手册及融媒体等新形态，以适应课程项目化与模块化教学的趋势。而且要加强教材编写的协同性，打破以学校为主体的传统模式，引入行业企业专家、技术领军人物及高水平工程技术人员参与教材开发，确保教材内容与技术技能发展趋势、岗位标准及工艺设备应用保持一致。③ 此外，还须充分利用大数据、区块链等现代信息技术，推动优质教学资源的整合与共享，扩大受益面，为构建理论与实践一体化的课程体系提供支持，进一步提升本科层次职业教育的教学质量与实效性。

---

① ［美］艾伦·C.奥恩斯坦，弗朗西斯·P.汉金斯.课程：基础、原理和问题（第3版）［M］.柯森，主译.南京：江苏教育出版社，2002.

② 查英华，苏晓萍.本科层次职业教育能力本位新形态教材建设的研究［J］.中国职业技术教育，2022（26）：46-51.

③ 张学，周鉴.本科层次职业教育人才培养的定位、逻辑与理路［J］.中国职业技术教育，2022（18）：39-45.

第二节 以守于职、工于术、匠于心为标识
聚力打造德技并修特色

本科层次职业教育的人才培养须秉持"守正"与"出新"的双重原则。所谓"守正"，即坚守本科层次职业教育的本质特征与功能定位，既要立足职业教育类型属性，确保其"务本"特性，又要注重实践教学体系的构建与完善，体现"求实"精神。而"出新"则强调在人才培养模式上的创新，既要区别于普通本科教育的传统理念，又要突破专科层次职业教育的固有框架，探索适应本科层次职业教育特点的新型发展路径，旨在培养具备高层次技术技能的专业人才。在此过程中，应以"工匠精神"为引领，使培养的人才不仅能够在专业领域内"充满劳绩"地奋斗，同时也能在各自领域中实现"诗意地栖居"，从而避免在科技快速发展的背景下沦为工具化的操作者。

一、守于职：坚守职业教育类型属性

2021 年 1 月，教育部印发了《本科层次职业学校设置标准（试行）》，强调本科层次职业学校应坚定职教定位、属性和特色的办学定位，培养国家和地方经济社会发展需要的高层次技术技能人才。本科层次职业教育应基于国家政策导向，落实职业教育类型定位，探索自身发展的内在规律并发挥特色优势，把握内涵与本质属性，走出一条高质量发展道路。

（一）明确职教本科办学定位，凸显特色性

目前，我国本科层次职业学校主要由公办高职专科学校升格而来，当然，理论上讲，本科层次职业学校建设还可以由高职院校与独立学院合并转设、由独立学院单独转设，也可以由应用型本科学校转型。无论是哪种途径，都会不同程度地受到原有办学经验的惯性影响，难以彻底转变传统的办学理念。从层次上来看，本科层次职业教育属于本科教育范畴，而就类型而言，其归属于职业教育领域，其类型属性决定了其必须坚守职业教育的本质特征。因此，不能简单照搬普通本科教育的办学模式，尤其应避免因过度强调学术性而忽视实践性，陷入"学术漂移"的误区。相反，应紧密围绕职业岗位的实

际需求，遵循工作实践对职业能力的要求，以工作任务体系为逻辑基础，构建更高水平的理论与实践相结合、工学一体的人才培养体系。同时，本科层次职业教育也不应沿袭专科层次职业教育的传统路径，而须突破高职专科办学的惯性思维与路径依赖，积极适应市场的新变化与新需求。通过深化产教融合与校企合作，以服务经济社会高质量发展和满足中高端产业发展需求为导向，探索并构建符合自身特色的人才培养模式，旨在培养具备较强职业适应能力与职业发展潜力的高素质技术技能人才。此外，本科层次职业教育不是应用型本科教育与专科层次高职教育的简单叠加，而是"本科层次的职业教育"与"职业导向的本科教育"的有机统一，兼具本科教育和职业教育的双重特性。因此，本科层次职业教育须在职业教育体系中精准定位，构建与中等职业教育和专科层次高职教育的衔接机制，进一步延拓职业教育的层次结构，深化职业教育的内涵建设。在此基础上，应积极探索向上延伸与向下衔接的合理发展路径，构建纵向贯通、横向融通的人才培养结构体系，拓宽学生的上升通道与发展路径。

（二）彰显职业教育类型属性，凸显职业性

本科层次职业教育既不是普通本科的"缩减版"，也不是高职专科教育的"加强版"[①]，应厘清自身类型定位与层次边界，在与二者的差异中找准发展路径。在教育类型的分类中，本科层次职业教育归属于职业教育范畴，其核心特征在于职业性，这构成了本科层次职业学校与其他类型本科高校之间根本的差异。这种职业性不仅确保了它们能够和谐共存，还促进了它们的差异化发展。因此，本科层次职业教育应当在坚守职业性的基础上体现其本科层次的高阶性，遵循技术技能人才培养规律，以关键职业能力为人才培养逻辑起点，根据职业岗位技能要求标准，面向生产、建设、管理和服务一线，培养产业转型升级所需要的高层次技术技能人才。[②] 一是人才培养目标要有职业定向性，定性于技术技能，以岗位技能培养为主线，要求本科层次职业教育所培养的人才具备高技能、高技术的素质与能力，既能熟练掌握相关技术，又熟悉相关技术运行操作原理；定向在生产一线，注重服务地方经济发展需求，

---

① 张元宝，沈宗根. 本科职业教育视角下的应用型人才培养 [J]. 教育与职业，2018（13）：57-62.

② 俞林，颜炳乾，周桂瑾. 职业本科教育如何实现"稳中求进"：现实需求、发展定位与行动路径 [J]. 职业技术教育，2022（12）：19-23.

对接行业产业技术变革需要，能够满足传统产业升级和新兴技术革命所带来的复合型岗位职业能力需求；定格在创新型，具备面向应用的创新思维与创造能力，能够综合运用所学理论知识与实践操作解决生产一线的复杂现实问题，能够将研发方案通过技术与工艺加工转化或推广为实际的产品与服务。①二是教学内容要有职业针对性，本科层次职业教育与高职教育相比，人才培养要求具备更深厚的理论基础、更完善的知识体系、更高超的技术技能与更复合的专业能力，因此教学内容不能拘泥于某一专业对应的职业能力，还应具备通用的职业性、实践性以及岗位适应性和可持续发展性。三是专业设置与课程体系的职业服务性，专业设置应服务于产业高端和高端产业，积极对接区域经济和社会发展需要，将现代产业体系标准中的职业岗位规范、技术技能要求与劳动力市场的职业能力结构要求融入课程内容，彰显与工作岗位的匹配度。

（三）对标本科教育升级转变，凸显高等性

本科层次职业教育作为职业教育从专科层次发展到本科层次的进一步延伸，有着与生俱来的"高等性"，没有"高等性"的支撑就难以体现其高层次性。它与普通本科教育所强调的高深知识与文化载体的"高等性"不同，本科层次职业教育的高等性并非体现在文化水平的高低或新知识的理论探索上，而是通过职业所涉及的工作任务的难易程度与技术应用的复杂程度来彰显。②换言之，本科层次职业教育的高等属性主要体现在职业活动中所需解决的实际问题的复杂性以及技术操作的深度上，而非单纯依赖于学术理论的深度或文化素养的层次。为实现本科教育的升级与转型，本科层次职业教育须在多个方面进行调整与优化。一是人才培养的层次结构与职业能力结构应显著优于专科层次高职教育。学生不仅需要熟练掌握专业核心技术技能，还应具备技术革新与技能创新的能力，以适应快速变化的行业需求。二是人才培养规格应向更高层次技术技能人才转变，即增加理论知识的深度，要求学生系统掌握产业理论、行业理论、专业理论及技术理论等，构建完整的知识理论体系，并注重理论与实践的结合；拓宽学习内容的广度，强化多学科和跨领域

① 吴学敏. 开展本科层次职业教育"变"与"不变"的辩证思考 [J]. 中国职业技术教育，2020（25）：5-13.
② 匡瑛. 高等职业教育的"高等性"之惑及其当代破解 [J]. 华东师范大学学报（教育科学版），2020（1）：12-22.

知识的整合与运用；深化技术应用的层次，相较于专科层次高职教育，本科层次职业教育更注重技术理解，使学生不仅"知其然"，还"知其所以然"，能够将科学原理与理论知识转化为实际应用技术，解决行业企业生产中的复杂问题，增强职业发展的潜力；提升职业素养的高度，培养的人才不仅要具备扎实的理论知识与专业技能，还应具备职业道德、职业态度、职业精神与职业价值观等综合素养，深刻理解工匠精神，真正做到爱业、敬业、乐业与精业。[①] 同时，在人才培养模式上，应进一步深化产教融合、校企合作。本科层次职业教育须积极探索产教融合的协同育人机制，充分利用行业产业资源，围绕产业升级与技术革新的核心要素，构建校企命运共同体，以服务于国家科技自主创新与技术变革的战略需求，通过深度产教融合着力提升本科层次职业学校的社会服务能力。

二、工于术：建立健全实践教学体系

实践教学体系的构建是本科层次职业教育实施过程中的核心任务。为实现高层次技术技能人才的培养目标，本科层次职业教育应将实践教学作为关键举措，通过完善实践教学制度、强化实习实训基地建设以及深化校企合作育人机制等多方面措施，建立健全完整的实践教学体系。这一体系的建设不仅对教学质量的提升具有促进作用，还是本科层次职业教育实践教学改革的逻辑起点与价值归宿。

（一）响应产业转型升级需求，满足职业人才发展

英国著名教育学者埃里克·阿什比认为，"任何类型的大学都是遗传与环境的产物"。[②] 我国本科层次职业教育的发展亦如此。一方面，随着我国经济向高质量发展的转型，产业结构朝向智能化和绿色化转型升级，传统产业的更新迭代和新兴产业的迅速崛起，必然导致生产岗位对职业能力的需求及人才培养规格发生改变，也推动了生产工艺向精细化、复杂化和柔性化发展，这无疑对技术技能人才的知能结构提出了更高要求，需要有数量充足、质量优良且结构合理的高素质技术技能人才队伍作为支撑。另一方面，回顾我国

---

① 邹烈刚. 本科层次职业教育发展的困局审视与突破 [J]. 中国职业技术教育，2022 (25)：62-67.

② ［英］阿什比. 科技发达时代的大学教育 [M]. 滕大春，滕大生，译. 北京：人民教育出版社，1983.

职业教育的发展历程，长期以来呈现的"天花板"特征，限制了毕业生进一步提升学历和继续深造的机会。面对产业升级和岗位技能要求的提高，在职产业工人对于更高层次的职业培训和技术技能培训需求日益增加，广大民众对于接受更高层次、更优质教育的愿望强烈。① 因此，发展本科层次职业教育不仅能缓解当前社会普遍存在的教育焦虑，为个人提供多元化的教育选择和学习路径，还能解决职业教育学生的学历晋升障碍及职业生涯发展瓶颈问题，打通学历上升通道，增强个体的可持续发展。构建和完善实践教学体系，是实现本科层次职业教育目标、保障人才培养质量的关键环节。这一体系不仅是对产业结构转型升级和岗位能力标准变化的及时响应，还是满足培养高层次技术技能人才所需的"理实结合""工学结合""做学合一"等要求的具体体现。通过深化产教融合育人模式，可以有效促进学生理论知识与实践技能的深度融合，以更好地服务经济社会发展。

（二）促进实践教学体系改革，提升学生技术技能

要依据本科层次职业教育规格要求加强实践教学改革。一是强化实践教学的系统性，摒弃仅靠片面增加时间占比以强化实践教学的做法，厘清并明确强化实践教学的主要矛盾在于导向准确、层次清晰的体系设计。明确实践教学的价值取向不仅仅是为了掌握某种专业技术或技能，而是要强化解决现实生产问题的复杂操作能力和多学科知识综合应用能力，应以真实工作过程为导向，加强学生基本理论、职业素养和职业能力的综合培养②；明确实践教学的层次性，按"基础层次、综合层次、创新层次"构建，以基础技能训练为基础，向综合技能训练和企业实习实训依次进阶，引发学生学习兴趣，激发学生学习动力，逐步培养学生专业技术技能和职业素养③。因此，为确保学生能够接受系统化的实践培养，实践教学环节不仅需要确保充足的时间分配，还应构建结构分明、逻辑连贯且逐步深化的教学体系，注重各阶段实践内容的有机衔接，从而实现由浅入深、循序渐进的技能培养目标。二是强化实践内容的跨界性，针对实践环节的多课程综合应用性不强的问题，对接生产领

---

① 崔凯，龙绘锦. 职教本科教育的应然价值、意蕴与办学路向探讨 [J]. 职教论坛，2021 (1)：158-162.

② 宗亚妹，刘树青，贾茜. 本科层次职业教育实践教学的综合改革 [J]. 职教论坛，2018 (11)：56-60，80.

③ 陈群. 新时期我国本科层次职业教育试点研究 [J]. 教育与职业，2020 (7)：19-25.

域不断增强的技术复杂性和技术关联性，注重多学科间知识的综合应用和多方法的系统整合，拓展本科层次职业教育人才培养的知识宽度；改变"繁难偏旧"的教学内容，突出理论知识的先进性、应用性和实用性，及时跟进产业技术发展前沿，引入新知识、新技术、新工艺、新方法，着重培养学生把理论应用于工作实践并解决生产实际问题、进行技术研发创新的能力。三是强化评价体系的科学性，对提升实践教学评价的科学性，构建完善的实践教学评价体系至关重要。该体系既有助于有效监控实践教学过程，又契合"三教"改革的实际需求，能够正确引导教师的教学方法和学生的学习策略，从而显著提升实践教学的效果。在评价方法的选择上，应融合过程性评价、形成性评价和总结性评价，科学运用增值评价，建立包括教师、学生、行业企业等相关利益方参与的多主体评价机制，以确保评价的全面性和准确性。关于实践教学的评价内容，除了关注学生的实践成果外，还应全面考察其知识转化能力、综合应用能力、创新应用能力以及团队协作能力等多方面素质。①在设定评价标准时，避免单一的评价标准制约学生应用创新能力，根据不同的实践教学活动，如实验、实习实训、毕业论文（设计）等，制定差异化的评价标准，激发学生学习的主动性和创新性，也有助于识别和支持具有不同特长和发展潜力的学生，促进其个性化成长与发展。

（三）加强实习实训基地建设，实现学生做学合一

实习实训是实践教学体系的关键组成部分，其不仅能帮助学生积累实际工作经验、深化理论知识理解，还能在真实的工作环境中磨炼自己的职业技能，提升解决复杂工程问题的能力。高水平实习实训基地建设需要政府、学校和企业三方协同合作，充分发挥各自的主导、主体和依托作用，形成合力推动基地建设的良好局面。在加强实习实训基地建设的过程中，本科层次职业学校应注重技术应用与技能训练的有机结合。为此，一方面须增加资金投入以改善实训条件，推动校企合作共建现代化高水平实训基地，为学生提供项目实训、顶岗实习等多样化的实践机会。另一方面，实习实训环境应具备仿真性、先进性和完整性，尽可能与大生产环境一致。此外，实习实训内容应与学校专业课程紧密衔接，并与劳动力市场的职业能力标准相匹配，从而帮助学生在真实情境中构建和完善自身的知识体系与实践技能。创新实训项

---

① 宗亚妹，刘树青，贾茜. 本科层次职业教育实践教学的综合改革［J］. 职教论坛，2018（11）：56-60，80.

目的实施与教学方法的改革是提升学生技术能力与创新思维的关键途径。通过教师的引导与示范，学生不仅能培养创造性思维和技术性思维，还能在师生共同参与的实训基地项目中，如技术研发和成果转化，提升其创新能力和技术研发能力。[①] 同时，要深化校企协同育人。学校需要借助企业的人力、物力和财力资源，企业需要学校培养生产一线急需的技术技能人才，二者之间形成良好的信息互动和资源共享，实现互利共赢协同发展。本科层次职业学校在实践教学中，应积极吸引行业企业参与教学实践，联合企业共同制定实训教学大纲，合作开发实训课程，共同编写实训教材，提升行业企业在教学环节的贡献度与参与度，[②] 以行业企业最新动态、产业技术发展变化和职业岗位需求为参考，及时调整实践教学内容、更新课程资源，提高实践教学与工作内容的适配性，从而有助于学生迅速了解岗位能力与素质要求，形成个人职业发展路径，增强团队协作、职业胜任、岗位迁移及技术创新等综合能力。

三、匠于心：优化人才培养素质结构

法国社会学家爱弥尔·涂尔干在其经典著作《教育思想的演进》中指出，"教育转型始终是社会转型的结果与症候"。[③] 随着传统产业转型升级和战略性新兴产业发展壮大，我国由制造大国向制造强国转变，产业链与供应链的稳定性及其现代化水平显著提升，技术技能的生成与发展不断深化，技术知识的广度和深度也日益扩展。这一系列变化使得原有的教育体系难以适应经济社会发展的新需求，导致人才培养的供给层次与劳动者能力结构的需求层次之间出现了一定程度的脱节，亟须进一步优化与调整。

（一）优化人才素质结构，创新人才培养模式

本科层次职业教育旨在培养高层次技术技能人才，此类人才在核心素养方面须具备更为坚实的专业知识基础，展现出较强的岗位适应性和跨岗位发展潜力，在岗位层次、基础知识的深度、学科交叉的广度、技术应用的前沿性以及职业发展的多样性等方面均有所拓展和深化。[④] 本科层次职业教育应以

---

① 李明月，岳吉瑞，李培繁. 高水平高职专业试点职教本科研究 [J]. 教育与职业，2022（15）：53-59.

② 李梦卿，陈竹萍. "双高计划" 高职院校产教融合的实施维度与推进策略 [J]. 现代教育管理，2022（1）：109-118.

③ ［法］爱弥尔·涂尔干. 教育思想的演进 [M]. 李康，译. 上海：上海人民出版社，2003.

④ 周天一. 本科层次职业教育学生核心素养培养研究 [J]. 教育与职业，2022（5）：80-85.

人才需求端为导向，充分界定清楚面向新产业、新职业、新技术的学生知能结构的内涵与外延，找准人才培养要素，创新人才培养模式，创设"产""科""教"深度融合的多元化综合培养模式。一要深化校企合作。本科层次职业学校应积极与行业企业全方位、多渠道开展合作，建立健全校企协同育人机制，打造校企命运共同体。鼓励企业参与专业建设的各个关键环节，从课程体系设置、教学大纲拟订、课程标准制定，到教材选用和编写，将企业需求全面融入教学过程；校企协同共建产业学院，通过企业资源引入校园与学校资源进驻企业的"双引双进"模式等多元化的校企合作机制，实现企业在本科层次职业教育人才培养中的深度参与。[①] 这种合作模式突破了传统校企合作的局限，使企业能够全面介入人才培养方案的制定、课程体系的构建、教学资源的开发以及实践环节的实施等全过程，有效促进了产教融合的深化与人才培养质量的提升。二要坚持产教融合。本科层次职业教育应充分发挥产教融合在人才培养、技术研发与服务等方面的多元效能。支持本科层次职业学校联合企业共同建设创新基地、生产基地，及时将最新工艺、技术、规范纳入教学内容，促进教育与生产过程深度融合、专业与产业活动深度融合，促进"产""教"双方供需双向对接，以利于保障本科层次职业人才培养路径的适切性，培养出满足社会发展需求的高层次技术技能人才。

（二）基于岗位能力导向，加强专业课程建设

马克思在《青年在选择职业时的考虑》一文中写道："在选择职业时，我们应该遵循的主要指南是人类的幸福和自身的完善……只有当人们为同代人的幸福和完美工作时，才能实现自身的完善。"[②] 职业教育作为一种兼具社会功能与个体发展属性的教育形式，其本质在于帮助无业者就业，并促使有业者在其职业中获得满足感。尤其是本科层次的职业教育，因其肩负更高层次的使命，更应致力于推动有业者实现职业发展与事业成功。在人才培养方面，本科层次职业教育须兼顾双重导向：一是生涯导向功能，以学生的自我成长与价值理性塑造为核心关切，聚焦其多元能力矩阵的构建，具体包括学习能力、人文素养、问题解决能力、抗压能力、沟通能力、组织能力、自我管理能力、信息处理能力及数字应用能力等；二是职业导向功能，即注重学生适

---

① 匡瑛，邓卓，朱正茹."升格冲动"抑或"应时之需"：职业本科发展之辩 [J]. 中国职业技术教育，2022 (3)：5-11.

② 马克思，恩格斯. 马克思恩格斯全集：第一卷 [M]. 2 版. 中共中央马克思恩格斯列宁斯大林著作编译局，译. 北京：人民出版社，1995.

应社会需求的工具理性，强化其创新创业能力、就业能力、团队协作能力、职业道德与法规意识、社会责任感、职业价值观、职业态度及职业理想等素养。① 此外，以黄炎培为代表的我国近现代职业教育先驱，深入挖掘了教育的职业性内涵，将职业教育定位为促进就业的重要途径。② 这一思想为我国现代职业教育的发展奠定了理论基础，并为职业教育创新实践提供了重要指导。在新时代背景下，高层次技术技能人才的培养不应局限于单一专业领域的深专精，而应强调基础专业知识与核心技能的扎实掌握，同时拓展相关领域的知识技能。此外，这类人才还须具备较强的实践能力、应用能力、知识迁移能力以及创新能力。因此，本科层次职业教育应致力于实现专业体系与产业体系的有效对接，明确职业岗位（群）所需的知能素质结构，并将专业理论知识的要求融入能力与素质的培养过程中，突出符合经济社会高质量发展的职业岗位能力需求。通过使学生综合掌握核心专业知识并拓展相关领域知识，培养体现职业教育本质的"工匠精神"，从而提升其职业适应能力与发展潜力。在课程体系建设方面，本科层次职业教育应以岗位（群）需求为导向，确保课程开发能够准确预测高端产业的发展趋势，并以现代产业标准体系为引领，以职业岗位为逻辑起点，确保课程内容围绕工作体系设计，满足社会实践的现实需求。课程内容应跨越多个学科领域，结合产业高端技术知识，确保其与产业知识更新同步，并将岗位所需的专业知识与职业资格标准融入其中，从而增强学习过程与职业生涯的紧密联系，提升学生胜任职业岗位的能力。③

（三）加强人文素养教育，培养学生知行合一

在历史的长河中，卓越的工匠往往引领着时代的潮流。从奚仲造车到鲁班造锯，这些能工巧匠不仅推动了技术的进步，更塑造了时代的文化风貌。在当代，大国工匠、能工巧匠更应站在时代的前沿，以精湛的技艺和崇高的工匠精神，推动社会的发展。工匠技艺是工匠生存的根本，而工匠精神则是其文化传承的灵魂。本科层次职业教育所培养的人才不仅要具备高水平技术技能，能够化"技"为"术"，还要具有精益求精的"工匠精神"，能够创造

---

① 王兴. 本科层次职业教育人才培养的现实困境、目标定位与路径突破［J］. 职业技术教育，2020（34）：6-11.

② 李梦卿，赵国琴. 以黄炎培为代表的我国近代职业教育先驱人物思想探析［J］. 中国职业技术教育，2022（6）：73-83.

③ 任平，周灵琳. 本科层次职业院校发展逻辑、困境与对策［J］. 职业技术教育，2022（22）：57-61.

性运用技术知识和行为范式进行产品研发和技术创新，促进科技成果转化，培育发展新动力。为了实现这一目标，本科层次职业学校应注重专业教育与人文素养的结合，以提升社会认可度和教育质量。人文素养是学生应具备的基本品质和基本态度，若只片面追求专业教育而忽视人文素养培育，职业教育将依然处于社会认可度低的境地，易形成低端教育、次等教育和"差生教育"的社会印象。本科层次职业教育需要打破传统的教育模式和陈旧观念的束缚，在课程设置上将人文素养课程与专业课程相结合，打破理论与实践之间的界限，实现理论与实践的深度融合、技能与知识的同步、能力与情感的共生共融。本科层次职业教育培养的高层次技术技能人才要能在人格上得到全面发展，实现"成才"与"成人"的双重目标。因此，本科层次职业教育应坚持做事与做人相统一的人才培养原则，将"工匠精神"贯穿于教育的全过程。正如宋代朱熹《四书章句集注》所言，"治玉石者，既琢之而复磨之；治之已精，而益求其精也"。本科层次职业教育人才培养过程中必须以"工匠精神"为指引，以行业企业岗位需求为导向，设计实施教育教学活动，培养学生执着恪守、精雕细琢、追求极致的做事能力。"做人"强调本科层次职业教育培养学生的"德"，应把"立德树人"作为职业教育的根本任务，即立育人之德，树有德之人，全面提升学生的综合素质。通过倡导"工匠精神"与坚持"立德树人"，优化人才培养素质结构，以助于培养出尚巧达善、德技并修、知行合一的高层次技术技能人才。

第三节　以内涵建设、双师队伍、产教融合为关键推动"学"与"术"并进

　　梁启超在其著作《学与术》中指出，"学者术之体，术者学之用，二者如辅车相依而不可离"。[①]"学"是观察事物而发现其内在包含的真理，偏向于知识的学理性；"术"是将所掌握的理性认识运用于具体的技能操作等实践活动，更偏重于知识的应用性。本科层次职业教育人才培养要坚持"学"与"术"相结合的原则，注重学问和技术、理论和应用的有机统一，培养"学""术"一体化的复合型人才，要求能够进行跨领域、跨学科学习，掌握多元知

---

　　①　梁启超. 学与术［A］//饮冰室合集（第3册）. 北京：中华书局，1989.

识和多重技能，兼具工艺改造能力、技术研发能力和技术创新能力，这正是本科层次职业教育高等性与职业性深度耦合的人才培养目标的体现。

一、着力加强内涵建设，探索人才培养之"本"

黄炎培先生提出了职业教育的目的在于谋个性之发展，为个人谋生之准备，为个人服务社会之准备，为世界、国家增进生产力之准备。[①] 可见办好职业教育对于个人、社会和国家都有着不可替代的重要作用。本科层次职业教育作为职业教育领域的新层次，其人才培养要进行系统化设计，要摆脱传统的惯性思维束缚，坚持类型教育特色化发展理念，贯彻"育人为本、质量优先"的办学原则，着力加强内涵建设，实现适应经济社会发展需求的高层次技术技能人才培养目标。

（一）以四个"聚焦"为支点，提升内涵质量

本科层次职业教育的内涵建设在于坚守职业教育本质属性不变的同时，要聚焦高层次技术技能人才培养，以岗位能力的提升为导向，紧密围绕国家经济社会发展的重点领域和新兴产业的发展需求，通过对接新兴岗位和职业能力标准，专业设置对接产业体系，课程目标对接岗位要求，教学过程对接生产过程，毕业证书对接职业资格等级证书，以能够在岗位工作中解决复杂问题和进行复杂操作为人才培养目标，紧跟数字经济时代发展和行业科技进步，强化专业人才数字化知识与能力培养。要聚焦机制建设，以职业需求为核心导向，着重提升学生的综合素质、实践能力及创新精神。通过校企协同、产教融合的核心理念，以及工学结合、知行合一等多元化路径，构建具有鲜明特色的本科层次职业教育人才培养长效机制，既区别于普通本科教育，又不同于专科层次高职教育，旨在培养高层次复合型技术技能人才，始终坚持人才培养方向和模式的双重稳定性，同时着力推进人才培养方案优化与课程体系重构的双重提升，突出实践教学与创新创业两大特色，形成独具特色的现代职业教育体系。[②] 要聚焦课程改革，坚持课程体系从行业岗位工作中来、课程内容到行业岗位工作中去，依据职业岗位对技术、能力和素质的要求，对课程内容进行全面系统的解构与重构，构建科学、系统且逻辑严密的课程

---

① 李梦卿，刘晶晶. 黄炎培职业教育思想的发轫径迹与价值衍增［J］. 中国职业技术教育，2017（15）：44-56.

② 高军，林徐润. 基于先行示范区双高院校建设的职业教育本科试点内涵建设路径探析［J］. 高教学刊，2021（10）：66-69.

体系与内容，旨在强化学生的科学文化基础、专业理论素养、技术实践能力以及职业道德修养。通过这一体系，不仅能够提升学生的职业综合素质与行动效能，还有助于推动其全面、健康且可持续的发展。[①] 要聚焦校企共育，联合主流行业、先进企业，推进校企深度合作，校企共同制定人才培养方案，校企共同搭建课程体系，校企共同开发课程标准，校企共建共享实践教学基地，校企协同培养从事科技成果、实验成果转化，生产加工中高端产品、提供中高端服务、适应数字经济发展和数字化转型的高层次技术技能人才。

（二）以"学生发展"为中心，践行德艺兼修

在内涵建设层面，须确立以学习者发展为核心、以能力培养为导向、以德艺双馨为旨归的教育理念。本科层次职业学校亟须推动教育范式的根本性变革，摒弃传统职业教育中以教师为主导的教学模式，践行"以学习者为中心"的现代教育理念，促使教学活动从"教的范式"向"学的范式"转变。这一体系强调尊重个体差异，注重因材施教，通过系统化的潜能开发与个性化培养，促进学生的全面发展与自我实现。同时注重学生主体地位的塑造，通过更加关注学生的个性特征、学习诉求、兴趣偏好等内在因素，以激发学生主观能动性，从而促进其素质能力的提升；教学过程要强调"学生成长在活动参与中"，促进教师由教学过程掌控者和主导者的角色向教学过程设计者和引导者的角色转变，突出学生主体与学习中心；实施因材施教策略，基于学生学习水平、个性差异和能力发展多样性，开展分层分类教学，发掘开发学生潜在的学习能力，以支持每个学生的全面发展、自由发展和充分发展，营造一个人人皆可成才、人人尽展其才的良好环境。[②] 本科层次职业教育要锚定高层次技术技能人才培养目标，使学生具备良好的职业道德和综合素质，掌握扎实的专业理论知识，以及系统化的技术技能操作能力。应面向区域经济发展，紧密对接产业需求，遵循育人为本、德技并修、工学结合、实现个性发展和全面发展的原则，注重专业理论和实践操作相结合，坚持技术应用、

① 郭广军，李昱，刘亚琴. 高质量职业本科教育的教育目标、关键特征及推进策略 [J]. 教育与职业，2022（22）：44-47.

② 唐智彬，刘佳威. 论"以学生为中心"的学校文化视域下职业教育课程改革思路 [J]. 职教论坛，2021（1）：56-61.

职业素养、创新能力的统一，兼顾终身学习和可持续发展能力的培养，在专业特色化、课程优质化、实训真实化以及"双师型"教师队伍建设、产教融合发展、构建"三全育人"新格局等多方面挖掘内涵，注重统筹设计，呈现特色，保证质量。德艺兼修是高层次技术技能人才的必备素质，也是《国家职业教育改革实施方案》中明确提出的人才培养要求。德艺兼修指的是在追求技艺水平提升的同时，注重个人道德修养的同步提高。这一理念强调了专业技能与职业道德并重的重要性，主张在增强技术能力的过程中，不应忽视道德素质的培养和发展。通过这种方式，不仅能提高个体的专业竞争力，还能促进其全面发展，成为既具备高超技艺又拥有高尚品德的人才，这对于塑造适应现代社会需求的高素质人才具有重要意义。本科层次职业学校应避免出现重"技"轻"德"的功利主义育人倾向，在持续提升专业教学质量的同时，须强化思想道德教育和人文素养的培养，在课程设置和教学实践中，不仅要注重专业知识和技术能力的传授，还应融入系统的伦理教育和人文素质培养内容。通过构建全面的德育体系，确保学生在锤炼专业技能的过程中，同步树立正确的价值观、良好的职业道德和高度的社会责任感。此外，学校应积极营造良好的学习环境，鼓励学生参与多样化的课外活动和社会实践，以此增强他们的社会责任感和团队合作精神。最终，通过实现技术和品德教育的有机结合，有效促进学生的全面发展，为其未来职业生涯的成功奠定坚实基础。

（三）以"三教"改革为关键，支撑人才培养

在教育场域中，教师、教材、教法三位一体的协同改革构成提升人才培养质量的核心路径。这三个关键要素通过相互作用形成的教育合力，对人才培养成效产生显著影响。具体而言，教师队伍的专业化建设、教材体系的现代化重构以及教学方法的创新性实践，共同构成了人才培养质量提升的三维支撑框架，其改革效能贯穿于人才培育的全生命周期，具有系统性优化与持续性改进的双重特性。要推进"三教"改革的成功实施，首先要重视师资建设，引培结合、多措并举，打造高水平结构化双师团队，让"教师"优质起来。整合校内教学名师资源，探索组建具有共同技术基础、跨学科专业背景的教师（教学）创新团队，教师分工协作进行模块化教学，加强教师职业道

德建设, 建立课堂教学质量负面清单①; 吸纳行业企业技术骨干, 以校企深度融合为依托, 打破校企之间教师资源沟通壁垒, 制定并持续完善企业技术骨干到学校任教制度, 推进校企人员双向流动, 为企业技术骨干参与学校教学、科研提供制度保障, 实现不同领域、不同专业、不同年龄等的团队组建, 完善校企、校际协同工作机制②。为提升师资队伍的整体素质, 应通过多种途径加强教师培训, 例如安排教师到企业进行实践锻炼, 以及与行业企业的专业人员共同开展项目合作等方式, 全面提升教师的技术技能创新能力、信息技术应用能力等, 促进产学研深度融合。其次要加强教材建设, 多标准融入、多主体协作开发新教材, 让 "教材" 鲜活起来。依据行业产业最新发展动向, 尽可能融入和参考国家职业标准、行业岗位标准以及各类企业运营过程中所建立的职业标准, 实现教材内容与岗位要求紧密相连, 与实际应用同频共振, 并将新技术、新工艺、新规范等产业先进元素及时纳入教材内容, 反映产业发展最新动态, 体现教学内容的多样性、选择性与时效性; 坚持多主体协同开发, 结合行业技术标准和职业岗位技能, 归纳工作环节和职业素质要求, 使教材各个项目应尽可能与各工作环节主要任务契合, 实现育人载体的成效, 并加强工作手册式、活页式等体现本科层次职业教育类型特色的新形态教材建设。③ 同时要革新教学方法, 以学生技能习得为中心, 以课堂革命为推力推动教法改革, 让 "教法" 生动起来。以企业的先进设备、专业技术人员、一线生产场地为依托, 充分运用网络信息技术、多媒体设备, 构建线上线下相结合的学习场域, 遵循以学生为中心的教学改革理念, 强化学生主体作用, 推动课堂教学的革新, 创新以行动为导向的多样化教学方法, 不仅能满足不同学习需求, 还能保证教师在教学方法上的多样性。通过这些措施, 可以创建一个融合理论与实践、线上与线下相结合的综合学习平台, 为学生提供更加灵活和个性化的学习体验。④

---

① 邹宏秋, 王玉龙. 数字化时代职业院校 "三教" 改革的实然之境与应然之策 [J]. 高等工程教育研究, 2022 (4): 169-175.

② 邹宏秋, 王玉龙. 数字化时代职业院校 "三教" 改革的实然之境与应然之策 [J]. 高等工程教育研究, 2022 (4): 169-175.

③ 徐兰, 邓映峰. "三教" 改革赋能职业教育高质量发展的路径研究——基于产业数字化转型背景 [J]. 职教论坛, 2022 (7): 52-58.

④ 黄广芳, 苏楠. 混合式教学中技术赋能评价的实践及效果研究——基于国家一流课程《英语高级写作》的质性分析 [J]. 中国电化教育, 2024 (6): 94-101.

二、建设一流双师队伍，优化人才培养之"器"

梅贻琦先生说："所谓大学者，非谓有大楼之谓也，有大师之谓也。"教师的素质直接关系到人才培养的质量与层次。构建一支高水平的"双师型"教师队伍，是确保本科层次职业教育质量的关键。本科层次职业学校的教师不仅须具备"经师"的角色，即传授系统的文化知识与专业理论，还须承担"匠师"的职责，即指导学生掌握实践技能与操作技巧，推动技术的应用与创新。此外，他们还应承担"人师"的责任，即引导学生形成良好的道德品质，激发其创新思维与创造潜力。[①] 因此，探索本科层次职业学校"双师型"教师队伍的有效培养与建设路径，已成为推动本科层次职业教育持续发展的核心议题。

(一)德技并修，提升教师教学与科研能力

本科层次职业学校的教师队伍建设相较于中职学校及专科层次高职院校具有显著差异，其核心在于不仅要求教师具备较高的技术技能水平，还须有较强的科研能力，以实现"学"与"术"的协同发展。基于此，应坚持以德为先的基本原则，切实贯彻立德树人的根本任务，着力推进师德师风建设。一是加强学校党建和思想政治工作，建立健全师德师风建设长效机制。具体而言，可通过定期开展师德师风评选活动，并将评选结果全面纳入教师职业发展体系，作为岗位聘任、职称评定、职务晋升、薪酬调整等工作的重要依据。同时，应将思想政治工作深度融入教师岗位职责，贯穿于教育教学、管理服务等各个环节，实现全员覆盖。此外，须构建多元参与的师德监督机制，整合学校、教师、学生、家长及社会力量，预防和纠正师德失范行为。通过引导教师践行"以德立身、以德立学、以德施教、以德育德"的理念，培养造就一支"四有"教师队伍，在教学中用"身教"去感染学生，让学生"亲其师，信其道"，以达到"不令而行"之效。[②] 二是要形成"能力为要"的教师培养机制，为校内教师专业成长赋能。推动学校联合行业企业建设"双师

---

① 马东霄. 职业本科教育建设的基本内涵与行动框架 [J]. 中国职业技术教育，2021 (30)：13-18.

② 胡金木，马雯. 走向一种彰显教育性的师生关系 [J]. 教育科学研究，2022 (3)：5-12.

型"教师培养基地与企业实践基地，完善教师赴企业参加技能培训、挂职锻炼等相关制度，鼓励教师深入企业生产一线参与实践锻炼，在实践锻炼中及时了解前沿产业发展和最新技术技能，积累实际工作经验，为教学提供素材，增强教学吸引力，提升专业理论、技术水平与教育教学能力。① 此外，为提升教师科研创新能力，还应充分发挥其在技术研发等领域的专业优势，引导其开展与生产实践紧密结合的应用型研究，通过将教师的科教融汇成果融入人才培养体系和社会服务中，推动生产实践中具体问题的有效解决，促进科研成果的转化与应用，实现科研与教学的良性互动。

（二）引育并举，打造高水平结构化教师团队

"工欲善其事，必先利其器。"高水平"双师型"教师队伍是本科层次职业教育人才培养的"器"。本科层次职业学校必须拥有一支师德高尚、技艺精湛、专兼结合、充满活力的高素质"双师型"教师队伍。要将引进学术人才和技术人才并举，完善教师聘任机制，严格控制师资入口质量。② 要弘扬学术性，没有学术性的支撑，本科层次职业教育难以体现其高层次性，因此要加大高层次人才引进力度，制定高层次技能人才引进标准，提高高层次人才薪资福利待遇。建立高层次人才柔性引进机制，设置流动性岗位，吸引行业有建树、社会有影响的资深专家、知名教授、大师名匠等参与学校的教育教学、人才培养、教材开发、科学研究、社会服务等各项工作，提升本科层次职业学校对人才的吸引力。③ 要坚守职业性，2021 年 12 月，《教育部等六部门关于加强新时代高校教师队伍建设改革的指导意见》明确指出，要探索将行业企业从业经历、社会实践经历作为聘用职业院校专业课教师的重要条件。④ 因此，要基于职业教育的类型特征和教育规律，顺应本科层次职业学校人才培养的特殊需求，引入行业企业的专业人才、能工巧匠、非物质文化遗产代表性传承人等高技能人才等作为兼职教师，与学校专职教师互通有无，优化专

① 王志凤."双高计划"院校实施"三教"改革的基本逻辑与行动策略 [J]. 教育与职业，2021（16）：61-64.

② 阚明坤，张德文，李东泽. 本科层次职业教育的时代之需、现实之结与破解之策 [J]. 职业技术教育，2021（24）：7-11.

③ 曾凡远. 高职院校深化"三教"改革探究 [J]. 教育与职业，2020（24）：62-65.

④ 教育部等六部门关于加强新时代高校教师队伍建设改革的指导意见 [EB/OL]. [2024-10-23]. http://www.moe.gov.cn/srcsite/A10/s7151/202101/t20210108_509152.html.

兼职教师队伍结构，建设由"国家工匠之师"引领的高层次人才队伍。要多渠道培养"双师型"教师，提升教师队伍建设水平，保证教学过程与实践过程的动态适应。本科层次职业学校应健全教师培养培训制度，统筹职前培训和在职培训一体化发展，完善职前培训的流程和内容，强化在职培训体系建设，推动在职培训模式规范化与制度化，营造教师提升专业能力、塑造"工匠精神"和锤炼职业素养的氛围与环境。同时还应构建以提升教师"双师"能力为核心的分层分类培训体系，从师德建设、分类培育、遴选机制、发展路径及考核评价等多维度完善教师培养机制①。针对不同专业领域、层次水平的教师发展需求，设计差异化的"双师型"教师培训项目，以增强培训的针对性与实效性。② 持续深化本科层次职业学校与行业企业的产教融合力度，通过校企共同建设完善教师发展中心、名师工作室等，合作开展产品研发及技术创新等项目，共建实体化的项目平台。

（三）以评促建，激发教师专业化发展动力

考核评价是教师职业生涯可持续发展的重要动力来源，基于对其日常工作表现及教学科研成果的系统性评估，被各级各类学校作为评判教师职位晋升程度和未来发展方向的重要依据。为优化"双师型"教师的评价机制，须加强顶层设计与统筹规划，确保评价体系的有效实施与常态化运行。③ 在制度构建方面，本科层次职业学校应以诊断与改进为核心目标，秉持科学的价值评判导向，系统规划并优化评价指标体系，规范教师专业化发展程度的评价体系。④ 同时为实现教师聘任管理的科学化，应构建分类、分级、分层的多元评价标准体系。一是基于教师的专业化标准，实施分类评价，针对不同类型教师设计差异化评价指标。例如，科研主导型教师、教学主导型教师、教学科研岗位教师等，均应根据其工作重点制定相应的评价标准。二是依据"双师型"教师的认定等级及职称级别，建立分级评价机制，以反映其专业能力和发展阶段的差异。三是通过分层评价，综合考虑教师的学术贡献、标志性教学成果、社会服务成效及育人成果等多维度指标，全面评估其综合表现。

① 古光甫，邹吉权．"双高计划"背景下高职院校教师队伍分类管理培育研究［J］．教育与职业，2020（16）：62-69.

② 钟斌．本科层次职业教育师资队伍建设的现实挑战、实践逻辑与适然路径［J］．职业技术教育，2021（16）：61-66.

③ 马力，曹雨清．高职院校"双师型"教师立体评价研究［J］．教育与职业，2022（4）：89-95.

④ 马力，曹雨清．高职院校"双师型"教师立体评价研究［J］．教育与职业，2022（4）：89-95.

这一多元评价体系的建立，有助于推动教师队伍建设的规范化和科学化发展。① 此外，为实现教师评价体系的科学化与全面化，还应逐步构建多元化的评价主体框架。除传统的学校学业成果评价外，还须纳入师生互评、用人单位评价等多维度视角，形成本科层次职业学校内外协同的评价机制。同时，应充分发挥绩效分配的激励作用，以促进教师的专业成长积极性。马克思在《哥达纲领批判》中论述共产主义高级阶段时指出，当劳动不再仅仅是谋生手段，而成为生活的第一需要时，社会才能实现"各尽所能，按需分配"的理想状态。基于此，本科层次职业学校应结合教师岗位职责，制定科学、公平的绩效分配制度，以更好地激发教师在教育教学、科学研究和人才培养等工作中的积极性与创造力，从而推动教师队伍建设的可持续发展。四是要综合业绩导向、目标导向以及成果导向，将师德师风、教学改革、学科建设、人才培养和社会服务等指标纳入职称评定、年度考核内容，根据不同方面内容设定具体的量化评价指标，依据具体指标对"双师型"教师进行考核评价，并将评价结果划分为具体的等级，将评价等级结果与职称晋升、评先评优等挂钩，体现"薪随岗变、多劳多得、优绩优酬"的原则，形成"能者上、平者让、庸者下"的良性竞争生态，激发教师发展积极性、主动性和创造性。

三、推进产教深度融合，坚守人才培养之"法"

"法"关乎规律和法则。本科层次职业教育作为专业教育和职业教育的融合统一，其内在规律要求全面推进"产教融合"，既能够固本强基，深化其"职业教育"本质属性，又能够增值赋能，探索新型育人模式。产教融合的实质就是产业与教育融为一体，将企业生产的技术知识和职业学校的专业知识有机融合、协同育人，使学生更好地掌握技术技能知识和培养综合职业素养。

（一）树立校企融合理念，统整产教融合内容

"产业与教育原本就是一对天然的合作者"②，本科层次职业学校要实现高层次技术技能人才培养目标，始终离不开学校和企业的深度合作。因此，要

———————

① 张莉. 本科层次职业教育试点院校师资队伍建设的困境及优化路径 [J]. 中国职业技术教育，2020（32）：43-48.

② 张宝宝，宋瑾瑜，黄晓赟. 本科职业教育人才培养的实施路径研究 [J]. 职教论坛，2018（4）：38-42.

完善产教融合办学体制，创新校企合作办学机制，打造"产教深度融合、校企协同育人"新范式。① 首先，树立校企文化融合育人理念。现象学家阿尔弗雷德·许茨认为，"我们的日常生活世界从一开始就是一个主体间际的文化世界"，行为主体之间交流与互动是在文化环境的作用与影响下进行的。② 因此，在本科层次职业教育的产教融合过程中，通过整合学校文化与企业文化的核心要素，将理论知识的传授与生产实践的技能训练有机结合，有助于构建一种既注重学术探索又强调实践导向的文化理念。这种融合不仅有助于增强校企双方在人才培养质量上的共识，还能够有效塑造学生的职业价值观，使其逐步形成专业敬业、严谨专注、精益求精以及追求卓越的职业素养。具体来说，可以通过实行"教室—企业"的双环境育人、"学业—职业"的双导师育人、"学生—员工"的双角色育人等方式，实现教室与车间互通、学习与工作互融、教学与生产同步、作业与产品等价。③ 其次，统整产教融合内容，构建产教利益共同体。本科层次职业学校和企业双方应在人才培养和资源投入中凝聚共识，达成一致，发挥各方优势，分别提供场地和资金、专业教师和技术专家、教学设施和生产设备、教学资源和行业就业资源等软硬件资源共同建设产业学院，将人才培养和教师专业发展、技术研发和教学研究、生产和教学集成在一起，实现校企双方共同投资、共担风险、共享收益。同时，本科层次职业学校要瞄准区域优势产业和战略新兴产业，充分考虑企业发展人才需求，发挥高起点、高质量、高水平的专业特色，吸引优质生源；还需要加强与企业的沟通交流，了解企业运营现状和发展目标，积极推进校企合作，实施联合招生与联合培养机制。通过与企业共同制定招生专业和培养计划，实现生源、培养目标与市场需求的高度契合，从而增强人才培养的针对性和实效性。④ 在产教融合过程中，要促进本科层次职业学校与企业之间人才互动和交流，推进学校教师和企业师傅之间双向流动、相互学习，通过共同教学和共同科研，促进师资队伍得到优化配置和有效补充，为提升学生职业技能

---

① 尤凤英. 校企命运共同体视角下职业教育协同育人机制研究 [J]. 中国成人教育，2023（6）：41-45.

② 李梦卿，余静. 生态学视域下本科层次职业院校产教融合发展研究 [J]. 教育发展研究，2022（17）：59-66.

③ 周桐，刘宇，伍小兵，等. 我国高职院校产教融合的现状、困境及创新路径 [J]. 实验技术与管理，2022（9）：228-234.

④ 潘毅，吴涛. 产教融合视域下高职扩招工作的特征分析与实施路径 [J]. 教育与职业，2022（1）：64-68.

和综合素养提供坚实的师资保障。

（二）深化校企协同育人，推进产教深度融合

美国生态学家约瑟夫·格林内尔从生物分布维度定义了生态位（ecological niche）的概念，认为生态位是不同物种在同一区域对资源环境的利用与适应，以及其在环境中所占据的相对位置。[①] 在高职教育生态系统内，本科层次职业学校理应遵循组织生态位的演进规律，加强对内外部资源环境的适应性，构建良性互动的多维资源空间，并在与其他组织相互依存、相互作用过程中依据自身功能定位进行生态位调节与变更。[②] 基于此，发挥多元主体参与办学的协同效应，充分整合本科层次职业学校、行业企业和社会资源，构建"产学研"协同育人新格局，是理顺本科层次职业教育生态位的关键，是提高产教融合深度、广度和效度的前提。首先，校企合作协同育人，促进人才供需匹配。本科层次职业学校要优化专业结构，加强专业链与产业链精准对接。为适应产业发展的需求，应动态调整专业设置，确保专业建设与产业升级趋势相契合。通过深化校企合作，强化专业与产业之间的联动机制，促进产业需求与教育供给的有效对接，从而增强本科层次职业学校在人才培养方面的核心竞争力。本科层次职业学校要深化教学改革，促进课程体系与产业发展相适应。在现有专业课程框架下，以技术为牵引、以产品为载体、以能力为要素，结合国家职业标准及高技能人才需求重构课程体系。同时，通过校企合作，共同制定人才培养方案、开发课程资源，将企业实际需求融入专业教学标准，将新兴产业技术和市场元素纳入教学过程，推进课程内容与职业标准相对接，学校教学过程和企业生产过程相对接，真正帮助企业解决生产工艺改造、技术研发、员工培训等难题，突出科技服务、智力服务和人才服务的贡献度。其次，加强校企人才交流，提高人才培养质量。坚持企业引进与学校培育相结合，本科层次职业学校应积极从企业中引进管理人员、技术技能骨干等担任学校兼职教师，优化师资队伍结构，促进学校与企业人才优势互补；学校应完善教师到企业挂职锻炼制度，全面提升教师队伍实践技能和职业素养，为人才培养质量的提升夯实根基。为深入推进产教融合，

---

① Grinnell J. The Niche-relationships of the California Thrasher [J]. The Auk，1917（34）：427-438.

② 李梦卿，余静. 生态学视域下本科层次职业院校产教融合发展研究 [J]. 教育发展研究，2022（17）：59-66.

本科层次职业学校须与行业企业协同合作，共同建设特色产业学院，以实现资源共享与优势互补。通过对接产业发展需求，有效提升学校对产业技术更新迭代的适应能力，构建集人才培养、科学研究、技术研发、企业服务及创新创业功能于一体的示范性教育实体。① 校企双方应构建全方位、全过程的合作模式，联合优化专业布局与课程框架，共同拟定人才培养方案，将代表产业最新发展趋势的优秀元素融入教育教学过程，实现课程与产学研活动的一体化贯通。

（三）凝聚校企价值共识，打造产教共生生态

本科层次职业学校作为高层次技术技能人才培养的主战场，既是"孵化器"，也是"输出端"，应不断深化产教融合、校企合作，努力推行工学结合、"知行合一"，构建产教利益共同体。社会交换理论认为联盟是一种"关系契约"，联盟伙伴之间的互动交流、信任合作对于联盟的顺利运作至关重要。② 因此，本科层次职业学校和企业之间的合作不能仅仅止步于形式上的资源交换与共享，还要凝聚校企共识，在组织目标、资源管理、组织文化、路径实施等方面寻求统一，形成和谐长久的校企合作关系，实现资源共用、文化融合、管理一体、责任共担、利益共享，构建共生、共享、共荣的产教融合长效机制。③ 一要促进组织目标的衔接。本科层次职业学校旨在实现培养具备高端技术研发与技术应用能力、适应社会需求的应用型高技能人才的育人目标，而企业旨在通过获得预期可用人才，促进业务拓展，实现经济利益最大化的目标，因此，培养高层次高素质高水平的适用人才是校企的共同目标。在产教深度融合过程中，本科层次职业学校和企业应树立跨界融合的协同意识，寻求实现双方组织目标的最佳平衡点，相互成就、共同发展，最大限度实现各方利益最大化。本科层次职业学校为企业建立合理的利益分配和补偿机制，激发企业参与热情；企业应增强主动作为的意识，积极投入资本、技术、知识、设施设备等生产要素参与产教融合各环节。二要促进资源管理的优化。

---

① 宁启扬. 高职院校现代产业学院的实践矛盾、运行逻辑与路径方向［J］. 中国职业技术教育，2022（27）：29-37.

② 李梦卿，余静. 生态学视域下本科层次职业院校产教融合发展研究［J］. 教育发展研究，2022（17）：59-66.

③ 万伟平. 高质量发展背景下深化产教融合的组织障碍跨越研究［J］. 职业技术教育，2022（28）：44-49.

须在师资队伍建设、专业课程建设、人才培养领域构建畅通的资源互惠机制，同时构建资源共享平台，将产业与教育的优势资源进行跨界整合，推动人才链和岗位链的逐步契合。本科层次职业学校与产业企业积极发挥各方资源优势，前者可将人才、教师、科研资源面向企业开放，促进教育要素转化为生产力；后者则可将基础设施设备和先进生产技术等资源面向本科层次职业学校开放，促进生产要素、生产过程转化为教育资源和教育过程。① 通过产教双方资源互补与灵活转换，促进产业与教育深度融合，实现良性互动，打造校企资源共建共享的良性生态格局。

"学"与"术"是本科层次职业教育人才培养必须坚守的"常道"与"常名"。"所当乘者势也，不可失者时也。"当前，我国本科层次职业教育正处于探索发展阶段，人才培养模式变革已是大势所趋，学校须聚焦高层次技术技能人才培养目标，创新人才培养模式，改变"零打碎敲"的踟蹰，要"有所为、有所不为"，推进"学""术"并进，实现"学""术"相长。

---

① 贾新华. "双高计划"背景下产教深度融合研究［J］. 教育与职业，2022（15）：67-70.

第三章

变革与重构：本科层次职业教育
产教融合的"新"与"力"

　　为培养更高层次技术技能人才，本科层次职业教育需要持续深化产教融合。2021年，中共中央办公厅、国务院办公厅印发的《关于推动现代职业教育高质量发展的意见》明确提出，各级政府要统筹职业教育和人力资源开发的规模、结构和层次，将产教融合列入经济社会发展规划。以城市为节点、行业为支点、企业为重点，建设一批产教融合试点城市，打造一批引领产教融合的标杆行业，培育一批行业领先的产教融合型企业。[①] 基于生态学理论，从社会生态、文化生态和组织生态三个维度探究本科层次职业教育产教融合发展，以助于厘清产教融合的生成样态与重构逻辑，即有关"新"与"力"的思考，进一步促进教育链、人才链与产业链、创新链有机衔接，实现本科层次职业教育人才培养供给侧与产业发展需求侧精准对接。

第一节　激发本科层次职业教育产教融合新活力

　　布朗芬布伦纳提出的社会生态系统理论认为，个体处于从直接环境到间接环境的几个环境系统之间或嵌套于其中，环境系统通常是由内而外地将其划分为微观系统、中间系统、外层系统、宏观系统[②]，个体与环境之间是双向互动、相互适应的关系，而环境内各个系统与个体之间相互影响与作用。环

---

　　① 中共中央办公厅 国务院办公厅印发《关于推动现代职业教育高质量发展的意见》[EB/OL].
[2024-10-06]. https://www.gov.cn/gongbao/content/2021/content_5647348.htm.
　　② Bronfenbrenner U. Nature-nurture reconceptualized in developmental perspective [J].
Psychological Review，1994（4）：568-586.

境系统内最内层系统为微观系统，是与个体交往发展相关的直接环境，微观环境直接作用于个体并始终处于持续变化发展之中；环境系统第二层为中间系统，指的是微观系统之间的相互联系，微观系统之间良性关系的建立有利于形成积极发展效应；环境系统的第三层为外层系统，即个体未与其产生直接联系却受其影响的系统；环境系统的最外层为宏观系统，即存在于微观系统、中间系统、外层系统之中的意识形态，其潜在地影响个体的发展。本科层次职业教育作为初步探索发展的成长主体，深受微观系统、中间系统、宏观系统各个环境系统的作用影响，须加强系统内各生态因子的联系，以实现环境系统高效有序运行。在社会生态系统下，本科层次职业教育产教融合运行环境主要受到高校人才培养、产业需求、政策制度等不同层次生态因子影响而得以生成。

一、微观层面：人才培养催生校企协同育人新生态

马克思提出："既然人的性格是由环境造成的，那就必须使环境成为合乎人性的环境。"[①] 本科层次职业学校是直接作用于学生的微观环境系统，满足个体发展的多样化诉求、培养高层次技术技能人才是本科层次职业学校的使命与职责。2019 年，国务院印发的《国家职业教育改革实施方案》（简称"职教 20 条"）明确提出，职业院校要根据其自身建设特点和人才培养需要，积极主动与符合条件的企业在人才培养、技术创新、就业创业、社会服务、文化传承等方面开展合作。[②] 其中，人才培养需要是本科层次职业教育的出发点与落脚点。2021 年，教育部印发的《本科层次职业学校设置标准（试行）》（教发〔2021〕1 号）明确了本科层次职业学校的办学目标与定位，强调要坚持面向市场、服务发展、促进就业的办学方向，坚定职业教育定位、属性和特色，培养国家和地方发展所急需的高层次技术技能人才。相较于专科层次职业院校，本科层次职业学校人才培养层次的提升、人才培养目标的多元化以及质量标准的提高要求参与主体做出相应调整，催生校企协同育人新生态。本科层次职业教育更应以国家重大战略为参照推进人才培养工作，围绕国家

---

① 马克思，恩格斯. 马克思恩格斯全集：第二卷［M］. 中共中央马克思恩格斯列宁斯大林著作编译局，译. 北京：人民出版社，1957.

② 国务院关于印发国家职业教育改革实施方案的通知［EB/OL］.［2024-10-05］. https://www.gov. cn/zhengce/content/2019-02/13/content _ 5365341. htm.

与区域经济重点发展领域，促进专业链、人才链与产业链、创新链的耦合，根据国家现代产业数字化在制造业全流程、全领域深度应用态势，按照产业网络化研发、个性化定制、柔性化生产等新业态新模式来调整人才培养的基准。① 本科层次职业教育不能仍旧停留在面向低端产业、局限岗位以及简单工作，而要以社会期待为要旨，在提升人才培养学历层次的同时，优化人才培养结构、改善人才培养计划；本科层次职业教育需要实现目标升级，一方面为跨越职业教育在就业市场"本科及以上人才"就业门槛中始终处于劣势的困境，提升职业学校的社会认可度，另一方面要让职业教育学生掌握高水平技术技能，进而胜任更多高层次、高难度的职业岗位，获得更高薪资并提高生活水平；本科层次职业教育也需要提高质量标准，对人才培养层次与人才培养目标进行有效质量监控，依据教育部发布的《本科层次职业学校设置标准（试行）》《本科层次职业教育专业设置管理办法（试行）》设置学校人才培养质量评估指标，是本科层次职业教育实现高质量办学的重要条件，必须明确本科层次职业教育人才培养的核心任务，强调"技术应用与技能训练并重、理论学习与技术研发并举"的培养定位，以此细化质量评估标准。在新一轮科技革命与产业变革背景下，培养与产业发展相契合、与市场需求相匹配、与社会相适应的本科层次复合型技术技能人才必须凝聚校企合力，搭建合作互信的校企人才培养链，以高效互动、及时沟通为原则，对接企业需求以实现精准培养、精准供给。

2019 年 6 月，教育部印发的《职业院校专业人才培养方案制订与实施工作的指导意见》提出，要紧跟产业发展趋势和市场人才培养需求，建立健全行业企业、第三方评价机构等多方主体参与的人才培养方案动态调整机制，校企协同推进人才培养方案的制定与实施是满足利益相关者多元诉求、提升人才培养质量的创新方式。② 俄国生物学家康斯坦丁·谢尔盖耶维奇·梅里日可夫斯基认为，进化的新颖性起源于共生。③ 本科层次职业学校作为一个协调有序、动态发展的生命有机体，其实现人才培养模式的转型升级，关键在于

① 张学，周鉴. 本科层次职业教育人才培养的定位、逻辑与理路 [J]. 中国职业技术教育，2022（18）：39-45.

② 教育部关于职业院校专业人才培养方案制订与实施工作的指导意见 [EB/OL]. [2024-10-10]. http://www. moe. gov. cn/srcsite/A07/moe_953/201906/t20190618_386287. html.

③ 林恩·马古利斯，多里昂·萨根. 倾斜的真理——论盖娅、共生和进化 [M]. 李建会，等译. 南昌：江西教育出版社，1999.

主动促进与新生物群体的融合共生，营造有利于人才成长发展的生态环境。本科层次职业学校应积极实现与企业、行业、政府等多元主体的融合共生，构建良好的校企协同育人环境。在校企协同育人的创新生态下，"多元共治、合作共赢"的人才培养理念贯穿于本科层次职业教育人才培养全过程，政府、企业、行业等多方组织参与本科层次职业学校专业人才培养方案的制定、实施与评价，明确"学历教育与职业培训并举、职业能力与职业精神并重、创业与创新能力并育"的人才培养目标，推进产学研一体化办学机制构建，有利于充分激发本科层次职业学校高层次技术技能人才培养的内生动力。本科层次职业教育具有"本科层次""职业性"双重特性，其人才培养方案的制定、实施与评估都须由校企协同进行，校企须依据企业岗位需求、办学条件明确人才培养目标，深度分析行业、企业的岗位任务、工作项目，把握人才培养的能力标准，发挥企业在行业前沿信息传达、设备资源分享、技术成果产出、兼职师资供给中的作用优势，并通过校企共建创新创业基地、技能实训基地、技术研发实训室等，为人才培养方案的切实实施创造条件。

基于学生对学历层次提升与能力素质提高的双重需求，须推进学历教育与职业培训均衡发展新生态。以往职业院校毕业生在就业市场上不具备学历优势，同时职业技能与岗位需求对接性不强，在劳动力市场中处于劣势地位，因而迫切需求在提升职业教育学历层次的同时加强职业培训，使得教育成效与就业系统相协调，保证人才培养供给与市场需求的一致性。本科层次职业学校提升学校毕业生的就业竞争力，充分发掘学生的工作优势与潜能是衡量本科层次职业教育质量的重要标准，本科层次职业学校须为学生提供相应层次学历教育的同时，联合企业为学生提供所需的职业培训，提供职业岗位必需的职业技能与知识、提供真实体验的工作场所、提供科学全面的职业规划等，促进本科层次职业学校市场意识与企业责任意识的增强，引导本科层次职业学校学生跨越学校与企业之间的壁垒，引导学生将所学知识、职业技能运用于工作岗位，将实际工作经验融入理论知识学习中，实现职业教育人才供给与产业发展人才需求的对接①，增强本科层次职业教育人才培养的适应性，以实现更高质量的就业。

基于职业技能与职业精神融合发展的人才培养目标，须构建素质优良、

---

① 李少兰，吴南中. 职业教育育训并举人才培养模式的逻辑起点、形成机理与支持条件［J］. 教育与职业，2021（23）：27-34.

专兼结合的"双师型"教师建设新生态。教师队伍建设作为人才培养的关键环节，是校企合作管理优化的重要内容。本科层次职业教育须强调其职业教育的本质属性——职业性，职业性决定了本科层次职业学校教师队伍建设结构的多元性与复合性。2019年，教育部等四部门印发的《深化新时代职业教育"双师型"教师队伍建设改革实施方案》提出，要"在标准要求、岗位设置、遴选聘任、专业发展、考核管理等方面综合施策，健全高技能人才到职业学校从教制度，聘请一大批企事业单位高技能人才、能工巧匠、非物质文化遗产传承人等到学校兼职任教"。① 本科层次职业教育人才培养需要具有实践生产经验的企业工程师、技术员等参与进来，为学生职业技能发展提供有效指导，更需要通过聘请技术骨干、能工巧匠、非物质文化遗产传承人，在教学过程中潜移默化向学生传递职业精神，帮助学生在生产实践过程中建立良好的职业理想、职业态度与职业责任，引导学生树立成为"大国工匠"的理想信念，以充实的职教师资队伍营造优良的学生成长环境。

基于创新创业人才培养的重要任务，须探索构建校企创新创业教育新生态。创新创业教育不仅旨在发展学生的实践创新能力与创新精神，且重视学生创业技能、职业素养提升，与专业教育相互依存、相辅相成。良好的专业理论知识与专业实践能力是从事创新创业活动的前提条件与基础，反之，创新创业教育是使专业教育深化、细化的教育活动②，有利于丰富专业教育建设内涵。创新创业教育要求本科层次职业学校协同行业、企业、政府部门、其他高校共同建立创新创业教育平台，整合打造共建共享式、多元化创新创业教育课程资源，打造开放协同创新创业教育合作新机制，在保障专业理论知识学习的基础上丰富学生的实践技能，在实践教学中开拓创新思维，在创新性探索过程中提升创业能力，以多元融合的创新创业教育体系塑造校企协同创新创业教育生态场域。

本科层次职业教育以多样化的人才培养需求催生了校企协同育人新动能，以人才培养模式改革激发了本科层次职业教育产教融合新活力，以互动共生的培养理念塑造了校企合作新优势，为构建创新型校企协同育人新生态提供了有利条件。

---

① 教育部 发展改革委 财政部 人力资源社会保障部关于印发《深化新时代职业教育"双师型"教师队伍建设改革实施方案》的通知［EB/OL］．［2024-10-11］．https://www.gov.cn/gongbao/content/2020/content_5469720.htm.

② 刘中亮，周统建.高校创新创业教育生态场域构建探析［J］.江苏高教，2022（10）：80-84.

二、中观层面：产业需求催生校企合作办学新形式

中间系统是指由发展主体积极参与的多个情境之间的相互关系，当微系统之间构成的间接关联鼓励相互信任、目标一致、积极支持、能量平衡等积极因素向个体行动发生转移时，中间系统的发展潜力将会被提高。① 校企关系构成了学生发展的重要中间系统，而建立和谐共生、协调一致校企关系的关键在于紧扣校企合作主体的共同利益诉求，即满足产业发展的需求。本科层次职业教育以服务经济社会发展需求为宗旨，力求培养适应社会需要的高素质技术技能人才。在本科层次职业教育试点工作开始之前，我国高职院校与本科高校之间的衔接主要依靠"3＋2"（3 年专科＋2 年本科）等专本联合培养的模式，高职院校与本科高校的课程教学在实质上是割裂的。学生在职业教育与普通教育的联合培养中缺乏相互衔接的关键节点，人才培养的质量难以达到预期目标，存在偏向理论学习、忽略实践培训的现象，背离了学生职业技术技能与理论水平共同提升的初衷。专本联合培养的学生难以运用所学知识解决相应技术性难题，也难以满足产业转型发展的需求，这要求尽快转变职业技术技能型人才培养方案，积极探索更高层次、更优方式、更有质量的特色化育人模式。企业致力于聘用复合型技术技能人才以满足产业转型升级的需求，进而增强企业的市场竞争力与社会影响力。然而产业转型升级背景下企业对专业技术人才的需求与学校对高素质技术技能人才的供给缺乏平衡，技术人才短缺问题是驱动企业参与到职业院校人才培养过程的关键动力。正如美国"职业主义"理论代表人物大卫·斯尼登提出的社会效用理论表明，职业教育的主要目标是培养高技能人才，以使得职业者满足产业发展与经济发展需要。② 我国进入产业结构转型升级阶段，以战略性新兴产业、支柱产业为主导的企行组织在发展过程中呈现出了新兴性、创新性、战略性等特性，对技术人员的技术水平、适应能力、创新能力要求较高。而本科层次职业学校正是以培养职业技术技能突出、专业知识熟练、创新思维活跃的高技能人才为目标，是促进技术更新升级和产业结构优化的直接动力。③ 同时，企业亟须引进契合产业发展需求的高技能人才参与企业生产，社会经济形势与

① Bronfenbrenner U. The ecology of human development [M]. Harvard：Harvard University Press，1979.

② ［美］约翰·杜威. 民主主义教育 [M]. 王承绪，译. 北京：人民教育出版社，2001.

③ 胡昊，卫宗超. 职业院校服务产业转型升级的专业结构优化策略——以河南省为例 [J]. 中国职业技术教育，2022（14）：37-42.

产业发展需求为本科层次职业教育人才培养目标的确定提供了重要依据，也成为增强校企关系的内在联结、创新校企融合发展新模式的重要驱动力。

产业结构优化要求本科层次职业教育专业设置做出相应调整。教育部印发的《本科层次职业教育专业设置管理办法（试行）》提出，本科层次职业教育专业设置应坚持以产业需求为导向，积极主动对接产业基础高级化、产业链现代化的现实需要。[①] 产业结构的迭代性、时变性、阶段性等特征决定了本科层次职业教育专业建设必须具备灵活性与动态性，能够对产业结构变动趋势做出及时反馈，紧密对接产业发展需求。面对产业升级与企业技术变革的现代化发展趋势，本科层次职业学校亟须邀请企业参与到本科层次职业教育中来，发挥校企间信息互通、资源共享、优势互补的合作优势，以产业发展需求为导向灵活调整学校专业设置，服务新兴产业和区域特色产业，开设更多符合市场需求的、契合岗位需求的、紧缺的专业，构建与产业链紧密对接的专业体系，面向多样化需求提供特色化专业设置方向，及时避免专业设置落后、重复冗余、结构混乱等问题，使学校专业布局与区域产业结构协调一致，为社会所需的职业领域培养高素质技术技能人才。

产业转型需求要求本科层次职业学校联合企业共筑合作研发平台。服务于国家战略发展布局与区域经济发展需求，围绕先进制造业、现代服务业、战略性新兴产业、数字产业来增强职业教育适应性至关重要。在智能化时代，已形成了以数字技术、互联网技术为偏向的产业发展模式，不断促进各类产业的转型与升级，而技术创新、技术研发正是产业转型升级的关键，本科层次职业教育紧扣产业转型需求，即需要培养知识储备丰富且具有知识迁移能力、技术应用能力与技术研发能力的高素质人才，协同企业建立集教学、实践、科研于一体的系统性、专业性育人研发平台，以开展应用型科研为主，依托高质量的校企合作，服务于企业的研发成果转化，探索研究成果市场化的工艺、方案、材料和具体路径，在为企业解决技术难题的过程中提高技术技能人才培养质量。此外，智能时代产业的跨界融合趋势明显，岗位分工被打破重组，对岗位间交叉协作要求进一步增强[②]，在应用型科研的开展中，学校也须强调跨界融合的重要性，实现知识与技术、理论与实践之间的深度融

① 教育部办公厅关于印发《本科层次职业教育专业设置管理办法（试行）》的通知 [EB/OL]. [2024-10-05]. https://www.gov.cn/zhengce/zhengceku/2021-01/29/content_5583672.htm.

② 王雅静. 智能时代的技能形成与职业教育转型发展 [J]. 中国远程教育，2022 (5)：9-17.

合，以开放性研发平台建设助力产业转型需要。

市场用人需要要求校企双方深度参与本科层次职业教育课程开发与设计。课程是实现本科层次职业教育目标的重要载体，由于本科层次职业教育并不是面向某个单一工作岗位，而是面向岗位群，毕业生需要具备扎实的理论基础和跨岗位工作的实践能力，能够创造性地将技术原理转化为物质实体，并服务于生产、建设、管理等部门①，这需要校企坚持"目标一致、行动一致"原则，依循企业需求，明确以能力为本位的课程目标、与职业标准相对接的课程内容、理论与实践相结合的课程结构，着力打造适切市场用人需求的理实一体化的课程体系。成果共享、责任共担的校企融合办学生态能够有效激发多元主体间的沟通、交流与协作，校企双方应基于共建共管的发展共识加强实训基地建设与生产性实训教学，在教学过程中为学生提供真实的实训场所，实现教学成果向职业技能的转化，切实提升学校的教学实效性，让课程内容更加贴近生产实际，将企业的新技术、新理念、新方法引入课程，以实践性为导向构建模块化课程结构体系，并合理配置实践课程与理论课程比例，在合理安排专业理论知识学习的基础上保障学生实习实训进程，明确要求实训课程最低完成时限，实现校企合作效益最大化。

岗位对接需求要求本科层次职业学校更新优化课堂教学形式。课程是对接岗位工作需求的重要保障，本科层次职业学校须打破传统授课思维，从单一的讲授式教学模式中脱离出来，满足学生对数字化、开放化、多元化教学模式的需求，这要求企业协同学校共同创建育人环境，衔接理论教学与实践教学的实际进度，以开展现代学徒制、订单班等人才培养模式为主线，以开发线上课堂、虚拟课堂等教学平台为抓手，变革课堂教学新方式、打造本科层次职业学校人才培养新生态。有些高职专科学校的做法值得借鉴，如浙江工业职业技术学院积极以数字化思维、数字化技能赋能高校核心教育教学工作，积极探索"专业集群＋龙头企业"的双主体培养模式，实施基于"职业发展规划"的学徒遴选，加大推进各个专业现代学徒制、企业新型学徒制试点工作，面向特定企业开展现代学徒制、订单班、技能提升班等形式的产教协同育人，推行校企双主体人才培养，同时校企协同建成国家职业教育新能源汽车技术专业教学资源库，共同开发慕课、在线课程、微课、虚拟课堂等共享学习平台，借助 AR 技术，延伸拓展教学空间，这不仅提升了育人质量，

---

① 袁琳，雷庆. 校企命运共同体构建：本科层次职业教育"双元"育人模式研究——戴森工程科技学院的启示［J］. 高等工程教育研究，2022（3）：166-171.

还通过国家职业教育新能源汽车技术专业教学资源库这一高能级平台，有效赋能区域产业。①

为满足产业结构的优化需求、市场需求与岗位需求，校企双方作为利益主体要凝聚合作共识以创生高等职业教育办学新形式，营造互利互信、互通互融的校企合作生态网络，基于产业需要培养高水平技术技能人才，为经济社会发展提供有力支撑。

三、宏观层面：政策制度催生产教融合改革新方向

宏观系统被布朗芬布伦纳定义为"微系统、中间系统和外层系统等各类层次较低的生态系统在整个文化或者亚文化水平上存在或可能存在的内容上和形式上的一致性，以及与此相联系并成为其基础的信念系统或意识形态"②，即存在于微观、中观、外层系统之间的政策制度、社会环境、社会支持等。微观系统、中间系统、外层系统决定了行为主体的发展进程，政策制度作为内嵌于各级生态系统之中的独特文化，影响着生态系统内部各发展主体的行为走向。基于人才培养与产业发展需求，深化高等职业教育发展改革势在必行，相关政策制度的提出为本科层次职业教育产教融合改革方向与具体实施路径提供重要导引。产教融合的概念与相关政策早于本科层次职业教育，在本科层次职业教育正式开启试点工作之时，产教融合相关政策发展早已经历由单薄到成熟、由粗放到细化、由单一到多元、由宏观到微观的变化。

2013年，教育部发布的《关于2013年深化教育领域综合改革的意见》中将产教融合作为改革办学体制的一项制度，强调要通过制定完善校企合作促进办法、指导职业教育集团化办学意见、健全校企合作办学体制机制等优化职业教育办学路径。③ 2014年，国务院印发的《关于加快发展现代职业教育的决定》提出，要将"同步规划职业教育与经济社会发展，协调推进人力资源开发与技术进步，推动教育教学改革与产业转型升级衔接配套。突出职业

① 李明昊，宋正江. 我校成功入选教育部教育技术与资源发展中心"信息化支撑职业院校校企合作专业共建项目首批共同体成员"名单［EB/OL］.［2024-11-28］. http：//www. zjipc. cn/2022/0902/c432a52993/page. htm.

② Bronfenbrenner U. The ecology of human development［M］. Harvard：Harvard University Press，1979.

③ 教育部关于2013年深化教育领域综合改革的意见［EB/OL］.［2024-10-05］. http：//www. moe. gov. cn/srcsite/A27/zhggs _ other/201301/t20130129 _ 148072. html.

院校办学特色, 强化校企协同育人"① 作为发展现代职业教育的基本原则, 并在激发职业教育办学活力中, 强调要加强企业、行业等多元社会力量参与职业教育, 健全企业参与制度, 加强行业指导、评价与服务, 鼓励组建职业教育集团等, 丰富了产教融合的建设内涵, 并进一步细化了产教融合、校企合作各项实施路径与举措。2015 年, 教育部发布的《关于深化职业教育教学改革全面提高人才培养质量的若干意见》提出, 要创新校企合作育人的途径与方式, 着重强调发挥企业在校企合作中的重要主体作用。② 企业主体作用的强调是产教融合政策的一次重大变更, 凸显企业在产教融合中的重要地位, 由企业被动参与校企合作向企业主动发起校企合作, 对企业责任意识激发与话语权地位提升而言意义重大。2017 年, 国务院办公厅发布《关于深化产教融合的若干意见》, 全面阐释了产教融合建设的意义。该意见指出: "深化产教融合, 促进教育链、人才链与产业链、创新链有机衔接, 是当前推进人力资源供给侧结构性改革的迫切要求, 对新形势下全面提高教育质量、扩大就业创业、推进经济转型升级、培育经济发展新动能具有重要意义。"③ 这一意义的阐明深切体现了当前政策对产教融合认识程度的深化, 由此提出了"教育和产业统筹融合、良性互动的发展格局总体形成, 需求导向的人才培养模式健全完善, 人才教育供给与产业需求重大结构性矛盾基本解决"的发展目标, 并提出了具体举措。2017 年这一产教融合政策的发布从总体上反映出该政策已在实践中不断深化、不断凝练、不断走向实质化④, 为全国职业院校产教融合建设提供了较为成熟的政策指导。2018 年, 教育部等六部门联合印发的《职业学校校企合作促进办法》从校企合作的目标原则、实施主体、合作形式、促进措施和监督检查等多方面建立校企合作的基本制度框架, 创新了校企合作的新机制与新模式。⑤ 在 2019 年本科层次职业教育试点工作推广之前, 产教融合

① 国务院关于加快发展现代职业教育的决定 [EB/OL]. [2024-10-05]. http://www.moe.gov.cn/jyb_xxgk/moe_1777/moe_1778/201406/t20140622_170691.html.

② 教育部关于深化职业教育教学改革全面提高人才培养质量的若干意见 [EB/OL]. [2024-10-05]. http://www.moe.gov.cn/srcsite/A07/moe_953/201508/t20150817_200583.html.

③ 国务院办公厅关于深化产教融合的若干意见 [EB/OL]. [2024-10-05]. https://www.gov.cn/zhengce/content/2017-12/19/content_5248564.htm.

④ 袁晓华, 张淼. 我国产教融合政策的演进特征与发展趋势分析——基于 2013—2021 年政府 104 项相关政策文本 [J]. 中国高校科技, 2022 (10): 40-45.

⑤ 教育部等六部门关于印发《职业学校校企合作促进办法》的通知 [EB/OL]. [2024-10-05]. https://www.gov.cn/xinwen/2018-02/22/content_5267973.htm.

相关政策已不断完善，但更为具体、细化的实施方案仍有待进一步深化。

2019 年，"职教 20 条"在完善高层次应用型人才培养体系中提出，要"开展本科层次职业教育试点"，正式拉开了本科层次职业教育建设的序幕。迄今为止，教育部已批准设置 51 所本科层次职业学校开展试点工作。此外，"职教 20 条"提出要建设多元办学格局，引导政府部门深化"放管服"改革，将职能由"办"职业教育向"管理与服务"转变，明确了政府参与职业教育办学体制改革的功能定位①；同年 4 月，国家发展改革委、教育部发布的《建设产教融合型企业实施办法（试行）》提出，要按照政府引导、企业自愿、平等择优、先建后认、动态实施的基本原则建设产教融合型企业，以激发企业参与职业教育办学的内生动力，发挥企业在深化职业教育改革、推进校企合作办学的重要主体作用。② 同年 9 月，国家发改委、教育部等六部门联合印发的《国家产教融合建设试点实施方案的通知》提出，要以产教融合型城市、企业、行业为试点主体，在协调发展规划和资源布局、促进人才培养改革、降低校企合作交易成本、推动产教融合平台建设、探索发展体制机制创新等方面先行先试。③

2020 年 7 月，教育部办公厅、工业和信息化部办公厅印发的《现代产业学院建设指南（试行）》提出，要与产业紧密联系的高校建设若干与地方政府、行业企业等多主体共建共管共享的现代产业学院，打造集产、学、研、转、创、用于一体，互补、互利、互动、多赢的实体性人才培养创新平台④，本科层次职业学校产业学院的建设为其培养符合产业发展和用人需求的高素质人才提供有益助力。如泉州职业技术大学为贯彻落实产业学院建设政策，与行云新能科技（深圳）有限公司签订了共建泉大/行云产业学院战略合作协议，致力于通过产业学院建设实现校企之间的资源共享、优势互补，在教学、

① 国务院关于印发国家职业教育改革实施方案的通知 [EB/OL]. [2024-10-05]. https://www. gov. cn/zhengce/content/2019-02/13/content_5365341. htm.

② 国家发展改革委 教育部关于印发《建设产教融合型企业实施办法（试行）》的通知 [EB/OL]. [2024-10-05]. http://www. moe. gov. cn/jyb_xxgk/moe_1777/moe_1779/201904/t20190404_376681. html.

③ 多部门印发国家产教融合建设试点实施方案 [EB/OL]. [2024-10-06]. https://www. gov. cn/xinwen/2019/10/10/content_5438011. htm.

④ 教育部办公厅 工业和信息化部办公厅关于印发《现代产业学院建设指南（试行）》的通知 [EB/OL]. [2024-09-05]. https://www. gov. cn/zhengce/zhengceku/2020-08/28/content_5538105. htm.

科研、竞赛、社会培训中取得显著成效①, 产业学院建设能够凝聚校企双方智慧, 发挥企业在职业院校人才培养、教学资源提供、实训基地建设、师资团队培养、社会技能培训、就业资源共享中的重要作用。同年9月, 教育部等九部门印发的《职业教育提质培优行动计划(2020—2023年)》从深化校企合作协同育人模式着手, 鼓励支持"职业学校根据自身特点和人才培养需要, 主动与具备条件的企业在人才培养培训、技术创新、就业创业、社会服务、文化传承等方面开展合作"②。如南京工业职业技术大学航空工程学院与英特尔FPGA中国创新中心合作开展"EDA技术产教融合实训项目", 双方就人才培养、合作共建、项目案例、学生培训、FPGA工程师认证考试等方面进行交流与探讨, 并在项目实施中实现教学—项目—证书—竞赛—就业一体化③, 切实推进了多元协同育人机制的创新, 打造"本科层次职业学校＋产教融合型企业＋高端创新中心"的产学研合作模式, 在政策的支持与指导下积极推进政校企行深度融合, 推进产教融合、校企合作深入发展。

2021年, 中共中央办公厅、国务院办公厅印发的《关于推动现代职业教育高质量发展的意见》强调, 职业学校要积极与优质企业开展双边多边技术协作, 共建技术技能创新平台、专业化技术转移机构和大学科技园、科技企业孵化器、众创空间, 服务地方中小微企业技术升级和产品研发。④ 本科层次职业教育必须将技术研发、科技创新作为办学任务之一, 满足区域经济社会发展对技术创新的现实需求。如兰州资源环境职业技术大学与甘肃省商业科技研究所有限公司签订科技创新合作战略协议, 致力于在环境质量检测技术研发以及创新人才培养、国际科技交流、食品及农产品质量检验检测等相关领域开展深度合作, 共建创新平台, 协同推动科技创新工作高质量发展。积极推进产业链、创新链、人才链深度融合发展对经济社会发展而言意义重大,

① 泉州职业技术大学——产业伙伴型大学创业者的摇篮 [EB/OL]. [2024-12-05]. http: // www. qzit. edu. cn/Portal/qzit/Info. aspx? aID=11524A87F90C76FD91F3E074D35987C3632C424A4D3E 4511&. pID=MHLX1253.

② 教育部等九部门关于印发《职业教育提质培优行动计划(2020—2023年)》的通知 [EB/OL]. [2024-09-05]. http: //www. moe. gov. cn/srcsite/A07/zcs _ zhgg/202009/t20200929 _ 492299. html.

③ 产教融合优实训 校企合作共育人——"EDA技术"产教融合实训项目顺利开展 [EB/OL]. [2024-12-05]. https: //hk. niit. edu. cn/cb/c5/c1846a52165/page. htm.

④ 中共中央办公厅 国务院办公厅印发《关于推动现代职业教育高质量发展的意见》 [EB/OL]. [2024-10-06]. https: //www. gov. cn/gongbao/content/2021/content _ 5647348. htm.

其能够在提升企业核心竞争力的同时助推学校高质量发展，实现校企合作的共赢、共同发展的双赢局面。新修订的《中华人民共和国职业教育法》也在多处提到产教融合相关内容，产教融合、校企合作作为我国职业教育人才培养模式，成为被法律认可的国家意志，需要坚定不移地开展下去。[①]

从提出深化产教融合、校企合作指导意见，到完善产教融合型企业建设具体方案，再到产教融合试点工作的切实推进，我国产教融合的改革在不断深化与加强，良好政策环境生态的营造为本科层次职业教育产教融合的探索与实践提供了重要支撑。从国家宏观层面政策出发，发布的各项产教融合相关政策具有整体导向作用，企业与本科层次职业学校该采取哪些行之有效的办学措施，能够获得哪些利好条件，在顶层设计所释放的信号之中均有迹可循。[②] 此外，在宏观政策的总体规划框架下，各省份也应依据区域发展形势与本科层次职业教育特定需求制订关于深化产教融合、促进校企合作的具体实施方案与工作办法，通过推进国家、地方各层面产教政策协同并进，打好政策组合拳，形成政府、企业、本科层次职业学校等多元主体参与的社会生态，以实现本科层次职业教育与产业统筹融合发展。

第二节　丰富本科层次职业教育产教融合新内涵

美国人类学家朱利安·斯图尔德首次在《文化变迁论》一书中阐释了"文化生态学"（cultural ecology）的概念，即文化是人类社会用以适应与改造环境的重要手段[③]，研究文化适应环境的过程和由这种适应性所导致的文化习俗之间的相互适应性的科学即为文化生态学[④]，人与不断变化的环境相互作用、彼此联结促进了文化的产生与变迁，进而塑造出全新的文化生态。从文化生态学的视角探索本科层次职业教育产教融合的运行以及与文化环境间的相互作用，有助于实现本科层次职业教育行为文化、精神文化、环境文化等多元文化因子的内在关联，本科层次职业学校作为各类文化的行为主体理应

---

① 李梦卿.《职业教育法》的重彩与留白 [N]. 中国教育报，2021-05-10 (07).

② 刘晶晶，和震. 高职百万扩招背景下非传统生源群体的行为决策研究——基于 BDI 理论模型的逻辑推理 [J]. 现代教育管理，2021 (5)：121-128.

③ 朱利安·斯图尔德. 文化变迁论 [M]. 谭卫华，罗康隆，译. 贵阳：贵州人民出版社，2013.

④ Sutton M Q, Anderson E N. Introduction to Cultural Ecology [M]. New York：Altamira Press，2004.

充分发挥主观能动性,积极主动参与文化对环境的适应过程以推进文化生态的形成。

一、凝聚校园行为文化,驱动双元文化育人机制发展

现象学家阿尔弗雷德·许茨认为,"我们的日常生活世界从一开始就是一个主体间际的文化世界"[①],行为主体之间的交际与互动始终在文化环境的作用与影响下进行。同理,在本科层次职业学校中,全校师生、各类管理人员等行为主体始终受到校园文化环境的浸染与熏陶,加强本科层次职业学校文化建设是塑造校园良性文化生态、赋予行为主体正向文化导向的应有之义。行为文化建设是本科层次职业学校文化建设的重要组成部分,是指本科层次职业学校在长期教育教学过程中创造、积淀而成的价值观念、精神态度、行为习惯的总和[②],是引领学校内学生、教师、管理人员等形成良好行为文化品格的重要支撑。面对不同的个体,行为文化构成具有一定差异。从学生角度来说,主要从职业素养、人文情怀与个性形成三个方面构成本科层次职业学校的行为文化;从教师的角度来说,主要包含知识文化、心理文化、情感文化与观念文化四个组成部分。[③] 行为文化所包含的独特性与复杂性需要多元利益相关主体参与到文化建设过程中来,进而打造价值多元、和谐发展的校园文化环境。无论是学生职业素养提升、人文情怀建立等,还是教师知识文化、观念文化等的塑造等,都需要企业在本科层次职业学校行为文化中扮演重要角色,实现校企双元文化育人。校企双元文化育人的实质是本科层次职业学校与企业在人才培养过程中的深度合作与协同,培养高层次技术技能人才是推进产教融合、校企合作的主要着力点。然而,职业文化素养培育边缘化、泡沫化问题表明校企双元育人机制尚不完善。因此,发掘校园行为文化建设的独特优势以创新双元文化育人,是本科层次职业学校丰富产教融合人才培养内涵、推进人才全面可持续化发展的应然选择。

师生是行为文化的主要缔造者与承载者。本科层次职业学校切实推进行为文化建设的关键在于依托产教融合发展充分发挥师生的关键主体地位,通过开展各类校企文化活动,传递具有实践性、职业性、开放性的校园特色行

① [美]阿尔弗雷德·许茨. 社会实在问题 [M]. 霍桂桓,译. 杭州:浙江大学出版社,2011.
② 陈章,姜运隆,杨鸿. 精神与文化:职业教育"产赛教"融合模式的价值逻辑与文化向度 [J]. 中国职业技术教育,2021 (13):56-60,86.
③ 李洪亮. 多元教育理念下中学校园文化特色实践路径 [J]. 教育理论与实践,2017 (26):19-21.

为文化，吸纳行业企业文化精华，加强本科层次职业学校师德师风建设，提升教师队伍整体素质，增强学生的职业素养培育意识，促进养成良好的职业行为习惯。本科层次职业学校要开拓校内校外双重育人路径，构建面向师生行为主体的双元文化育人机制。

一是要凝练师生行为文化特色，营造"爱岗敬业、追求卓越、开拓创新"的文化育人氛围。弘扬工匠精神、厚植工匠文化是培育德技兼修、知行合一技能人才队伍的重要支撑，企业除了需要将其先进技术、职业知识引进职业院校，还需要将企业优秀文化、工匠精神纳入课堂教学过程之中，通过引进企事业单位高技能人才、能工巧匠、非物质文化遗产传承人开展课堂教学，在潜移默化中帮助学生树立正确职业观与职业认同感，在掌握技术技能的基础上养成良好的职业道德、职业精神与行为习惯，基于企业文化精神强化学生素质文化教育，培育职业道德与职业能力相结合的，具有精益求精的敬业精神、踏实肯干的职业品质、锐意进取的创新意识的职业人才。本科层次职业学校须积极推进师德师风长效机制建设，将师德师风建设作为职教师资队伍建设的第一标准，将其纳入校企合作交流、教育教学、科研活动等教师专业发展的各个进程中，更要将其作为教师岗位招聘、职称评定、职务晋升、工资提升、评优评先的重要指标，完善师德师风考评监督机制，贯穿于教师职业生涯发展全过程。此外，要完善职业教育教师培养培训体系，联合企业积极组织召开理论学习交流、社会志愿服务、表彰师德典型等师德师风专题教育活动，帮助教师切身感知企业文化，切实增强教师师德意识，促使教师形成良好行为规范，推动师德培育常态化、长效化发展，实现教学能力与文化修养兼具的高素质教师培养目标。

二是以企业实践活动为载体，强化师生对企业文化的认同与内化。组织学生参与由学校发起、由企业参与的企业实习、技能竞赛等各类社会实践活动，严格按照企业标准设置活动准则，引导学生在实践活动中把握企业文化精神，切实体会企业文化内涵，切身感受未来职业氛围，为学生更快形成良好行为习惯提供条件。例如，安排学生参与企业举办的纺织品博览会、汽车博览会、水果展销会等各类展会活动，促使学生在活动参与过程中锻炼和提高自身专业技能，并感受企业人员在工作中表现出的团队精神、创新理念以及职业素养，以利于学生亲身感受文化理念并按照企业思维方式行为处事。① 就教师而言，本科层次职业学校完善教师企业实践机制，提高教师专业技能

---

① 郝天聪，庄西真. 高职院校活动文化建设的拓维实践与反思——以浙江农业商贸职业学院为例［J］. 职教论坛，2015（2）：36-39.

水平和实践教学能力，有针对性安排教师到企业进行顶岗实训、挂职锻炼、外出参观、考察学习，组织企业专业技术人才交流等方式带领教师切身参与一线生产实践，深入学习企业新技术、新方法、新工艺。这些对培养专业技能知识与实践能力兼备的"双师型"教师、提升教师队伍职业素养而言，意义重大。

三是加快推进学校课程思政建设，引导学生增强责任意识并践行使命担当。2020年，中共中央宣传部、教育部印发的《新时代学校思想政治理论课改革创新实施方案》提出，要规范实践教学，把思想政治教育有机融入社会实践、志愿服务、实习实训等活动，切实提高实践教学实效。①加强本科层次职业学校思政课教学是职业教育课程体系建设的必然抉择，其坚持的实践育人、立德树人理论与产教融合建设内涵相契合。本科层次职业学校要充分发挥产教融合、校企合作优势，凝聚多元主体智慧优化课程体系、改革教学方法，不断提升思政课实践育人的质量与成效，以引导大学生增强社会责任意识并践行使命担当。思政课教学内容安排是关系到学生良好行为养成的重要环节，依据本科层次职业教育特点，将产教融合与思政课程紧密结合，在产教融合中推动思政课程建设，在思政课程建设中深化产教融合，联合企业共同制定思政课教学方案，以产业需求与岗位需求为依托制定思政课教学内容，将职业道德准则与职业行为规范纳入思政课实践课程体系，并针对学生差异化职业选择对思政课教学内容进行一定调整，使得思政课在促进学校育人质量与企业用人标准相统一中发挥重要作用。在科学合理规划教学内容的基础上创新教学模式。思政课程有别于一般的专业课课程，单一的讲授法抑或是体验式教学法都难以适用于大学生思政课的学习，而发挥产教融合优势选定典型案例的案例教学法可被看作提升思政课教学效率、保证教学质量的有效举措，通过引用学生所学专业相关典型事迹、先进人物等作为教学案例，与思政课程理论观点形成呼应，帮助学生在生动真实的案例中体验、感悟与思考②，形成对思政课理论知识的深刻认同，为将理论付诸实践奠定基础。

四是加强校园文化宣传工作，切实增强学生的思想自觉与行动自觉。宣传具有激励、鼓舞、劝服、引导、批判等多种功能，其目标是使人们相信、

---

① 中共中央宣传部 教育部关于印发《新时代学校思想政治理论课改革创新实施方案》的通知[EB/OL]．[2024-10-06]．https：//www．gov．cn/zhengce/zhengceku/2021-01/01/content_5576046.htm.

② 陶慧，王华锋．产教融合视域下高职院校思政课实践教学体系的构建与实践［J］．职教论坛，2022（9）：48-54.

认同并跟随行动。① 校园广播、校报、公众号等多个宣传平台为校园文化宣传工作提供了重要有效的宣传载体，学校可根据职业教育发展需要与学生成长规律来安排有益宣传内容，引导学生树立对学习、对职业教育以及对职业本身的正确认识。为此，本科层次职业学校须加强与企业之间的对话与交流，基于学生的多元价值认知，深度挖掘职业教育内涵，帮助学生了解社会需要什么样的人才，自己想要成为什么样的人以及应该做些什么来实现自己的价值目标。本科层次职业学校须建立专门的组织宣传部门，明确宣传内容、宣传方式以及宣传实际。对于入学初期的学生，学校要向其普及职业教育相关政策，帮助学生了解职业教育发展动向，把握职业教育研究前沿，进而形成对职业教育的正确认知并建立良好的学习态度与学习习惯。同时，企业也可通过开展学校交流活动，与本科层次职业学校师生就岗位职责、工作需求等进行沟通交流，并大力宣传高素质劳动者、高水平技术技能人才的先进事迹和重要贡献，激发学生的学习动力并促进学生良好个性品质的塑造。

二、强化校企精神文化，驱动集团化办学纵深发展

职业教育集团化办学是以政府、行业企业、学校为主体，以资产或契约为联结纽带，以集团办学章程为行为准则，以优势互补、资源共享、服务社会为原则，多元化培养高质量技能人才的办学形式。② 社会交换理论认为联盟是一种"关系契约"，联盟伙伴之间的互动交流、信任合作对于联盟的顺利运作至关重要。③ 德国社会学家马克斯·韦伯认为，在任何一项事业的背后都存在着一种支撑这一事业发展的无形精神文化，这一精神文化在一定条件下决定着这项事业的成败④，寻求校企间的精神文化统一是形成和谐校企合作关系的核心要义，是驱动集团化办学纵深发展的重要引擎。在集团化办学过程中，本科层次职业学校与企业之间的合作往往止步于形式上的资源互换与共享，对校企双方的文化融合问题缺乏一定重视，致使学校文化与企业文化相脱节，在价值认同、行为表现、制度规范、实施路径上存在文化冲突与趋同的困境，

① 万兴亚，周晶. 文化视域下职业教育校企合作治理的路径选择［J］. 职业技术教育，2016（4）：52-55.

② 牛彦飞. 基于集团化办学的高技能人才培养体系架构［J］. 教育与职业，2020（9）：49-54.

③ Muthusamy S K, White M A. Learning and Knowledge Transfer in Strategic Alliances: A Social Exchange View［J］. Organization Studies，2005（3）：432.

④ 马克斯·韦伯. 经济与社会（上卷）［M］. 林荣远，译. 北京：商务印书馆，1997.

这不仅是制约校企深度合作的瓶颈问题, 而且是影响校企关系长期、可持续发展的主要因素。

从校企双方的价值诉求来看, 本科层次职业学校作为面向教育对象传授知识、塑造价值观、引领成长的场所, 旨在实现培养具备技术研发与技术应用能力职业人才的育人目标。而企业作为面向市场和价值规律, 运用各种生产要素, 向消费者提供所需商品或服务, 并且自主经营、自负盈亏的社会经济组织①, 旨在实现 "经济利益最大化" 的目标。校企利益价值诉求从本质上相背离, 致使校企文化的价值观念难以统一, 这在很大程度上阻碍了校企文化的融合。从校企双方的制度规范来看, 校园文化是以学生为主体构建的特定精神文化与文化环境。本科层次职业学校始终强调学生的主体地位, 以创造良好校园环境、提供完善学习条件等助力学生成长发展, 强调学生能力的全面发展与个性的充分发展。因而, 整体校园文化氛围较为宽松, 没有严格系统性的制度标准与要求。企业则与之相反, 员工是企业的重要组成部分, 切实为企业带来收益是员工的根本职责, 企业更强调员工与企业追求目标保持一致, 拥有团队精神与合作意识, 而不需要过多个性发展的空间, 其作为规范化营利组织制定了严格的规章制度与条例用于对员工岗位职责、职业道德、职业思想进行引导与规范, 双方在制度文化建设上难以契合。从校企文化的行为表现来看, 本科层次职业学校充分呈现了普通高校的传统行为特性, 即平静、包容、耐心, 注重专业理论知识学习的循序渐进与实践技能知识把握的日积月累, 此乃 "慢工出巧匠" 的 "慢性文化"; 相反, 企业文化秉承着 "时间就是金钱, 抓不住就是流水" 的发展理念, 正如 "天下熙熙, 皆为利来; 天下攘攘, 皆为利往", 其行为表现上呈现的必然是 "来去匆匆" 的 "匆忙文化"。② "慢性" 与 "匆忙" 文化间的矛盾冲突是校企文化融合的重大阻碍。从校企文化的融合过程来看, 学校对企业文化的解读与把握不够深入, 难以合理把握文化融合的程度。校企文化在融合过程中存在校园文化 "企业化" 抑或是校企文化 "嫁接化" 现象, 要么是企业文化的过度渗透, 致使校园文化主体特质的趋同与消解, 向着制度化、标准化、功利化方向转变; 要么是对校企文化进行盲目嫁接, 在尚未厘清校企文化内在关系的情况下盲目将企业文化输入校园, 导致校企文化融合关系难以平衡与协调, 扰乱校园内

① 韩香云. 冲突与融合: 文化视角下高职校企合作的逻辑路向 [J]. 职教论坛, 2015 (23): 39-41.

② 郭华生. 高职教育视野下校园文化与企业文化融合的哲学思考 [J]. 学校党建与思想教育, 2013 (23): 74-76.

在文化发展生态。

校企文化融合是一个需要校企双方共同努力、相互作用、彼此协调的长期发展过程，校企双方基于高水平技术技能人才培养等共同利益诉求开展合作与交流。在合作过程中，校企双方由于文化间的差异与冲突阻碍了校企双方合作的进一步深入。校企等多元主体须共同寻求主体间文化冲突所在以及解决冲突产生的举措，把握企业文化与校园文化融合发展的内在平衡点，加深参与主体间的文化包容与文化协同，以校企文化间的良好互动推动校企双方的深度联结，为职业教育集团化办学创造和谐有序的文化环境。

一是以实现社会效益与经济利益并举为发展向度，寻求校企文化认知共识。校企双方充分认识到校企文化融合在推动校企构建合作共赢、互利共生协同关系中的关键作用，是增强校企文化融合意愿的基本前提，参与主体只有树立正确合作意识才能有效突破多元文化冲突。然而在实际校企合作过程中，参与主体缺乏对多元文化整合的正确认知，往往会在忽略双方文化差异性的基础上进行沟通交流，致使校企合作始终浮于表面，出现参与主体合作意愿不强、合作层次不深等问题。校企双方须重视校企文化融合的重要性，了解双方利益诉求的同时寻求文化的共同点，本科层次职业学校本质上具有公益性，其旨在服务经济社会发展与区域产业需求实施人才培养活动。同时，本科层次职业学校也须受到企业资金、设备、人力等资源的支持与帮助，以便开展各类教学活动，需要承接各类科研课题、申请发明专利以提升学校办学质量、增强学校核心竞争力，具有一定的功利性。企业是一种营利性组织，致力于提升企业的经济效益。同时，企业也须意识到其理应承担的服务教育事业发展的社会责任。本科层次职业学校与企业须深刻认识双方文化内涵，达成价值认同共识，秉承社会效益与经济效益并举的合作理念以有效打破校企文化融合的障碍。

二是加强信任关系与契约文化的内在联结，完善校企合作契约机制。目前，我国职业教育校企合作主要是以校企之间的信任关系为支撑，以资产或契约为联结纽带的校企合作关系如职业教育集团化办学的形式也仍在探索发展之中。以校企文化融合为中介，打破校企主体内在沟通壁垒，有利于切实推进校企合作集团化、办学纵深化发展。校企合作作为介于公共服务和市场之间的制度安排，更需要确立契约意识，以职业型人才培养为基础、以助力产业发展为诱因、以社会需求为导向，建立参与主体间资源重新配置和参与要素重构的契约关系，并将该契约关系明确为实现合作愿景而设计的一套制度性安排，规定各参与主体的合作关系框架，从而通过权责利的分配来切实保障校企合作活动的顺利开展。① 校企合作契约机制的搭建需要以信任为基础，校企间达成的价值共识是实现信任的前提，也是开展契约关系的根本条件。通过探究各个参与主体的合作诉求，就其在合作关系中的权责分配、投入程度、利益回报等内容进行明确规定，增强多元主体共同合作意愿，确保校企合作契约关系的达成。

三是遵循优势互补、求同存异的交往原则，构建校企文化融合平衡生态。集团化办学过程由于涉及政府、企业、行业、学校等多元参与主体，主体间的冲突与矛盾难以避免，因而在正式合作之前加强主体间的文化交流与沟通，了解彼此的角色身份与功能定位，能够有效明确主体发展优势，提升校企合作效率。就企业而言，须着重将企业文化中的积极成分及可借鉴的文化因素等渗透到校园文化之中。例如，企业文化中倡导的员工所必须具备的职业道德、沟通交流能力以及团队合作精神等同时是本科层次职业学校学生未来从事职业所必需的职业素养，将不同的企业文化渗透到不同的育人环节有利于更好发挥校企文化融合的作用。本科层次职业学校可将团队建设模式纳入课堂教学过程，促使学生在知识技能学习中培养团队合作意识与能力；可将考核评价机制纳入学生创新创业课程中去，鼓励学生开展创新性工作、发展创新思维、获得创新性成果；可将企业管理制度引入学校的实习实训环节，帮助学生提前适应未来工作岗位的氛围。在校企等多元主体文化认同的基础上，应着力发挥各个主体的功能优势，构建由多元主体共同参与的组织形式，实现校园文化与企业文化的互融共生，营造开放协同的文化氛围，在凝聚校企共有文化的基础上发展适切本科层次职业教育发展的文化新生态。

三、凝聚地方环境文化，驱动校企地协同共生生态发展

文化生态是指人们为生存发展而适应、改造环境所创造的文化与环境之间、文化要素之间相互关系的生存状态，是某一特定文化形态与其所在区域内的人文和自然环境共同构成的一个整体。② 本科层次职业教育往往与区域经济文化关系密切，本科层次职业教育亦是与地方文化形态、区域产业形成互相关联、互融互通的统一整体。地方特色文化是丰富本科层次职业教育发展内涵、引领区域产业发展方向的关键作用主体，因而挖掘地方特色文化资源，联结高校、企业、政府组织等多元主体参与并形成合力，有利于打造产教融

① 南旭光. 职业教育校企合作文化协同及其推进策略研究 [J]. 教育评论，2017 (4)：45-49.
② 林明水，鄢沂，曾春水，等. 中央苏区红色旅游资源跨区域整合开发研究：文化生态学视角 [J]. 自然资源学报，2021 (7)：1734-1748.

合文化育人新范式，构建校企地协同共生生态。例如，国家首批本科层次职业教育试点院校成都艺术职业大学以巴蜀文化的传承创新为办学定位，联动校政行企多元主体，面向区域特色文化产业与城市化建设发展需求创新办学体制机制，打造服务地方的特色校园文化品牌，发挥人才培养与区域文化的耦合效应。这对本科层次职业教育创新产教融合文化育人的办学模式与实践路径颇具启示意义。

发挥地方特色文化优势是推动产教融合、强化校企地深度合作的重要力量，促进本科层次职业学校人才培养与区域文化传承创新是产教融合文化育人的运行机理。职业教育的重要属性之一是"地方性"，这决定了本科层次职业教育与区域经济、产业、文化发展密切相关。地方性于职业教育而言包含了地方经济社会发展的水平与阶段性对职业教育的基础性约束，地方产业结构与行业形态发展的特点对职业教育的专业性支持，以及不同地方的政治制度与历史传统对职业教育的文化性影响，职业教育与地方之间的相关性为职业教育发展提供了丰富的社会资源与客观基础①，也为职业教育产教融合发展提供了立足之处。反之，区域内职业教育的蓬勃发展也必然带动地方文化的传承与发扬，本科层次职业学校人才培养为区域内民众素质提升提供助力，产业经济的繁荣发展为文化传承创新创造了良好的条件。本科层次职业教育与地方文化间的融合发展既有利于促进地方经济、文化等繁荣兴盛，又丰富了职业教育本身的发展内涵。

本科层次职业教育要充分发挥地方特色文化优势，筑牢职业教育发展根基。本科层次职业教育理应汇聚高校、政府、行业、企业发展合力，在学校课程建设、实践活动、校园环境中融入地方特色文化，发挥地方文化优势，开办和发展以地方特色文化为核心、与区域文化产业密切关联的相关学科及专业，丰富学校教学内容内涵，助力打造特色校园文化品牌，铸造文化品牌强校。一是要推进本科层次职业学校课程改革，实现课程建设专业化与文化性并重。本科层次职业学校既要保障课程设置中专业知识和能力培养课程的规划设计与实施，又要注重地方文化在课程内容、教学过程中的渗透，通过积极对接区域行业、企业组织，将地方各类文化项目引入校园，开设地方文化相关课程，引导学生专门化学习地方性文化知识，了解地域文化传承发展历史以及文化发展状况，提升学生的文化素养与审美能力，并将文化项目与技术技能大赛等实践育人活动相结合，着力培育适应产业发展需求的高层次

① 谢维和. 把职业教育的事想清楚——兼谈职业教育的地方性［J］. 中国职业技术教育，2022（6）：5-10.

技术技能人才。二是要以本科层次职业学校为主导，搭建校企文化育人实践平台。以整合与开发地方特色文化资源为导向，激发学生的文化创新活力，引领学生促进文化资源向文化产品、文化产业转变，培育学生的文化传承创新能力。一方面，可以打造"地方文化＋学校"协同发展的实践育人模式。以非物质文化遗产为例，本科层次职业学校可通过聘请非遗传承人担任指导教师，带领学生进入非遗大师工作室，零距离学习传统工艺与文化，品鉴经典非遗作品，系统收集整理相关素材，将非物质文化遗产元素运用到自己的学习设计中①，促使学生在实践过程中感受文化、整合文化知识、推动文化知识的实际成果转化。另一方面，可联合地方企业、政府搭建以地域文化为主题的实践实训基地、创新创业平台等，组织开展各类文化展览、技艺表演活动，为增进学生对地方文化的兴趣与认同感创造条件，为培养地方文化传承者打下坚实物质基础。三是加强校园文化的地方特色，构建和谐的校园文化生态。校园文化是对本科层次职业学校办学理念、价值观念、行为规范等意识形态的塑造，以及对校园校风、学风、人际交流环境等人文氛围的铸就，要将具有厚重历史积淀的工业文化、赋有独特地域文化底蕴的环境文化、蕴含深厚理想信念的红色文化等区域文化与校园文化相融合，以校园文化环境为载体，在丰富校园制度文化、环境文化、物质文化内涵的基础上传承与创新优秀地方特色文化，为提升学生的综合素质营造良好校园文化生态。

本科层次职业教育要传承创新地方特色文化，强化职业教育社会服务职能。传承创新地方特色文化是本科层次职业教育的重要职能之一，学校理应肩负起传承地方文化、发展文化产业的使命任务。学校的文化传承功能可以体现在学校活动的各个方面，本科层次职业学校以校企地协同发展为依托，以团队建设、活动开展、科研发展为载体，实现本科层次职业学校对地方文化的融合与传播。一是组建文化传承创新团队，发挥教师示范引领作用。打造文化传承教师创新团队是实现地方文化传承与创新的必要条件，本科层次职业学校要打造由教师、企行业专家以及民间手艺人、技艺大师、非遗传承人等组成的文化传承创新团队，以地方文化传承与创新为主要任务，探讨本科层次职业学校发展地方文化的有效举措，促进教师树立文化传承创新理念，将优秀地方文化传承创新思想贯穿于教师教学实践的全过程，发挥教师在教学、科研活动中的示范引领作用，切实推动地方文化的传承与创新。二是挖掘地方文化资源，开展文化传承活动。深度挖掘地方文化资源是深化本科层

---

① 艾宏伟. 对高职构建区域文化资源"1＋1协同融合"育人体系的思考 [J]. 教育与职业，2021（3）：48-52.

次职业学校文化传承创新的必由之路，物质、非物质等文化资源是地方文化传承与推广的重要载体，实现文化传承首先需要深度把握优秀的地方文化资源，重视各项文化资源的开发与利用，拓展文化推广的多样化渠道，以实践活动为载体实现地方文化的有效传承，如举办各类文化传承与创新研讨会等，汇聚文化产业协会、校企专家学者、文化传承人等多方智慧，集思广益探究实现地方文化保护与传承的有效路径。邀请国家级非遗代表性传承人开展技艺展示活动、学术讲座活动等，促进学生形成对地方文化的理解与认同。与地方文化艺术馆、博物馆等文化事业单位合作打造文创产品等，为传播地方文化的精神内涵与文化意蕴提供有效载体。举办地方文化相关的创新传承技能竞赛，以地方文化元素为依托，结合专业实际，组织各个专业学生参与文化知识竞赛、文化创意设计大赛、书法大赛、舞蹈编创大赛等技能大赛[1]，引导学生在竞赛中感受文化，在活动中创新文化。三是加深地方文化研究，积极申报地方文化传承创新相关课题项目。文化研究的开展与保护、传承文化密切相关，学校可依据自身发展条件联合校企地合办地方文化研究平台，重视强化教师的科研意识，鼓励、支持教师申报与承担以地方文化传承创新为主题的国家级、省部级科研项目，通过课题研究开启有关地方文化传承创新的问题分析、理论研究、逻辑建构等，将本科层次职业教育教学与地方文化传承创新相结合，探讨多样性、创新性、独特性地方文化传承方法。这些对于保护、传承、弘扬地方优秀文化，打造本科层次职业教育特色文化品牌，意义重大。

第三节　打造具有竞争力的本科层次职业教育产教融合长效机制

20 世纪 70 年代，美国学者约翰·弗里曼和迈克尔·汉南最早提出了组织生态理论，旨在探讨组织类型与环境依附之间的关系[2]，强调组织的设立、成长和消亡都是在复合生态系统中实现。该理论框架对新组织的创建、目标定

---

① 李应芝. 职业教育与地方文化融合研究——以教育传承铜仁傩戏为例 [J]. 现代职业教育，2019 (11)：104-105.

② Freeman J, Hannan M T. Organizational Ecology [M]. Harvard：Harvard University Press，1989.

位、变革演化具有较强的解释力。^① 基于组织生态理论框架从组织种群、组织
生态位、组织生态圈三个维度来探讨本科层次职业教育的成长规律，促进本
科层次职业教育与产业环境相耦合的，更具适应性、动态性与竞争性的组织
生态形成，有助于营造可持续发展的职业教育生态环境，完善校企资源共建
共享生态格局，打造高效产教融合生态系统，推动本科层次职业教育产教融
合长效机制的建立与健全。

一、强化组织种群的适应力，重构高等职业教育生态环境

约翰·弗里曼等认为，组织种群是那些依赖相同的物质和社会环境、依
赖共同资源的组织的集合，组织能否适应、生存主要取决于环境对组织形式
的选择。^② 着力探究组织种群与环境之间的互动规律有助于深刻把握组织发展
变化、优化组织发展生态。组织种群的发展内涵与美国战略管理大师迈克尔
·波特提出的以环境适应范式为中心的战略管理理论相吻合。在高等职业教
育生态系统中，本科层次职业教育组织种群生存与发展的关键在于掌握适应
复杂内外部环境的能力以及根据环境变化及时做出战略决策与调整的能力。^③
而产业环境是影响本科层次职业教育组织种群改变与优化发展策略的基本因
素，及时依据产业发展变化调整本科层次职业教育组织形式、管理模式与师
资结构，有利于打造适切本科层次职业教育最优发展生态。本科层次职业教
育须以专业群组织形式变革对接产业集群化发展趋势，以信息化管理模式优
化对接新兴产业发展态势，以师资队伍结构调整对接产业转型需求，从而增
强本科层次职业教育的环境适应性。

随着产业集群化逐渐成为区域发展与产业布局的重要趋势，生产服务社
会化需求日益迫切，单一的专业设置已然难以满足产业转型升级的现实需要。
遵循产业集群逻辑调整与完善本科层次职业教育专业结构、创生专业设置模
式，能够有效实现产业与本科层次职业教育之间的良性循环发展。聚集资源
共享、结构相近、优势互补的相关专业，搭建以区域产业需求为导向、以特
色专业为依托、以动态调整为原则的高水平专业群，是本科层次职业教育积

① 易烨，丁明军. 组织生态学视角下本科层次职业教育发展的风险因素与消弭之策 [J]. 职教论
坛，2021（10）：27-32.

② Freeman J，Carrol G R，Hannan M T，et al. The liability of newness：Age dependence in
organizational death rates [J]. American Sociological Review，1983（5）：692-710.

③ 李梦卿，邢晓. 区块链视角下高等职业教育产教融合创新模式研究 [J]. 教育发展研究，2020
（17）：59-65.

极面向产业发展环境变化，及时更新专业建设发展思路，有力增强组织种群环境适应能力的重要决策。专业集群与产业集群具有高度耦合性，廓清产业群与专业群建设之间的共生发展思路，有利于为专业群建设提供组群逻辑引领。商业管理界公认的"竞争战略之父"迈克尔·波特提出了"产业集群"概念，他认为产业集群是由与某一产业领域相关的相互之间具有密切联系的企业及其他相应机构组成的。各企业或机构之间存在垂直（买方、供应商）或水平（共同的客户、技术、渠道）关系。① 本科层次职业教育专业群建设可参照产业集群逻辑，以区域重点发展产业为前提，把握区域经济重点发展方向，以院校优势专业为核心，以当地优质资源为依托，整合群内相关专业主体，并引入可用资本、技术、信息等生产要素，调整专业群内各类专业结构，实现群内各专业的深度融合和可持续化发展，促进专业群的结构优化与升级。构建立体式专业集群网络，完善多元化产业服务体系，专业群可以被看作一个多元交互系统，其不仅包含产业结构相同的各类专业，还包括与专业相匹配的教师团队、教学课程、信息技术、实践基地等丰富的人力物力资源，这决定了专业群建设的主体不只是本科层次职业学校，还包括了政府、企业、行业协会等多元组织。实现相通专业群内产业结构的目标，需要多元组织之间形成一个密切联系的网络，探求服务区域经济发展需求的适切专业结构，打通群内专业组织建设脉络，为完善产业服务体系、优化专业群结构注入发展动力。实现产业融合有利于打破单一化的产品生产模式，就专业群建设而言同理。不同层次、不同类别、不同领域的各个专业在同一个专业群内实现渗透、互通与融合，能够创造出新的专业形态与发展模式，从而加强群内专业结构的纵向和横向联系，优化专业群结构布局。

　　随着产业转型与升级战略的不断实施与推进，培养技术技能复合型人才以服务于企业技术研发和产品升级的需求日益迫切。教师作为教育教学工作的主要承担者理应主动适应新技术革新与产业变革的发展趋势，深化教师角色内涵，促进教师在技术技能传授上由理论走向实践，由经验型走向创新型，由"单打独斗"走向团队协作。美国学者乔伊斯等提出，教师专业发展的根本目的是促进和保障学生的成功和发展，若要发挥教师专业发展对学生产生的积极作用，专业共同体成员必须集合在一起学习，把所学的知识付诸实践并且共同分享。② 本科层次职业教育须基于专业共同体构建专业化、协作化、

---

　　① ［美］迈克尔·波特. 国家竞争优势 [M]. 李明轩，邱如美，译. 北京：华夏出版社，2002.
　　② ［美］乔伊斯，肖沃斯. 教师发展——学生成功的基石 [M]. 唐悦，周俏纳，译. 北京：中国轻工业出版社，2005.

结构化教师教学创新团队，致力于加强团队教师素质与能力建设，为提升教师信息技术应用能力与实践创新能力提供技术动力与智慧支持。一是要搭建多元师资培训平台，有效促进教师专业发展。校企共建职教师资培养培训基地与企业实践基地等能够为职教师资提供有针对性、适切性的培训内容，须打造多元培训平台，对职教教师培训工作进行设计与统筹。切实推进以国培计划、思政课教师、专业教师专业能力提升项目为主的线上线下培训，紧扣职业教育发展前沿性内容安排培训任务，促进教师提升实际操作技能与综合应用能力，满足教师职业能力提升的迫切需要。二是要优化教师岗位招聘计划，拓宽教师来源渠道。要为高层次、高技能人才兼职从教打造绿色通道，建立健全本科层次职业学校兼职教师聘用管理制度，完善教师教学能力培训制度，构建科学合理的分级考核评价制度，吸纳与引进行业企业专家参与专业建设与教学，为校内教师与校外企业教师双主体育人模式切实实施提供师资供给，形成"固定岗＋流动岗"、双师素质与双师结构兼顾的高素质教学团队。三是要加强教师团队建设，提升教师团队发展活力。为避免新入职教师游离在原有教师团队之外，不能形成成熟的教学理念与教学设计，学校要合理统筹教师的教学任务、科研工作与职业培训时间，鼓励教师合作申报各类国家级、省部级科研项目，加强教师的项目参与性与团队荣誉感，支持教师充分发挥自身优势开展课堂革命，实现专兼职教师协同创新实践混合式教学模式，激发本科层次职业教育教师队伍建设活力，全方位提升人才培养质量。

随着大数据、云计算、物联网、人工智能等新兴技术、新兴产业的蓬勃发展，职业教育必将朝着信息化、智能化、数字化方向转变，利用信息技术的动态性、共享性、高效性和便捷性，促使信息技术渗透于本科层次职业学校管理工作的全过程，发挥新技术手段在教育教学管理以及学生管理、教师管理、校园管理等中的耦合效能，优化与变革管理方式，提升治理水平。本科层次职业学校须以信息化建设为支撑，发挥大数据管理的核心作用，在厘清高校管理结构要素的基础上，创新教育服务模式，实现一站式管理服务平台是推进职业教育现代化发展的应有之义，切实推进虚拟校园与现实校园环境的深度交互与融合，最大化地实现数据的整合与利用。从教育服务的多重要素出发，探寻信息化管理的逻辑诉求与价值遵循。就管理对象而言，本科层次职业学校强调师生在校园管理服务中的主体地位，通过打造高水平信息服务平台，为师生提供高效便捷的管理服务。就管理方式而言，本科层次职业学校以互联网、大数据、云计算、物联网、人工智能等高新技术的应用为基础，不断加快推进基础设施建设与数字化服务平台建设，极力促进智能化、科学化、规范化的管理服务手段变革，打造"线上＋线下"的多元管理服务模式。就管理内容而言，本科层次职业学校须秉承"数据治校"的治理理念，通过对数据的广泛应用与开发，逐步拓宽与延伸管理服务内容的领域。并不断加深与推进服务管理的精细化程度，促进综合型、全方位服务水平的提升，提高师生管理服务的效率与覆盖率，数字化校园建设旨在打破数据壁垒，简化工作流程，以综合统一管理的方式，为广大师生提供便捷、高效的一站式信息化服务，提升师生的满意度与幸福感。就管理范围而言，由于高校管理是一项复杂的系统工程，为确保高校信息化系统的合理运作，本科层次职业学校须全面统筹部门信息资源，明确高校管理类别，各组织也须依托自身特点开发管理系统，确保管理的科学性、规范性、全面性。就管理效能而言，保障本科层次职业学校学生、教学、课堂、专业、教师等全方位管理的切实有效性至关重要。本科层次职业学校须以动态化的质量信息为依据，构建明确的质量监管体系，促进管理的规范性，提升校园的"智治力"。

因此，遵循产教融合的运行逻辑与组织样态，不仅有利于组织种群在师资队伍、管理制度、专业建设等方面增强面对复杂产业生态环境的适应性，更有利于优化本科层次职业教育发展生态。

二、强化组织生态位的开放力，重构校企资源共享生态格局

根据生态位的概念，在高等职业教育生态系统内，本科层次职业教育、专科层次职业教育等组织生态位亟待调整与演变。基于高斯的"竞争排斥原则"，当系统内部资源不足时，易致使本科、专科层次职业教育组织生态位发生重叠，组群间就同一资源的共享与竞争不利于组群与环境资源间的良性和谐发展。本科层次职业教育作为高等职业教育生态系统中的新生组织，理应遵循组织生态位的动态演进规律，构建开放共享的多维资源空间，并在与其他组织相互依存、相互作用过程中依据自身功能定位进行生态位调节与变更。

基于此，发挥本科层次职业学校与企业的协同效应，铸造校企资源共享生态环境是理顺本科层次职业教育生态位，促使高等职业教育系统内各组织种群均衡共存并协同发展的前提。然而，当前我国校企组织之间存在资源共享理念不一致、共享范围有限、管理制度不完善的状况。在资源共享理念上，由于供需主体校企双方利益诉求存在差异，学校旨在利用企业的技术人员、设备设施、生产模式与经验等资源提高学生的实践应用能力，而企业作为营利性经济组织意在从职业院校获取契合生产需要、即时适应岗位的专业技能

人才，本科层次职业学校人才培养的长期性与企业追求短期内利益最大化的功利性相矛盾，致使企业参与资源共享的意愿相对较低。在资源共享内容上，由于校企双方的共享机制及平台尚未完全建立，共享资源范围仅局限于部分人力资源、硬件设备资源①，而关乎资源管理规范的制度资源以及信息、数字等资源的共享亦难以落实到位，校企双方就共享资源权责分配不明，合作共建共享资源工作难以常态化。在资源共享管理上，由于校企双方缺乏统一有效的管理体制机制，推进资源共享主要基于合作双方的信任，因而在实际共享工作执行中较为松散而不成体系，校企双方也难以及时把握对方的资源供给信息情况。深化产教融合、加快校企共享机制的构建是维护高等职业教育系统生态平衡、避免组织生态位重叠的有效手段，其关键在于打造校企利益共同体，形成制度共建、师资共享、设备共用的校企资源共建共享生态格局。

校企合作的内在本质即是在双方利益博弈的基础上满足二者的共同利益并寻求利益间的动态平衡，基于人才培养这一利益共同点，廓清校企双方的责任分配问题，促进双方在认知上达成利益最大化的合作共识，使得校企成为利益深度沟通与供需协调一致的利益共同体。一是寻求校企合作的利益共同点，增强校企双方资源共享意愿。校企双方在人才培养这一诉求上达成共识。企业侧重于对人才培养提出需求并使用，企业市场竞争力的提升需要高素质技术技能人才的供给，本科层次职业学校侧重的则是人才的培养与输出。依据产业需求、企业用人需求明确人才培养方案，校企在人才培养工作上具有一定的衔接性与内在联结性，因而须增强企业在人才培养过程中的话语权，给予参与校企合作育人、提供人才、资金、设备等资源的企业一定的政策支持，激发企业参与校企育人、资源共享的积极性。二是健全利益保障机制，促进校企合作育人有序开展。促进校企资源共建共享须在明确校企利益共同点的基础上保障双方的正当权益，政府须建立健全利益保障机制，完善校企合作相关政策法规，设立校企合作专项资金，为校企合作稳定和谐开展提供有效支持。本科层次职业学校要建立校企合作指导委员会，定期召开专题会议，实现资源规划与统筹整合，制定符合校企合作需要的专项制度，从学校层面进一步完善企业合法权益保障制度，企业要参与合作院校人才培养方案修订、专业课程开发、师资队伍建设、管理制度制定等②，明确自身在资源共

① 张向超，丰云. 基于"利益均衡"的实践教学资源校企共享机制构建［J］. 中国职业技术教育，2017（2）：53-57.

② 孔德忠，陈志祥. 高职院校校企协同育人机制的研究与实践［J］. 成人教育，2017（3）：70-72.

建共享中的责任分配与权益分配。

创新校企互兼互聘共用的师资队伍建设模式能促使教师掌握更多符合市场需求的生产技术与管理能力，提升教师的"双师"素质，也有利于为企业的科技创新与技术开发提供有力的人才支持。本科层次职业教育作为推进人才培养体系重构的重要组成部分，其发展理念与运行模式须充分考虑"双师型"教师队伍构建的开放性。"开放组织运行模式强调组织要保持与自身周边的以及渗透于其中的各种要素相互制约、相互关联的互惠关系"①，本科层次职业学校须采用多样化的人才选培方式，以校企合作为工作平台，发挥企业与学校在师资培育中的主体作用以及多元组织之间的场域作用，多渠道拓宽"双师型"教师队伍的师资来源，推进多元主体联合培养师资，实现内外资源合理统筹与调配。"双师型"教师队伍的组织内涵与德国"双元制"大学的教师聘任理念高度吻合，均重视教师准入机制的建设，招聘教师类型不限于全职教师，也聘请校外兼职讲师、企业以及社会机构的专家。其建立教师与企业高技能人才"双兼双聘"机制，推进企业与教师人才间的双向流动，推进校企共育既有利于提升校企主体的综合育人效益，又进一步为加强教师能力建设提供了有效方案。本科层次职业学校在教师队伍建设上要充分呈现"双元"特性，主张理论与实践并重的培育理念，致力于打造出集"理论与实践、知识与技能"于一体的专业教师团队，注重优化教师结构，以其"固定岗＋流动岗"的师资配置模式，破除校企之间的合作壁垒，在人才培养框架中构建牢固全面的专业知识链、实践能力链、产业技能链，深入落实"双师型"教师队伍能力建设，不断提升教师自身综合素养，为建成高水平师资培养高地，打造可持续化人才培养生态提供了重要保障。企业也可从本科层次职业学校聘请高水平教师为企业科技创新及技术研发工作提供指导，共享本科层次职业学校领域内研究方向、研究进程，为企业解决技术难题提供有力人才支撑，推动企业进行创新发展，促成科技成果转化落地。

实践教学资源是本科层次职业学校开展教学活动的基础，实现实践教学资源共建共享更是校企合作育人的关键任务。实践教学资源范围广泛，从本质上看，实践教学资源可分为五类。一是与实践教学直接相关的教学场地、仪器、多媒体设备、工具等硬件资源；二是支撑实践教学具体教学行为，由案例库、图片库、课件库、习题库等实践教学成果等组成的信息资源；三是规范实践教学以及基地建设的教学、建设、管理与服务进程，保证校企深度

---

① Scott W R. Organizations：Rational，natural，and opensystems ［M］. Uppers Saddle River：Prentice Hall，1987.

融合的制度资源;四是在实践教学过程中承担具体实践教学指导任务或教学辅助任务的人力资源;五是在实践教学过程中代表高校与企业价值取向和精神追求的文化资源。① 目前,学校硬件设备资源共享仅局限于教学设备、教学场地等硬件设备等,共享内容具有局限性,且总体侧重于企业硬件资源在校内的共享,资源间的互补优势难以发挥。本科层次职业学校须联合企业拓展实践教学资源共享范围,共享企业实际生产案例、市场需求信息、岗位经验等信息化资源,共建校企协同实践化育人规范等制度资源,尤其强调重视邀请企业参与数字化实践教学资源的开发,共同打造优质数字化教学资源平台。以先进高端教学设备、海量教学资源为工具,打破教学在时间、空间上的局限,满足学生多样化的教学需求。校企资源共建共享同时也强调校内教学资源对企业的开放,本科层次职业学校可将其所拥有的硬件资源、人力资源以及文化资源等与企业共享,实现校企双方资源间的互通有无、优势互补。

互利共赢是校企资源共享的先决条件,本科层次职业学校亟须以政策制度保障,以利益诉求为依托,建立健全相应机制,以此明确资源共享领域、共享形式、共享标准等,实现校企资源共建共享的良好生态格局。

三、强化组织生态圈的协同力,重构产教融合创新生态系统

20世纪90年代,美国经济学家詹姆斯·弗·穆尔将生态学理念引入社会科学领域,在已有组织生态理论的基础上提出了"商业生态系统"概念,即由合作伙伴、供应商、客户、政府等多元利益相关主体共同创建的动态耦合网络。② 生态系统是特定领域内的有机生命体在与环境相互协同、相互作用过程中形成的统一整体;生态圈则是对组织内所有生态系统的统合,是更大范围意义上的生态系统。在职业教育生态环境下,本科层次职业教育生态系统内各个组群与个体相互协调、有机结合,以维持系统内各个因子间的动态平衡。在与系统外部环境交互耦合的过程中,不断进行物质交换、能量流动以及信息传递,通过发挥组织生态圈的协同效应,实现教育系统与内外部创新环境系统之间的紧密衔接,塑造出更具竞争力、影响力的创新生态系统。罗

---

① 刘娟,丰云. 校企协同建设实践教学资源的共享策略研究 [J]. 中国职业技术教育,2020 (8):76-80.

② Moore J F. Predators and prey: A new ecology of competition [J]. Harvard Business Review, 1993 (3):75-86.

伊特·雷德斯多夫和亨利·埃兹科维兹的三螺旋理论（triple helix theory）提到，在知识经济时代，基于推进经济社会发展的共同需求，创新战略的三大实施主体（大学、产业、政府）逐渐建立跨越边界的三重螺旋关系，它们彼此之间独立自治，但又紧密联结、相互协同。① 本科层次职业学校、产业、政府是组织生态圈内构建创新生态系统的利益共同体，政府能够利用政策制定、宏观调控职能为创新生态系统构建创造适切环境，驱动本科层次职业学校、企业等利益相关主体合作开展创新型项目活动；学校能够协同企业培育创新型技术技能人才，满足产业转型发展对创新人才的迫切需求；企业作为产业发展的核心主体，能够为学校创新发展提供资金、技术、设备等支持。本科层次职业学校、产业和政府之间通过组织边界的开放、组织结构的重组、组织资源的集聚实现创新的协同，是一种典型的协同创新模式。② 发挥三大主体的内在耦合与交互作用，有利于构建协同创新的产教融合生态系统，助力教育链、人才链、产业链和创新链有机融合。

构建创新生态系统是本科层次职业教育建设发展的基本遵循。作为创新生态系统的核心主体，本科层次职业学校须以人才培养、社会服务为主要着力点。一方面，要加强高层次技术技能人才培养。2020 年，中共中央发布的《国民经济和社会发展第十四个五年规划和二〇三五年远景目标的建议》强调，要"坚持创新驱动发展，全面塑造发展新优势"。③ 面对我国科教兴国战略、人才强国战略、创新驱动发展战略的时代背景，以及加快推进职业教育现代化发展的时代要求，本科层次职业教育应积极主动肩负起高层次技术技能人才培养的重任，把握住高层次技术技能人才培养的关键机遇期，培养更多具备创新能力的优质人才，就是为开拓市场新技术、新业态、新模式、新产业提供人力资源，为抢占科技制高点提供技术基础。本科层次职业学校要聚焦产业发展对人才培养的新需求，根植以创新为核心的人才培养理念，开创富有吸引力、信息化、实践性的创新创业课程，强化技术技能人才的创新意识与创新能力建设，加快创新创业实践项目推进，为技术技能人才提供丰富的创新创业教育教学资源库、创新创业实践培训平台以及鼓励其创业创新的激励机制，促进劳动者"形成自身最佳的能力场或能力结构以达到'能力

① Leydesdorff L，Etzkowitz H D. Emergence of a triple helix of university-industry-government relations [J]. Science and Public Policy，1996（5）：279-286.

② 陈友力，郭天平. 职业院校技能大赛创新机制及其实现路径——基于"三螺旋"理论的视角 [J]. 职业技术教育，2018（28）：17-21.

③ 中共中央关于制定国民经济和社会发展第十四个五年规划和二〇三五年远景目标的建议 [EB/OL]. ［2024-10-05］. https：//www. gov. cn/zhengce/2020-11/03/content_5556991. htm.

优化组合'"。① 另一方面，要加快本科层次职业学校技术研发与创新的步伐，促进科技成果转化。随着智能化、信息化时代的到来，大数据、物联网、人工智能、云计算、区块链等先进技术的高速发展逐渐颠覆了传统职业的发展模式，技术创新无疑成为智能时代世界经济增长的最大动力。② 依托高校人才资源与学科优势，联合企业、政府共同建立健全产学研一体化创新机制是服务经济社会发展需求的必然抉择。本科层次职业学校要推进校企协同创新，面向企业生产具体问题，参与企业生产与技术标准、行业发展标准的研发与规范制定，聚焦应用型科研领域，建设校企协同应用技术创新中心，开展校企联合科学研究与技术研发，打造科研成果转化与推广通道，为企业高质量发展提供有效助力。

企业是产业发展的载体，其协同创新能力是关系到产业成长壮大的重要因素。企业理应推进创新发展战略，充分利用政策与高校开展创新项目合作，重视产学研协同创新发展，成为协调产教融合创新生态系统的内在动力，在创新的资金投入、资源开发、平台创设中发挥重要主体作用。企业要以产学研合作为支撑，提升企业核心驱动力。产学研的目的之一就是使科技成果成功转化为实际生产效益，企业作为产学研合作中的资源供给方和技术需求方应坚持自身的主体地位。企业发展中遇见的生产技术难题和技术攻关困境可以通过捏合企业、学校和研究机构的目的需求，在充分发挥企业资金优势和学校学术资源的同时，激发科研机构的技术创新能力，以多方位优势互补的方式，促进企业、教育、科技的紧密结合，共同进行技术攻关和科技成果转化，积极构筑责任共担、利益共享、优势互补的产学研协同创新生态圈。③ 在组织生态圈内，企业理应积极参与科研创新平台、高层次人才发展中心、校企联合导师团队建设等，以项目合作、技术揭榜、人才双聘④等方式在产学研协同创新模式中发挥作用，并将及时捕捉到的市场需求变化信息以及与科技生产相关的动态信息资源反馈给学校，为本科层次职业学校创新发展提供启发和参考，激发创新主体的发展新动能。此外，企业作为推进科研创新成果

① 李梦卿，邢晓."双高计划"高职院校建设的时代要求、现实基础与提升路径 ［J］. 教育科学，2020（2）：82-89.

② 韦妙，张启迪. 智能时代的技术技能型人才培养：应然定位、实然困境与必然选择——基于人力资本理论的视角 ［J］. 职业技术教育，2021（13）：13-14.

③ 肖兴政，肖凯，文洋. 职业院校产学研协同创新模式及对策研究 ［J］. 四川理工学院学报（社会科学版），2019（6）：52-73.

④ 吕英，黎光明，郑茜. 产学研融合视域下创新型人才培养模式与优化路径——基于双案例的对比研究 ［J］. 科技管理研究，2022（20）：113-120.

转换、推广与应用的主导者，必须将产学研协同创新主体开发的技术成果予以转化，形成新技术、新工艺甚至新产业，转化为企业在市场竞争中的核心竞争优势，以政策支持、技术创新为发展引擎，开拓企业发展新局面。

政府在创新生态系统构建中起着重要的支撑作用，作为顶层设计与统筹规划的责任主体，政府要通过建立驱动创新发展的战略规划，构建保障校企深化创新建设的政策体系，完善科技创新激励机制，规范创新生态建设标准，为促进创新生态系统环境的可持续发展创造有利条件。首先，政府部门须明确创新主体价值主张，激发主体协同创新热情。政府可通过制定相应政策制度，明确本科层次职业学校、企业组织在创新生态系统中的角色定位与责任担当，指明创新主体的目标导向与行为方式，以校企组织协同创新的共同价值诉求为基础，细化促进创新发展的约束机制与激励机制。一方面，要将产业部门参与职业教育的社会责任作为规范化制度予以落实，企业须认识到职业教育属于准公共产品性质，具有较强的社会外部性，产业部门为职业教育提供支持是其理应承担的责任使命。[①] 同时，产业作为创新发展战略的三大责任主体之一，必须参与到协同创新模式中来。另一方面，政府要为促进企业参与积极性而完善激励性制度，通过减少税收和提供金融、信用、土地等支持性优惠吸引企业在产教融合创新生态系统中发挥主体作用。其次，政府要扩大本科层次职业学校以及企业自主权，鼓励创新主体打造开放化、多样化协同创新机制。本科层次职业学校需要拥有更大自主权利才能增强协同创新能力与成效，通过借鉴典型国家职业教育学校创新发展的实践形态，如德国已建立较为成熟的大学科技园模式，其以孵化企业为目的，以高水平大学为依托，构建服务于科研、教学、经济的一体化创新发展格局。结合国内产业发展生态，以国外优秀实践模式为参照，积极探索适切的产教融合创新发展模式，才能满足经济社会发展的多样化诉求。此外，高校需要拥有更大自主权利创新治理结构与发展机制，确保在遵循职业教育发展规律的基础上处理好其与多元利益主体的关系，充分整合与利用优质资源，最大化发展创新主体优势，优化产教融合创新生态系统运行环境。

只有充分发挥组织生态圈的协同创新效应，实现政府、学校、产业多元主体间的互利共生、深度合作以及资源整合，才能更好搭建健康且高效运行的本科层次职业教育产教融合创新生态系统。

本科层次职业教育是我国职业教育创新发展的重要主题，深化产教融合

---

① 李玉萍. 协同创新视角下高职院校与地方产业互融研究 [J]. 教育发展研究，2013 (13)：20-24.

是推进我国职业教育改革、强化职业教育类型特色的关键举措，深刻探讨本科层次职业教育产教融合的发展内涵与建设逻辑是推进职业教育高质量发展的应然之举。本科层次职业教育产教融合发展内嵌于社会生态、文化生态、组织生态等一系列生态系统之中，因此，本章旨在从生态学视角出发探寻其运行的多维诉求与实践趋向。第一，基于布朗芬布伦纳的社会生态系统理论，从微观、中观、宏观层面探究社会环境在激发本科层次职业教育产教融合活力中发挥的重要作用，即人才培养目标的高标准、复杂性、多元化特征催生了本科层次职业教育办学形态与办学模式的变化；产业转型升级的发展诉求要求本科层次职业教育提高专业设置、课程建设与产业环境之间的适切性；良好政策环境的构建为本科层次职业教育产教融合提供了保障。第二，基于文化生态学视角从行为文化、精神文化、环境文化三方面分析本科层次职业教育产教融合建设与文化环境的内在关联性，以此构建多元主体协同共生的文化生态，丰富了本科层次职业教育产教融合的建设内涵。第三，基于组织生态理论探讨组织种群、组织生态位、组织生态圈等组织类型与环境之间的作用机理，构建校企政等利益主体和谐共生、资源共享、责任共担的组织生态，创建更具适应性、动态性和竞争性的优质产教融合环境，构建本科层次职业教育产教融合的长效机制。从生态学的不同维度分析本科层次职业教育产教融合的建设思路与应然路径，对解决产教融合、校企合作运行的现存难题，实现本科层次职业教育产教融合长效发展具有重要意义。

第四章

渐进与常态：本科层次职业教育 科教融汇的"变"与"通"

二十大报告提出，教育、科技、人才是全面建设社会主义现代化国家的基础性、战略性支撑，要推进职普融通、产教融合、科教融汇，优化职业教育类型定位。① 2022 年 12 月，中共中央办公厅、国务院办公厅印发的《关于深化现代职业教育体系建设改革的意见》指出，深化职业教育体系改革要以科教融汇为新方向，培养更多高素质技术技能人才。② 科教融汇已成为我国优化职业教育类型定位、推动职业教育高质量发展的重要抓手。2021 年 1 月，教育部印发的《本科层次职业学校设置标准（试行）》（教发〔2021〕1 号，以下简称《标准》）要求：本科层次职业学校近五年累计立项厅级及以上科研项目 20 项以上，并对生均科研用房面积与科研仪器设备值做出详细规定。本科层次职业教育作为职业教育的领头羊，应立足类型定位推进科教融汇，培养满足社会需求的高层次技术技能人才。

第一节　本科层次职业教育科教融汇的求变现实

本科层次职业教育科教融汇是经济社会发展的现实诉求，从高层次技术技能人才培养、职业教育国际化发展、产业转型升级、完善科技创新生态链

---

① 习近平：高举中国特色社会主义伟大旗帜 为全面建设社会主义现代化国家而团结奋斗——在中国共产党第二十次全国代表大会上的报告［EB/OL］.［2024-10-06］. https://www.gov.cn/xinwen/2022-10/25/content_5721685.htm.

② 中共中央办公厅 国务院办公厅印发《关于深化现代职业教育体系建设改革的意见》［EB/OL］.［2024-10-06］. https://www.gov.cn/gongbao/content/2023/content_5736711.htm.

等现实维度厘清科教融汇的内在逻辑, 有利于本科层次职业学校深刻把握科教融汇的内涵与要义, 更加清晰地认识到推进科教融汇的历史使命, 有助于其愈加积极地探索科教融汇的实践进路。

一、高层次技术技能人才培养的现实诉求

2021 年, 教育部出台的《本科层次职业教育专业设置管理办法 (试行)》(以下简称《管理办法》) 明确指出: 本科层次职业教育专业设置应体现职业教育类型特点, 坚持高层次技术技能人才培养定位, 进行系统设计, 促进中等职业教育、专科层次职业教育、本科层次职业教育纵向贯通、有机衔接, 促进普职融通。①

相对于高职专科, 本科层次职业教育在人才培养目标与模式上具有 "高层次" 的显著特征。高层次技术技能人才是指具备精湛专业知识、高超实践操作能力以及创新意识的综合性人才。一方面, 要契合高层次产业发展大势, 聚焦产业高端前沿, 紧跟新兴产业数智化浪潮, 为实现产业基础高级化、产业链现代化输送适配人才。另一方面, 需直面高层次岗位的严苛挑战, 当下岗位技术融合度、复杂度持续攀升, 人才培养模式务必与时俱进, 培养出兼具跨界复合、高复杂性、强综合性素养的人才, 以过硬的培养水准对接高标准岗位需求。此外, 还须呼应高层次技术技能训练诉求, 着重塑造学生跨职业、跨产业、跨岗位、跨能力的多元复合发展能力, 强化理论与实践深度融合的实操本领, 借由完备知识架构孕育更为精湛、全面的技术技能。

科教融汇是统筹教育、科技与人才, 协同推进三者高质量发展的重要形式, 也是实施科教兴国战略、人才强国战略、创新驱动发展战略的重要内容。科教融汇中的 "科" 指的是科学技术, 可以分解为科学与技术两部分。科学的定义是以范畴、定理、规律、定律等形式客观反映现实世界中各种现象的本质的知识体系, 是基于可检验性对客观事物的形式、组织等进行预测的有序知识系统, 其特征是已经被系统化和公式化。② 人类为了满足自身的需求和愿望, 利用科学知识, 在长期改造自然的过程中积累经验和技巧, 这些都属于技术范畴, 其呈现出的是一切活动的方式和手段, 本质上是人类主观掌握的制造和操作的规律与技艺的总和。二十届三中全会通过的《中共中央关于进一步全面深化改革 推进中国式现代化的决定》指出, 要推动技术革命性突

---

① 教育部办公厅关于印发《本科层次职业教育专业设置管理办法 (试行)》的通知 [EB/OL]. [2024-10-06]. https://www.gov.cn/zhengce/zhengceku/2021-01/29/content_5583672.htm.

② 罗本琦. 科学技术生产功能再思考 [J]. 现代哲学, 1999 (2): 58-61.

破，全链条推进技术攻关、成果应用，加强关键共性技术、前沿引领技术、现代工程技术、颠覆性技术创新。① 技术创新原则上遵从使产品、生产力、服务更优的要求，历史上的每一次技术创新与革命都推动了生产力的爆发与生产关系的变革，蒸汽机的发明与冶金技术的进步推动了第一次工业革命；内燃机的发明和电力的广泛应用加速了工业化进程，引发第二次工业革命，各国经济得到蓬勃发展；电子计算机技术、通信技术等信息技术驱动下的互联网浪潮迅速席卷全球，带领人类进入第三次工业革命的新纪元。

　　科学知识与技术创新是推动经济社会进步的关键所在，高层次技术技能人才必须紧跟技术革命，厚积科学知识底蕴，满足新技术发展趋势下的新要求，这是当下历史节点对高层次技术技能人才的现实诉求。目前，人工智能、量子计算、5G 技术、区块链、大数据等新技术发展迅猛，在这种科技飞速发展、产业迭代加速的百年未有之大变局下，本科层次职业教育实施科教融汇对于人才培养、产业升级以及教育体系完善等方面具有重要意义。高层次技术技能人才不仅要掌握精湛的技术技能，还要具备一定的科学知识。本科层次职业教育应定位于培养既具备扎实理论基础，又拥有精湛技术技能，能够迅速适应并引领当下科技革命的应用技术型人才。科教融汇为达成这一目标提供了适配模式。科教融汇融合了科学知识与技术技能，让学生在前沿科研项目的浸润中深化理论认知，为培养以科学知识为底蕴的高层次技术技能人才提供了路径。中等职业教育和专科层次职业教育主要侧重于培养较为简单的技能型人才，其目标是让学生熟练掌握特定职业岗位所需的操作技能，能够在较短时间内进入工作岗位，胜任一线技术工作。例如，专科护理专业学生重点学习基础护理操作，如打针、换药等基本技能，以适应医院病房等基层护理岗位。本科层次职业教育须帮助学生搭建更系统、更深入的知识体系。除了专业核心知识外，还应涉及相关领域的前沿科学知识和跨学科知识，拓宽学生的知识广度，将科研成果融入教学内容，使学生接触到最新的行业技术和发展趋势。本科层次职业学校可以通过科研项目而不是单纯的技能训练，使学生能够加深对知识的理解，提升知识底蕴。比如，对于本科层次职业教育的电子信息类专业学生而言，学生不仅要学习电路故障排除、修理、维护等技术技能，还可以参与人工智能与物联网等涉及先进技术与科学知识的项目研究，进而深入了解机器学习、深度学习等先进算法在电子设备中的应用，这是专科职业教育知识传授模式难以企及的。综上所述，本科层次职业教育

---

　　① 中共中央关于进一步全面深化改革　推进中国式现代化的决定［EB/OL］.［2024-10-06］. https：//www. gov. cn/zhengce/202407/content_6963770. htm.

实施科教融汇是由其培养的高层次技术技能人才更深入广泛的知识要求、更广阔的职业发展路径和更强的综合素质所决定的，这是本科层次职业教育在职业教育体系中凸显自身价值、培养满足社会经济发展需求的高层次技术技能人才的必然选择。

二、推动职业教育国际化发展的战略选择

2013 年，习近平总书记提出的"一带一路"倡议为提升我国职业教育国际化水平指明了方向，面向国际培养高素质技术技能人才成为建设现代职业教育体系的重要内容。当前，越来越多的中国职业院校和企业在"一带一路"共建国家开展国际化合作，打造出了一批"职教出海"品牌，如鲁班工坊、丝路学院、郑和学院、班·墨学院等。①

高质量发展要求职业教育走向国际。党的二十大报告提出了以高质量发展推进中国式现代化的时代命题；② 2023 年 12 月，中央经济工作会议明确指出，必须坚持高质量发展。③ 高质量已成为各个领域的发展主题，职业教育亦不例外，而国际化更是其迈向高质量的关键路径。其一，为我国企业出海提供国际化人才。随着经济全球化进程的高歌猛进和我国在国际舞台上的日益活跃，产业转型升级不断加速，华为、比亚迪等优秀跨国公司在世界各地影响力持续扩大，急需大批精通专业技术、深谙国际商务规则且具备跨文化沟通协作能力的复合型人才。职业教育通过走向国际化，对接国际标准，服务国际产业，输送国际人才，从而更快融入全球产业分工体系，助力国家在全球产业链中发挥更大作用。其二，着眼于技术创新与知识传播。不同国家在职业技术领域各有所长，国际化能搭建交流合作的桥梁，便于各国职业教育机构共享最新科研成果、前沿技术应用，通过联合科研、师生互访等形式加速知识的流动与转化，以助力本土职业教育时刻紧跟世界技术发展前沿。其三，提升中国职业教育国际影响力。国际化是一扇对外宣传的窗口，其不仅向内引入异域文化技术，拓宽师生视野，增进国际理解，同时向外传递我国优秀的传统文化、职业精神，彰显文化自信，提供职业教育的中国方案与中

---

① 王岚. 基于"鲁班工坊"的全球职业教育治理机制复合体：内涵、维度与路径 [J]. 职教论坛，2024（11）：121-128.

② 习近平：高举中国特色社会主义伟大旗帜 为全面建设社会主义现代化国家而团结奋斗——在中国共产党第二十次全国代表大会上的报告 [EB/OL]. [2024-10-06]. https://www. gov. cn/xinwen/2022-10/25/content_5721685. htm.

③ 引领中国经济大船乘风破浪持续前行——2023 年中央经济工作会议侧记 [EB/OL]. [2024-10-06]. https://www. gov. cn/yaowen/liebiao/202312/content_6920222. htm.

国模式，从而有助于在国际教育舞台上塑造良好形象，提升国家软实力，提升国际影响力，切实推动职业教育高质量发展。

高层次契合高质量，本科层次职业教育开展科教融汇是对职业教育高质量发展的积极回应，其加速了职业教育国际化进程。2019 年 3 月，教育部、财政部发布的《关于实施中国特色高水平高职学校和专业建设计划的意见》指出，到 2035 年，一批高职学校和专业群达到国际先进水平，引领职业教育实现现代化；要积极参与"一带一路"建设和国际产能合作，培养国际化技术技能人才，促进中外人文交流，探索援助发展中国家职业教育的渠道和模式，开展国际职业教育服务，承接"走出去"中资企业海外员工教育培训，建设一批鲁班工坊，推动技术技能人才本土化。[①] 2022 年修订的《中华人民共和国职业教育法》提出，要鼓励职业教育领域的对外交流与合作。本科层次职业教育是我国职业教育的领头羊，其以培养高层次技术技能人才为己任，应着力于推进科教融汇，为职教出海与职业教育国际化建设贡献力量。

加强与海外高校科研联动，构建国际科研合作网络。本科层次职业学校要积极主动地寻找与海外高校、产业、科研的契合点，开启深度合作。在科研项目上，需依据自身专业特长，与海外高校和科研院所展开精准对接，共同确定满足双方需求的科研课题，组建涵盖多学科人才的科研团队，跨越语言、文化、学术风格等障碍，携手攻关，提升技术技能人才本土适应性；同时，打破地域限制，建立科研设施与数据共享机制，借助现代信息技术，在遵循严格数据管理规范的前提下，实现数据互通有无，拓宽研究的广度与深度；在学术交流活动方面，本科层次职业学校要敢于承办具有国际影响力的学术会议，广邀全球专家学者齐聚一堂，全方位展示自身科研硬实力，提升国际知名度；在人员来往方面，本科层次职业学校应有计划地选派教师、优秀学生前往海外合作高校访学，参与一线科研项目，了解当地需求与痛点，传授科研经验，扶持发展中国家的科研力量，加强双方在科研、技术技能、人才培养等方面的交流合作。

促进科研成果转化，打造高层次、高水平职教品牌。在技术输出与转让方面，依托中国制造与中国海外企业，组建专业推广团队，借助国际科技展会及海外创新创业赛事，搭建展示舞台，全方位对接海外企业、投资机构，充分挖掘潜在合作机会；同时，依托科研成果开展国际培训与服务，基于成

① 教育部 财政部关于实施中国特色高水平高职学校和专业建设计划的意见 [EB/OL]. [2024-10-06]. https://www.gov.cn/zhengce/zhengceku/2019-10/23/content_5443966.htm.

果研发定制国际化职业培训课程，深度参与制定国际标准，切实助力当地职业教育与产业发展；在具体落地方面，秉承因地制宜的原则。以鲁班工坊为例，其在建设过程中，遴选了包括泰国大城技术学院、英国奇切斯特学院、葡萄牙塞图巴尔理工学院、埃及艾因夏姆斯大学、埃塞俄比亚技术大学等在内的一批合作院校，联动了以中土、华为、海尔、亚龙、中材、天煌、骥腾、中联重科等为代表的一大批合作企业，同时对接了中泰高铁通运、中国-澜湄合作、中巴经济走廊、金砖投资项目、亚吉铁道运营等重大国际合作项目，在亚欧非境外"落地"开展了铁道交通、机械电气、智能制造、新能源汽车等领域 50 余个专业的教育教学活动，输出设备 5000 余台套，配置工位近2000 个，培养当地学生近万人，为 13000 余人提供了技术培训，惠及中外企业和院校千余家。[①]

科教融汇作为推动职业教育国际化发展的战略选择，不仅符合我国高质量发展的时代要求，契合本科层次职业教育高层次的卓越特征，也是提升职业教育国际影响力的重要途径。本科层次职业学校应继续深化国际合作，拓展国际合作领域，提升国际合作层次，为构建人类命运共同体、服务"一带一路"倡议贡献中国职教力量。

三、面向产业转型升级的必要举措

产业是国民经济中基于社会分工而形成的、具有同类属性的经济活动的集合体，它既是各类企业和经济单位的总和，也是同类产品或服务的总和。其涵盖范围广泛，从传统的农业、工业到现代的服务业以及新兴的高新技术产业等，涉及众多领域。从生产的角度来看，产业体现为从事相同或相似生产活动的企业群体，这些企业在生产过程中应用相似的生产技术、工艺和设备，生产出具有同类性质的产品或服务。产业的形成源于社会分工的不断细化，随着生产力的发展，生产过程中的不同环节逐渐分离，形成了专门从事特定生产活动的企业，这些企业相互协作、相互关联，构成了完整的产业体系。从需求的角度来看，产业是满足特定需求的产品或服务的集合。消费者对不同类型产品或服务的需求，促使企业围绕这些需求进行生产和经营活动，从而形成了具有一定规模和特征的产业。产业在国民经济中扮演着至关重要的角色。它是经济增长的主要支撑力量，不同产业的发展状况直接影响着国

---

① 吕景泉，戴裕崴，李力，等. 鲁班工坊——中国职业教育国际化的创新实践 [J]. 中国职业技术教育，2023（25）：86-90，95.

民经济的总体增长速度和质量。产业同时是就业的重要载体，各个产业为不同技能和教育水平的劳动者提供了广泛的就业机会，从体力劳动者到知识密集型专业人才，都能在相应的产业中找到合适的岗位，对于国家的综合实力和国际竞争力具有深远影响。

产业转型升级是一个动态的、系统的过程，旨在推动产业结构向更高级化、合理化和现代化方向发展。其核心内涵包括产业结构的优化调整以及产业效率的全面提升，以适应经济社会发展的新需求和新趋势。产业结构的优化调整强调以下两个方面。一是产业从低附加值向高附加值、从劳动密集型向技术和知识密集型逐步演进。如我国从过去出口"老三样"（服装、家具和家电）到出口"新三样"（电动汽车、锂离子蓄电池和太阳能电池）的转变。①二是产业结构合理化。注重各产业之间以及产业内部各部门之间的协调发展和资源优化配置。不同产业之间应形成相互促进、相互支撑的关系，避免产业发展的失衡和过度依赖，确保第一、第二、第三产业之间保持合理的比例关系，协同发展，为产业链的完整性和稳定性提供保障。在产业效率提升方面：一是加强技术创新驱动。技术创新是产业转型升级的关键动力，通过不断投入研发资源、开发新技术、新工艺、新产品，进而提高生产效率和产品质量，增强市场竞争力。二是坚持绿色发展。在资源环境约束日益严峻的背景下，产业转型升级必须遵循可持续发展原则，在生产过程中减少能源消耗、降低污染物排放，发展循环经济，推动绿色生产和绿色消费。

产业转型升级需要高层次技术技能人才。产业转型升级不仅需要研发型人才，也需要大量的技术技能人才。研发型人才以其深厚的学术造诣与敏锐的科研洞察力，站在科技发展的前沿，致力于探索未知领域，攻克关键核心科学难题，通过开展基础性研究和重大科技攻关，不断推动科技成果的产生，实现从"0"到"1"的突破。技术技能人才尤其是高层次技术技能人才将研发型人才的创新成果从实验室推向市场，化图纸为现实产品，推动生产的具体落地应用，促进从"1"到"100"的生产力爆发。高层次技术技能人才以其扎实的专业知识和丰富的实践经验，深入理解行业前沿技术动态，将理论知识与实际生产相结合，开展技术研发与创新活动。他们是企业攻克技术难题、开发新产品和新工艺的核心力量。这类人才熟悉生产流程和工艺优化，能够运用先进的技能操作和技术手段，对生产过程进行改进，优化生产布局，完善工艺流程，降低生产成本，进而提高生产

---

① 吴承俊，郑瑞娟."税动力"赋能"新三样""安徽造"绽放新气象［J］.中国税务，2024（5）：21-23.

效率和产品质量。

　　数字化、自动化、无人化等智能化发展趋势是产业转型升级的努力方向，更需要高层次技术技能人才作为支撑，本科层次职业教育应承担起这一历史使命，深度融合产业转型升级中的"科"与高层次技术技能人才培养的"教"，以科教融汇为抓手培养产业发展所需的技术技能人才。一是深入调研产业趋势。本科层次职业学校应建立常态化的产业调研机制，组织专业团队深入企业一线、行业协会和科研机构，全面了解产业转型升级的动态趋势、技术创新方向以及人才需求特点，通过与行业专家和企业高管的深度访谈、参加行业研讨会和技术论坛、收集分析行业报告等方式，获取第一手的产业信息，为高层次技术技能人才培养模式的改革发展提供科学依据。二是建设高水平实训基地，加大对实训基地建设的投入力度。打造集教学、培训、科研、生产、创新创业于一体的多功能实训平台；与行业领军企业合作，共建校内实训基地；引入企业先进的生产设备、工艺流程和技术标准，使学生在真实的企业生产环境中进行实践操作。三是借助新技术推行项目驱动式实践教学。将企业实际生产项目引入课堂教学，让学生以团队形式参与项目实施，从项目调研、方案设计、产品开发到项目评估，全过程模拟企业项目运作流程。此外，还可以开展案例教学、情境教学、虚拟现实（VR）、增强现实（AR）教学等多元化实践教学，丰富学生的实践体验，提升科教融汇效果。

四、完善科技创新生态链的关键环节

　　《中共中央关于进一步全面深化改革 推进中国式现代化的决定》指出：完善高校科技创新机制，提高成果转化效能，优化重大科技创新组织机制，统筹强化关键核心技术攻关，推动科技创新力量、要素配置、人才队伍的体系化、建制化、协同化。[①] 科技创新链条是一个完整的生态，注重过程性和持续性，任何一个断点和堵点都会导致链条的断裂。"死亡之谷"（valley of death）概念最早由时任美国众议院科学委员会副主席 Ehlers 在 1998 年的官方报告中正式提出，旨在阐述政府资助的基础研究与产业界资助的应用开发之间链条的断裂，导致大量基础研究成果难以实现商业化的现象。科技创新过程一般遵循以基础研究为起点、以商业化和规模化为终点的基本运行逻辑，形成基

---

　　① 中共中央关于进一步全面深化改革 推进中国式现代化的决定 [EB/OL]. [2024-10-06]. https：//www. gov. cn/zhengce/202407/content_6963770. htm.

础研究、应用开发、产品化与规模化四个阶段。①

基础研究是科技创新链的起始环节，是整个科技大厦的根基，其核心使命在于深入探索自然界的基本规律、揭示事物的内在本质以及挖掘全新的科学知识。在基础研究阶段，高水平高校和科研机构是主力军。科学家们运用各种理论推导、实验观察和数据分析手段，在众多学科前沿领域展开艰苦卓绝的研究，虽然在短期内难以直接产生经济效益，但其对科技创新生态链的重要性却无可替代，是活水与源头，为后续三个阶段的有效衔接提供了理论支撑。

应用开发可以实现从知识创新到技术创新的关键跨越，是连接理论与实践的桥梁，在科技创新链中起着承上启下的关键作用，是将基础研究成果转化为实际生产力的重要一环，直接决定了基础研究成果能否走出实验室，迈向广阔的市场。它紧密围绕市场需求和社会发展的实际问题，致力于将科学理论转化为具有明确应用价值的技术、工艺、方法或产品原型。这一阶段的研发更具针对性和实用性，旨在解决现实世界中的各种技术难题，为后续产品化奠定坚实的技术基础。高层次技术技能人才组建的产学研合作团队在应用开发中发挥着主导作用，他们凭借丰富的实践经验、高水平技能与专业技术，采用试验研发、模拟仿真、工程设计等多种手段，对基础研究成果进行深入挖掘和拓展。如人工智能大模型的基础研究为图像识别应用、医疗影像诊断、智能语音助手开发、智能机器人等产品的开发提供了基础支撑，在上述各类产品的具体研发中，高层次技术技能人才发挥了不可替代的关键作用。

产品化是科技创新的价值实现阶段，将应用开发阶段所获得的技术成果转化为能够满足市场需求、具有市场竞争力的产品或服务，并将其推向市场进行销售和推广。这一过程不仅仅是技术的简单集成，更是一个涉及多方面因素的复杂系统工程，需要综合考虑产品的功能性、可靠性、易用性、安全性以及成本效益等诸多关键要素。高层次技术技能人才分布在产品研发团队、设计团队、生产部门等各个环节，在其中扮演着重要角色，推动产品从概念到成品的转化。高层次技术技能人才团队根据市场反馈和用户需求，对技术原型进行持续优化和改进，确保产品具备满足市场需求的性能和功能，推动产品的高效率、高质量生产。产品化是科技创新实现商业价值和社会价值的

---

① 吴晓波，邵怡玥，林福鑫. 突破关键核心技术创新"死亡之谷"的路径机制 [J/OL]. [2024-12-24]. https://doi.org/10.16192/j.cnki.1003-2053.20241219.002.

步骤,只有成功将技术转化为实际产品并获得市场认可,科技创新才能真正为企业带来经济效益,为社会创造福祉,这一过程离不开高层次技术技能人才支撑。

规模化阶段是科技创新链的最后冲刺,其目标是在产品化的基础上,通过大规模生产和广泛应用,实现科技创新成果的经济和社会效益最大化,不仅使科技创新成果能够惠及更广泛的消费者群体,还带动了上下游相关产业的协同发展,形成庞大的产业集群效应。在规模化生产过程中,企业通常会加大对生产设施的投资,建设大型现代化生产基地,引进先进的生产设备和自动化生产线,提高生产效率和产品质量稳定性。这一阶段需要高层次技术技能人才做好生产管理、市场拓展、售后服务等工作,以应对不断增长的市场需求和激烈的市场竞争。

基础研究、应用开发、产品化和规模化四个阶段在科技创新生态链中紧密相连、环环相扣,共同构成了一个完整的创新循环体系。每个阶段都具有独特的重要性和挑战,只有各个环节协同发展、顺畅衔接,才能推动科技创新不断向前发展,为人类社会创造更加美好的未来。

高层次技术技能人才在科技创新生态链的四个环节中发挥了不同的作用,尤其是应用开发与产品化两个阶段。对于基础研究阶段,他们的贡献可能不如顶尖科研人员那般引人注目,但同样至关重要,如实验技术保障、数据采集、科研辅助等工作;在规模化阶段,他们推动生产流程的标准化和自动化升级,保障生产线的连续运行,降低设备故障率和维修成本。从"基础研究—应用开发"的技术形成期,到"应用开发—产品化"的技术转化期,再到"产品化—规模化"的技术推广期,在跨越这三个"死亡之谷"的重要节点上,高层次技术技能人才成为确保科技创新生态链稳定、持续运行的重要力量。高层次技术技能人才贯穿于科技创新链条的各个阶段,他们的专业技能、实践经验和创新能力是推动科技创新不断发展、实现科技成果产业化和规模化应用的重要保障,对于提升国家的科技创新能力和产业竞争力具有至关重要的意义。本科层次职业学校应充分认识到科教融汇在培养这类关键人才方面的独特优势和自身的重要责任,积极探索创新人才培养模式,将科教融汇嵌入科技创新人才培养脉络,为科技创新生态链的完善和国家经济社会发展提供坚实的人才支撑。

第二节　本科层次职业教育科教融汇的行动逻辑

为推动本科层次职业教育科教融汇高质量发展，须着眼于适配、教育、协同、制度等逻辑维度，以需求为导向加强精准供给，着力于知识与技能的层级递进，推动其有序发展，加强资源整合，多元聚力、协同推进，处理好有为政府与有效市场之间的关系，发挥政府统筹的高效治理功能。

一、适配逻辑：需求导向的精准供给

《中共中央关于制定国民经济和社会发展第十四个五年规划和二〇三五年远景目标的建议》明确指出，要加大人力资本投入，增强职业教育适应性，大力培养技术技能人才。① 2021 年，习近平总书记在全国职业教育大会上强调指出，要建设一批高水平职业院校和专业，推动职普融通，增强职业教育适应性，加快构建现代职业教育体系，培养更多高素质技术技能人才、能工巧匠、大国工匠。

2021 年中共中央办公厅、国务院办公厅联合印发的《关于推动现代职业教育高质量发展的意见》强调，要切实增强职业教育适应性，到 2035 年，职业教育供给与经济社会发展需求高度匹配，做好中等职业学校办学能力评估和高等职业学校适应社会需求能力评估。② 在高质量的发展背景下，需求犹如指挥棒，精准引导着本科层次职业教育的前行方向。职业教育并非孤立存在，它与社会各层面的需求紧密相连，相互影响、相互塑造。一方面，社会的多元需求为本科层次职业学校科教融汇提供了丰富的发展土壤与不竭的动力源泉。产业的升级换代、民生领域的急切诉求以及个体对职业成长的追求等，都迫切呼唤着本科层次职业教育能输送适配的高层次技术技能人才，这使得本科层次职业学校有了明确的目标定位与持续革新的紧迫感。另一方面，本科层次职业学校通过科教融汇实践，对社会需求予以积极回应，成为推动社会进步、满足个体发展的关键力量。它不仅为产业发展注入新鲜血液，助力

① 　中共中央关于制定国民经济和社会发展第十四个五年规划和二〇三五年远景目标的建议 [EB/OL]．[2024-10-06]．https：//www. gov. cn/zhengce/2020-11/03/content _ 5556991. htm.

② 　中共中央办公厅 国务院办公厅印发《关于推动现代职业教育高质量发展的意见》[EB/OL]．[2024-10-06]．https：//www. gov. cn/gongbao/content/2021/content _ 5647348. htm.

科技创新成果落地转化，还为个人职业理想实现、提升生活品质等搭建稳固桥梁，以职业教育之力赋能社会经济发展。

一是适配劳动力市场需求。本科层次职业教育紧密关联劳动力市场，其人才培养成果直接服务于市场需求，通过科教融汇实现与劳动力市场的精准适配，是保障教育成效与社会经济稳定发展的关键。本科层次职业学校须建立常态化、专业化的劳动力市场调研机制，精准调研劳动力市场动态，深入剖析市场需求，精准洞察新兴产业与未来产业，密切关注各行业、各领域的就业数据，包括就业率、薪资水平、人才供需缺口等关键指标。如多鲸教育研究院发布的《2022 中国职业教育行业报告》曾预测，到 2025 年，我国新一代信息技术产业、电力装备、新材料、高档数控机床和机器、海洋工程装备及高技术船舶等领域存在百万以上的人才缺口，分别达 2000 万人、1731 万人、1000 万人、900 万人、128.8 万人。[1] 基于这些调研结果，本科层次职业学校须不断优化课程体系，及时增设相关专业，紧跟科技革命，确保人才培养的及时性与针对性。

二是适配学生个人需求。学生作为教育的核心受众，本科层次职业教育唯有积极呼应学生个体诉求，才能激活内在潜能，达成高质量人才塑造目标，其间科教融汇扮演着不可或缺的角色。

公办本科层次职业学校普遍受考生青睐，录取分数线大都超过民办本科高校，有些学校的招生分数线甚至远超当地普通本科院校，以深圳职业技术大学为例，该校 2023 年首次开展本科招生就取得惊人成绩，2024 年在广东省物理类招生最低录取分数线达到了 559 分，超出本科控制分数线 117 分，超出特殊类型招生录取控制线 27 分，超过省内多所其他普通本科高校。[2] 考入这些院校的学生综合素质较高，学习能力更强，具备学习科学知识与开展科学研究的良好基础。本科层次职业学校应在课程体系设置上大胆创新，融入更多有前瞻性的、有深度的科研类课程模块，引导学生接触学科最前沿，激发他们深入钻研的兴趣，利用校内先进实验室资源，让学生在模拟科研环境下动手操作，验证所学理论，将知识具象化，将创新、科学知识、科学研究等要素深度融入教学过程。

三是适配区域特色产业需求。在本科层次职业教育蓬勃发展的当下，紧密适配区域产业特色需求成为关键着力点，而科教融汇恰是贯穿其中的重要驱动力量。不同地区因资源禀赋、历史沿革与政策导向各异，催生出各具特

---

① 黄梅. 培养与新质生产力发展相适应的高技能人才［J］. 人民论坛，2024（21）：25-29.

② 郑翠香. 职业本科考试招生改革研究［J］. 教育与职业，2024（19）：14-20.

色的产业格局。对于沿海发达地区而言，高新技术产业往往蓬勃兴盛，如在长三角、珠三角地带，电子信息、生物医药、新能源汽车等前沿领域汇聚了大量的企业集群。本科层次职业学校在此背景下，应精准锚定产业方向，与本土企业共建产业研发中心，让学生能够近距离接触真实的产业研发环境，传授最新的行业规范、工艺流程以及实操技巧，确保学生毕业后能迅速适应本地企业的用人标准，深度嵌入区域产业链，无缝对接区域产业需求。对于资源型地区，煤炭、钢铁等传统产业虽面临转型升级压力，但也蕴含着巨大机遇。本科层次职业学校可围绕产业痛点，利用科教融汇助力产业革新。如聚焦煤炭清洁高效利用这一关键课题，本科层次职业学校可与企业共建校外实习实训基地，安排学生深入煤矿生产一线及附属加工厂，亲身体验从原煤开采到精煤洗选、煤化工产品生产的全过程，使学生在实践中深化对知识的理解，成长为既懂传统煤炭产业技术又掌握现代科研创新方法的复合型人才，为区域传统产业的转型升级注入新鲜血液。在农业主产区，以特色农产品为依托的深加工、智慧农业等产业逐渐兴起。本科层次职业学校应立足当地优势农产品，如新疆的棉花、山东的果蔬、东北的大米等，布局农产品加工、农业智能装备应用等专业，与当地农业企业、科研机构携手，开展农产品保鲜技术创新、农业物联网应用示范等科研项目，将科研成果融入专业教学，培养学生掌握从田间到餐桌的全产业链知识与技能，为区域农业产业迈向现代化、高附加值方向发展提供坚实的人才支撑，全方位适配区域产业特色需求，推动地方经济高质量发展。

二、教育逻辑：层级递进的有序发展

美国教育心理学家本杰明·布鲁姆提出的目标分类理论认为：教育目标由低级到高级、由简单到复杂可分为不同的层级。[①] 本科层次职业教育旨在培养满足时代需求的高层次技术技能人才，其成长历程有着独特的内在逻辑，遵循着"基础构建—专业深化—综合拓展"的有序发展脉络。高层次技术技能人才应以扎实理论知识为基，筑牢知识大厦基底，具备剖析复杂技术原理的能力，为后续知识与技能的搭建提供支撑；同时，又要具备精湛、卓越的技术技能，能够迅速将理论转化为实际生产力，精准应对工作中的棘手难题，解决复杂多变的实际问题。从认知发展来看，高层次技术技能人才通过接触

---

① Bloom B. Taxonomy of Educational Objectives: The Classification of Educational Goals [M]. New York: Longman, 1956.

广泛的通识知识、职业信息与基础理论，逐步构建对所学领域的基本认知框架，了解行业轮廓与自身职业方向的大致坐标；随着学习进程推进，深入专业核心知识，在实践中反复锤炼技术技能，使综合素养走向专业；到后期，跨学科知识的融合成为关键一步，高层次技术技能人才能够凭借多学科知识交叉运用，综合运用不同领域知识，创新性地应对前沿复杂问题，以契合产业界对复合型人才的迫切需求，完成从"术业有专攻"向"一专多能"的进阶蜕变，全方位贴合行业、企业对复合型、创新型人才的实际诉求。

基础构建期，以科教融汇打造高层次技术技能人才成长的坚实基底。本科层次职业教育的基础构建期是整个教育过程的起点，主要任务是为学生后续的专业深化和能力拓展打下坚实的理论基础，时间集中在大一阶段。这一阶段的重点是帮助学生掌握基础理论知识、拓宽视野、进行职业认知和探索。一是注重基础理论的学习。包括数学、物理、化学、计算机科学、语言艺术、心理学等，这些课程是后续专业课程的基础，也是对科教融汇的积极响应，不仅为学生提供了必要的学科框架和理论支撑，还帮助学生培养了系统的思维方式和解决问题的基本方法，以利于学生从基础理论到科研思维的合理衔接转化。二是加强通识知识的全面培养。目标是让学生具备更加广阔的知识视野和文化素养，这是对高层次技术技能人才的必然要求。特别是在信息化、全球化日益发展的现代社会，广博的通识知识使学生能够更好地适应快速变化的技术和工作环境，为复合型、创新型人才培养奠定良好基础。三是开展职业探索与认知。职业教育是以就业为导向的类型教育，本科层次职业教育要坚守这一基本定位，帮助大一新生了解最基本的职业信息，以助于学生的自我职业规划。在基础构建期，学生不仅需要掌握基础知识，还应通过职业探索及其认知课程，了解未来职业生涯的基本要求和发展趋势，以利于学生理解职业世界的多样性和复杂性，明确职业方向，为后续专业选择和职业发展提供指导。本科层次职业学校可通过实习、访学、企业讲座等方式，帮助学生将所学知识与行业需求结合起来，体验专业知识的实际应用，为其在未来的专业深化与综合拓展提供方向。

专业深化期，以科教融汇推动高层次技术技能人才的专业发展。进入专业深化期，学生的学习重点转向技术技能提升与专业理论应用，时间主要在大二、大三阶段。在这一阶段，学生已具备一定的基础理论知识和职业认知，接下来的目标是通过深入学习专业课程，提升学生的技术能力和理论应用能力。科教融汇在这一阶段的核心作用在于通过科研驱动的学习方式，推动学生的专业发展。一是培育卓越的技术技能。在专业深化期，学生的学习重心在于掌握具体的专业技术技能。无论是工程类、信息类，还是医学类、艺术类等专业，学生都需要通过大量的实践操作和实验研究，来提升自己的技术技能。这一过程中，科教融汇的作用尤为突出。学生通过参与科研项目、技术研发与实验室实践，不仅能加深对专业知识的理解，还能在实践中将理论转化为技术，解决实际问题。这种科研驱动的技术培养，不仅提高了学生的技术技能，也增强了其在实际工作中独立思考和解决问题的能力。二是强调知识理论的实际应用。学生通过项目驱动式学习，逐步培养出将理论知识应用到实践中的能力。科教融汇在这一过程中发挥了重要作用，特别是在科学研究和技术应用的结合上。学生通过参与科研项目，能够将学到的理论知识应用到实际问题中，并不断调整和改进，形成自我反馈提升机制。

综合拓展期，以科教融汇培育复合型、创新型高层次技术技能人才。这一时期主要集中在大三、大四，学生已具备了一定的专业基础和技术能力，接下来的目标是培养学生的创新能力、跨学科能力和综合素质，以便使他们能够适应未来复杂多变的职业环境和技术挑战。科教融汇在这一时期的影响更加深远，特别是在创新型和复合型人才的培养上。复合型人才是指具有跨学科知识和多元技能的高层次技术技能人才。在综合拓展期，学生不仅要在本学科专业领域具备卓越的技术能力，还要能够跨越学科的边界，将不同学科的知识进行融合，解决复杂的社会和技术问题。科教融汇的核心作用在于通过跨学科的科研项目和合作平台，使学生能够参与到多领域的科学研究中，提升其综合解决问题的能力。创新型人才的培养是本科层次职业教育的重要目标之一。在综合拓展期，学生不仅要掌握当前的技术和知识，还需要具备发现新问题、提出新方案和推动技术创新的能力。科教融汇在这一时期的作用主要体现在，通过前沿科研项目培养学生的创新思维和实践能力。学校可以通过建立创新实验室、创业孵化器等平台，鼓励学生进行技术创新和创业实践，通过科研和创新活动，提升学生的创新能力，并为其进入职场后成为技术创新的引领者做好准备。

四年制的本科层次职业教育为科教融汇提供了时间保障，科教融汇贯穿了基础构建期、专业深化期和综合拓展期的全过程。在每个时期，科教融汇都扮演了重要角色，从基础知识的掌握到技术技能的深化，再到综合素质和创新能力的提升，科研的力量贯穿始终。通过这一系列的科教融汇实践，本科层次职业教育能够培养出既具有扎实理论基础又能应对复杂技术挑战的高层次技术技能人才，推动社会和经济的持续发展。

三、协同逻辑: 资源整合的多元聚力

中共中央办公厅、国务院办公厅印发的《关于深化现代职业教育体系建设改革的意见》指出: 构建央地互动、区域联动, 政府、行业、企业、学校协同的发展机制, 鼓励支持省 (自治区、直辖市) 和重点行业结合自身特点和优势, 在现代职业教育体系建设改革上先行先试、率先突破、示范引领。[①] 1971 年德国物理学家赫尔曼·哈肯提出的协同理论认为, 子系统或者系统内要素的相互作用可以推动系统整体实现从 "无序" 变 "有序", 抑或从 "有序" 变 "更有序" 的发展状态。[②] 本科层次职业教育的科教融汇正是一个复杂的系统工程, 涉及多个层面的协调与合作, 需要各方主体协同推进, 必须依靠政府、职业院校、科研院所和普通高校、行业企业等多方主体的积极协作与资源共享, 在提升教育质量的同时, 推动科技成果的转化应用, 实现科技创新、人才培养与产业发展的高效协同。本科层次职业学校是实施科教融汇的重要基础载体之一, 它们在教学、科研与技术创新等方面具有重要作用; 政府作为宏观调控和政策引导的主体, 必须为职业教育提供政策支持、资金保障和发展方向上的指导, 创造有利的政策环境; 科研院所和普通高校作为科技创新的重要力量, 应发挥其在技术研发、科技成果转化及教育资源共享等方面的优势, 为本科层次职业学校提供技术支持与科研力量; 行业企业则是直接参与技术创新和产品研发的主体, 它们不仅能够为职业院校提供实践平台, 还能为教育内容和培养方案提供真实、具体的需求。通过政府、职业院校、科研院所和普通高校以及行业企业等多方主体的协同合作, 科教融汇得以实现, 从而形成产学研用一体化的协同发展格局。

在职业教育领域, 本科层次职业学校是科技融汇的核心主体。本科层次职业学校是人才培养的基础单位, 承担着为社会培养高层次技术技能人才的职责, 着力于推动科技创新与技术应用, 必须深刻理解科教融汇的内涵, 认识到推进科教融汇的责任与使命, 发挥科教融汇的核心主体作用, 在教学内容、课程设计、技术研发等方面做出创新与调整, 确保培养出的学生不仅具备扎实的理论基础, 还能掌握前沿技术、了解行业发展趋势, 具有较强的创

---

① 中共中央办公厅 国务院办公厅印发《关于深化现代职业教育体系建设改革的意见》[EB/OL]. [2024-10-06]. https://www.gov.cn/gongbao/content/2023/content_5736711.htm.

② 赫尔曼·哈肯. 协同学——大自然构成的奥秘 [M]. 凌复华, 译. 上海: 上海译文出版社, 2001.

新能力和实践能力。

政府须为科教融汇提供政策引导与资源保障。政府在本科层次职业教育科教融汇中的作用至关重要，既要为科教融汇提供政策引导，也要为各方主体的合作与发展提供必要的资源保障。政府应出台相关政策，鼓励和引导高校、科研院所与企业的深度合作，特别是在科技创新、技术研发、人才培养等方面，为各方主体提供政策上的便利，通过设立专项资金、提供税收优惠、推出创新奖励等政策手段，激励企业与职业院校合作，推动科技成果的产业化应用，促进教育与科技的有机结合。同时，政府还应加强对职业院校科研平台的支持，推动教育资源的整合与优化，加大对职业院校的财政投入，改善其科研条件与教学设施，建设现代化的实验室和实训基地，确保职业院校在科教融汇过程中能够发挥核心作用。通过加强教育部与地方政府、行业协会、本科层次职业学校、行业企业之间的沟通与协调，促进政策的纵向和横向对接，形成全社会推动科教融汇的良好氛围。

科研院所与普通高校是推进本科层次职业教育科教融汇的重要协同主体，尤其在技术研发和科技成果转化方面具有不可替代的作用。科研院所通常承担着基础研究与高端应用研究的重任，其研究成果对于产业技术进步和教育模式的创新具有重要推动作用。而普通高校在培养高层次人才、推动科技创新以及技术研发方面有着得天独厚的优势。两者通过与职业院校的合作，能够促进科技成果在教育中的应用和技术的产业化转化，推动科教融汇的深入发展。科研院所与普通高等学校可以根据行业需求，为本科层次职业学校提供技术支持和科技成果，共同开展课题研究、实验平台建设等项目，推动科研成果向教育内容的转化，并将技术创新与人才培养有机结合，培养更多符合社会需求的高层次技术技能人才。

科教融汇要重视行业企业的需求引导与实践参与。行业企业不仅是社会经济活动的重要力量，也是职业教育的重要需求方。随着产业转型升级加速与新一轮科技革命的到来，企业对技术技能型人才的需求不断发生变化，尤其是对具有卓越技能、精湛技术、创新能力和解决实际问题能力的高层次技术技能型人才的需求愈加迫切。因此，科教融汇必须充分考虑行业企业的需求，以此引导教育内容、科技研发与技术创新的方向，推动教育教学与市场需求的精准对接。企业可以通过参与本科层次职业学校的课程设置、教学内容、实习实训等方面的工作，在科研项目中提供技术支持、资金支持与实际需求，推动科技成果的转化。同时，企业与本科层次职业学校开展长期合作，建立定向培养机制，为企业培养定制化人才，既增强企业的技术创新能力和市场竞争力，又切实发挥行业企业的重要协同主体作用。

本科层次职业教育科教融汇是一个多元主体协同推进的过程，涉及政府、职业院校、科研院所、普通高校及行业企业等多个方面的合作与互动，各方应根据自己的优势和资源，分工明确，通力合作，形成一个多元协同的工作体系。只有通过政府的政策引导、职业院校的技术应用、科研院所和普通高校的技术支持和科技成果、企业的需求引导和实践参与，才能形成资源整合、优势互补的协同发展格局，推动科教融汇的深入实施，最终培养出符合市场需求的高层次技术技能型人才。这一过程需要各方主体的共同努力和长期投入，最终为推动社会经济发展和产业升级做出积极贡献。

四、制度逻辑：有为政府与有效市场的协同推进

2022 年 3 月发布的《中共中央 国务院关于加快建设全国统一大市场的意见》提出：要坚持有效市场、有为政府的工作原则，坚持市场化、法治化，充分发挥市场在资源配置中的决定性作用，更好发挥政府作用，强化竞争政策基础地位，加快转变政府职能。① 本科层次职业学校推进科教融汇始终要在政府的引导规划下开展，在社会主义市场经济体制中运行，其推进路线必然要内嵌于有为政府与有效市场的互动逻辑当中。

习近平总书记指出：制度是关系党和国家事业发展的根本性、全局性、稳定性、长期性问题。② 制度逻辑理论（institutional logic theory）认为，制度逻辑会塑造组织及其个体的理性行为。③ 制度逻辑是指在特定制度环境下，社会各主体通过遵循和构建一系列规则、规范和法律，推动社会事务和经济活动的正常运作，并通过制度框架的不断优化，促进社会和经济各方面的协调发展。在本科层次职业教育科教融汇的背景下，制度逻辑主要体现为政府、市场和教育主体之间的规则设计和关系协调，它不仅涵盖政策和法律体系的构建，还包括对教育资源、科技成果、人才培养与产业需求之间的有效衔接和资源配置。制度逻辑是推动科教融汇的基础框架，只有充分发挥政府与市

---

① 中共中央 国务院关于加快建设全国统一大市场的意见 [EB/OL]. [2024-10-06]. https：//www. gov. cn/gongbao/content/2022/content_5687499. htm.

② 习近平谈治国理政：第 3 卷 [M]. 北京：外文出版社，2020.

③ Thornton P H, Ocasio W. Institutional logics [J]. The Sage handbook of organizational institutionalism，2008，840（2008）：99-128.

场的各自优势，实现"有为政府"和"有效市场"之间的深度耦合，才能为科教融汇高质量发展保驾护航。

政府与市场的关系是职业教育内外部治理关系的核心。在职业教育的内外部治理中，政府与市场的关系是最为核心的问题之一。政府通过宏观政策、资金支持和制度建设来引导职业教育的发展，而市场则通过需求驱动、技术创新和资金流动来支持科教融汇内容和形式的创新。两者的互动与平衡不仅决定着职业教育的质量和效果，也影响到科教融汇是否能够顺利进行。有为政府应在职业教育的制度框架设计中起到主导作用，不仅要制定适应市场需求的教育政策，还应通过财政资金、税收政策等手段，支持职业院校与行业企业、科研院所等科教融汇主体的合作，推动技术创新和教育内容的动态调整，为市场创造一个相对稳定和公平的制度环境，减少外部不确定性，为教育和科技的发展提供政策保障。市场的有效性则表现在其能够引导教育资源的配置、推动技术研发与成果转化，并促进科教融汇主体的高效合作，尤其是在新兴产业和高技术领域，市场的需求不断推动职业教育内容和培养目标的变革，促使职业教育体系不断进行结构性调整，以适应产业升级和经济发展的需要。因此，政府与市场在职业教育内外部治理中的关系并非对立关系，而是发挥着相互依赖、相互促进的双向作用。政府通过政策引导和资金支持，提供制度保障；市场则通过需求驱动和资源配置，为教育改革提供动力。在这一互动过程中，政府和市场各自的作用不仅不能独立存在，而且应通过深度耦合和协同推进发挥出最大的效能。

有为政府进行行政调节，统筹科教融汇事业。有为政府不仅是一个监督者和管理者，更是改革推动者和引导者，应在制定政策、规划方向和资源配置等方面发挥主动作用，推动科技创新、教育内容更新以及产业发展方向的调整。首先，政府应通过出台相应政策来促进科教融汇，特别是在教育资源的整合、科技成果的转化、企业与职业院校的合作等方面提供政策支持。其次，政府应通过财政和税收政策等方式，为职业院校、企业和科研机构提供充足的资金保障和技术支持，确保教育与科研能够顺利推进。如 2019 年，国家发展和改革委员会、教育部印发的《建设产教融合型企业实施办法（试行）》指出：进入产教融合型企业认证目录的企业，给予"金融＋财政＋土地＋信用"的组合式激励，并按规定落实相关税收政策。[①] 最后，政府还应发

---

① 建设产教融合型企业实施办法（试行）［EB/OL］.［2024-10-06］. https：//www. gov. cn/zhengce/zhengceku/2019/12/01/5435044/files/a402e7f843bd461cac46ed5bdd8d7435. pdf?eqid＝e3c60ad40022618300000005648c6a29.

挥制度创新的作用，改革传统的教育体制和机制，推动教育与产业的深度融合。通过调整产业政策，鼓励企业加强技术研发，推动企业与职业院校、科研机构的合作，同时推动地方性创新平台和区域性产教融合示范区的建设，助力科教融汇在地方经济发展中的落地与实践。

有效市场进行市场调节，在本科层次职业教育科教融汇中的作用主要体现在对教育内容和结构的引导、科技成果的转化、企业与院校合作的推动等方面。我国要构建高水平社会主义市场经济体制，即社会主义基本经济制度与市场经济高水平相结合的体制。① 对职业教育而言，有效市场是指市场机制能够在资源配置、价格形成和供需匹配等方面高效运作，确保教育资源的优化配置与科技成果的高效转化。市场会不断推动教育内容的变革，使得职业教育体系能够适应新兴产业和技术发展的要求。市场的有效性还体现在其能够推动科技成果的转化和技术应用。在科教融汇的过程中，科研院所和普通高校的技术成果往往难以直接转化为生产力，而市场则能够通过需求的释放，将这些技术成果引导到实际生产中，为企业提供技术支持，推动产业升级。本科层次职业学校应以行业、企业为市场媒介切实推进科教融汇，培养真正满足市场需求的高层次技术技能人才。

有为政府与有效市场的协同推进，是本科层次职业教育科教融汇能够高质量发展的关键，主要表现为：以有效市场弥补政府失灵，以有为政府破解科教融汇发展中的市场失灵。所谓政府失灵，指的是政府在进行资源配置、政策制定和市场监管时，由于信息不完全、效率低下或利益冲突等因素，导致政策的实施效果低于预期，甚至造成资源的浪费和效率的低下。在这种情况下，市场机制通过需求导向、竞争和创新，能够更高效地配置职业教育资源，引导科教融汇发展方向，弥补政府在某些部分的失灵。市场失灵即市场不能达到理想的经济效果，出现这一现象的原因包括外部性、公共产品、信息不对称、市场垄断和不完全竞争。② 市场失灵需要通过有为政府的介入来加以修正，可以通过制定相关政策、建立信息共享平台和提供资金支持等方式，促进市场主体之间的合作，激励企业在培养技术型人才、推动科技创新方面加大投入，进而解决信息不对称、各主体科教融汇动力不足等问题。

① 谢地，钟玲玲. 我国新质生产力的赋能逻辑——市场有效与政府有为 [J]. 工业技术经济，2024（9）：3-13.

② 刘红杰. 市场失灵与人力资源管理 [J]. 山西财经大学学报，2024（S1）：161-162.

第三节　本科层次职业教育科教融汇的畅通策略

着力推进本科层次职业教育科教融汇，须聚焦新质生产力，优化专业布局，着力于产教融合与校企合作，促进教育链、人才链、产业链、创新链有机衔接，以教学与科研为抓手，双管齐下，打造高水平师资队伍，通过加强技术创新提升社会服务水平，通过加快数字化转型增强本科层次职业教育适应性。

一、聚焦新质生产力，优化专业布局

2023 年 9 月，习近平总书记在主持召开新时代推动东北全面振兴座谈会时强调，要积极培育新能源、新材料、先进制造、电子信息等战略性新兴产业，积极培育未来产业，加快形成新质生产力，增强发展新动能。[①] 2024 年 2 月，习近平总书记在中共中央政治局第十一次集体学习时强调：新质生产力是创新起主导作用，摆脱传统经济增长方式、生产力发展路径，具有高科技、高效能、高质量特征，符合新发展理念的先进生产力质态，它由技术革命性突破、生产要素创新性配置、产业深度转型升级而催生，以劳动者、劳动资料、劳动对象及其优化组合的跃升为基本内涵，以全要素生产率大幅提升为核心标志，特点是创新，关键在质优，本质是先进生产力。[②] 新质生产力是相对于传统生产力而言的一个概念，其更加依赖科技创新和人才培养，特别是高层次技能人才和创新人才。为此，本科层次职业教育的科教融汇必须瞄准这一新兴趋势，调整教育体系和培养模式，以更好地满足新质生产力的需求。

科教融汇理应服务于新质生产力发展。科教融汇强调教育、科技和产业之间的深度融合，既包括本科层次职业学校与企业、科研机构之间的合作，也涵盖了科技成果向生产力转化的整个过程。在新质生产力发展的大背景下，

---

① 习近平主持召开新时代推动东北全面振兴座谈会强调：牢牢把握东北的重要使命　奋力谱写东北全面振兴新篇章 [EB/OL]. [2024-10-06]. https://www. gov. cn/yaowen/liebiao/202309/content _ 6903072. htm.

② 习近平在中共中央政治局第十一次集体学习时强调：加快发展新质生产力 扎实推进高质量发展 [EB/OL]. [2024-10-06]. https://www. gov. cn/yaowen/liebiao/202402/content _ 6929446. htm.

科教融汇的作用愈加重要,其不仅能够推动职业教育与产业需求的精准对接,还能够通过科技创新和人才培养,为生产力跃升提供源源不断的动力。其一,科教融汇能够推动科技成果的转化与应用。在新质生产力的发展过程中,科技创新和技术进步是至关重要的推动力,科教融汇则为科技成果的转化提供了有效的路径。通过与企业的合作、与市场需求的对接,科教融汇推动着科研成果转化为实际的技术和产品,特别是在人工智能、大数据、智能制造等新兴领域,从而为新质生产力发展提供支持。其二,科教融汇能够提升人才培养的质量和效率。新质生产力的发展不仅依赖于技术创新,还依赖于大量高水平、高层次的技术技能人才。科教融汇通过优化人才培养模式,为产业转型升级提供更加精准的技术人才,根据企业的需求调整课程设置,培养具有实际操作能力和创新能力的复合型人才,满足新兴产业和未来产业的用人需求。其三,科教融汇能够推动产业结构的优化升级。新质生产力的发展要求产业结构从传统的低端劳动密集型产业向技术密集型、知识密集型产业转型。在这一过程中,教育和科技的深度融合起到了至关重要的作用。通过推动产学研深度融合,本科层次职业教育可以为新兴产业和未来产业提供源源不断的技术支持和人才保障。

产业是新质生产力的载体,其高质量发展离不开本科层次职业教育科教融汇的有力支持。一是人工智能、大数据、云计算、物联网、区块链等新兴技术正在迅速改变各行各业的生产方式,催生出许多新的产业形态。例如,在制造业领域,智能制造已经成为新兴产业的重要组成部分。二是未来产业的兴起为新质生产力的发展提供了新的机遇。未来产业指的是基于科技创新、环保和可持续发展的产业,它们通常涉及高技术、高附加值、高度创新的领域。比如,新能源产业、绿色环保产业、数字经济等领域,正成为全球经济发展的重要方向。三是新兴产业与未来产业的崛起推动了产业的集群化和协同化发展。在这一过程中,科教融汇能够促进各个产业环节之间的协调合作,推动跨学科技术的融合和创新。例如,人工智能、大数据等技术在多个产业之间的交叉应用,既需要相关领域的专业技术人员,也需要具备跨学科知识的人才。科教融汇正是通过促进不同学科、不同领域的合作,推动知识的融合和创新,为新兴产业和未来产业的快速发展提供人才支持。

专业布局与调整应瞄准战略性新兴产业、未来产业与新型支柱产业,助力新质生产力发展。随着经济结构的调整与产业升级,传统产业逐渐被战略性新兴产业、未来产业和新型支柱产业取代或补充,尤其是以知识、技术、创新和绿色可持续发展为核心的新质生产力逐步崛起，成为推动社会和经济发展的重要引擎。高职院校应遵循产业结构演变规律，优化相关专业布局。①新质生产力的核心特征要求教育体系特别是本科层次职业教育能够根据这些新兴需求调整专业布局，以培养能够适应这些产业和技术转型的高层次技术技能人才。对于本科层次职业教育而言，紧扣战略性新兴产业、未来产业和新型支柱产业的发展需求，精准定位专业方向，并进行科学的专业设置与布局优化，已成为推动科教融汇、促进新质生产力发展的关键策略。战略性新兴产业是新技术已经实现产业化、市场化，形成了现实生产力，且仍具较大发展潜力的产业，如高端装备制造、新能源、新材料等。②它们代表了全球产业结构调整的方向，是技术进步、产业升级和社会变革的直接产物。为了支持这些战略性新兴产业的发展，本科层次职业教育应迅速响应产业需求，通过精准的专业布局来培养适应战略性新兴产业发展的高层次技术技能人才。例如，新能源汽车产业的快速发展需要汽车工程、电子信息、智能硬件等专业人才，智能制造产业需要精通自动化、机器人技术、工业互联网等领域的工程技术人员。未来产业则是更为前瞻、更为先进的技术和概念，相关底层技术发展相对明晰但尚未进入大规模产业化阶段，或者虽然目前产业规模较小，但随着技术的迭代升级和探索应用有望实现增长势能跃迁，进一步发展成为战略性新兴产业的先导性产业，如类脑智能、量子信息、未来网络、区块链、元宇宙等。③科教融汇要求本科层次职业学校要适度布局未来产业，适度超前规划相关专业发展。支柱产业是指在国民经济体系中占有重要战略地位，产业规模在国民经济中占有较大份额、在一定时期内构成一个国家或地区产业体系的主体，并对国民经济发展起引导和推动作用的产业。我国"十五五"期间能够成长为新型支柱产业的有五大产业赛道，即数字技术相关产业赛道，大健康及生命科学领域相关赛道，新材料、新能源等基础支撑性产业赛道，高端装备制造产业赛道，现代生产性服务业赛道。④本科层次职业学校推进科教融汇不仅要依托传统支柱产业的现有优势，还应根据支柱产业的

① 李梦卿，余静. 高职院校高水平专业群的组群逻辑 [J]. 教育科学，2023（1）：76-82.
② 郑江淮，陈英武. 以培育发展战略性新兴产业和未来产业加快形成新质生产力 [J]. 理论月刊，2024（9）：12-19.
③ 郑江淮，陈英武. 以培育发展战略性新兴产业和未来产业加快形成新质生产力 [J]. 理论月刊，2024（9）：12-19.
④ 刘志彪，凌永辉，孙瑞东. 新型支柱产业：发展新质生产力的主阵地与政策选择 [J]. 山东大学学报（哲学社会科学版），2024（6）：117-128.

转型升级进行专业调整，培养符合新需求的高层次技术技能人才，推动产业的高端化发展。

新质生产力的发展要求教育体系尤其是本科层次职业教育更加注重产业需求和科技发展的前瞻性。优化专业布局，不仅是提升教育质量的关键，还是推动战略性新兴产业、未来产业和新型支柱产业发展、促进科技创新和产业升级的重要手段。只有瞄准战略性新兴产业布局相关专业，根据未来产业规划专业发展，依托支柱产业优化专业设置，本科层次职业学校才能够培养出更加适应产业需求的高层次技术技能人才，切实以科教融汇助力生产力跃升，从而为经济高质量发展提供强有力的支撑。

二、着力于产教融合、校企合作，促进四链融合

产教融合是我国现代职业教育高质量发展的基本要求。[①] 2019 年 10 月，国家发展改革委、教育部等 6 部门联合印发的《国家产教融合建设试点实施方案》指出：深化产教融合，促进教育链、人才链与产业链、创新链有机衔接，是推动教育优先发展、人才引领发展、产业创新发展、经济高质量发展相互贯通、相互协同、相互促进的战略性举措。[②] 2021 年 10 月，中共中央办公厅、国务院办公厅印发的《关于推动现代职业教育高质量发展的意见》指出：坚持产教融合、校企合作，推动形成产教良性互动、校企优势互补的发展格局。[③] 2021 年 1 月，教育部出台的《本科层次职业学校设置标准（试行）》（以下简称《标准》）指出：本科层次职业学校需与行业企业开展深度合作，有 2 个及以上实质性运行的产教融合、校企合作项目（包括职业教育集团、现代学徒制、产业学院）。产教融合、校企合作作为我国职业教育人才培养的基本模式，理应贯穿于本科层次职业教育人才培养全流程，推动科学技术与职业教育深度融合汇聚。

产教融合是职业院校科教融汇范式与类型特色形成的基石。科教融汇概念的提出对本科层次职业学校的科研水平提升提出了更高的要求，与传统的

① 李梦卿. 以深度产教融合推进我国现代职业教育高质量发展 [J]. 职业技术教育，2023（25）：1.

② 多部门印发国家产教融合建设试点实施方案 [EB/OL]. [2024-10-06]. https：//www. gov. cn/xinwen/2019-10/10/content _ 5438011. htm.

③ 中共中央办公厅 国务院办公厅印发《关于推动现代职业教育高质量发展的意见》[EB/OL]. [2024-10-06]. https：//www. gov. cn/gongbao/content/2021/content _ 5647348. htm.

学术型高校不同，其科研工作必须围绕应用性和实践性展开，以更好地为社会和产业服务。本科层次职业学校面临的一个重要问题是，如何开展体现自身类型特色的科研工作，这要求院校在科研方向、研究课题、科研方法等方面必须贴近产业需求，避免学术漂移和科研成果同质化的现象。实际上，职业教育是距离产业最近的类型教育，本科层次职业学校的科研工作必须以产教融合为基础，才能形成符合行业需求的技术成果、科研成果，真正满足企业的实际发展需求，进而培养契合产业需求的高层次技术技能人才。因此，科研工作必须聚焦于应用技术研发与产业化应用，以产教融合、校企合作培养高层次技术技能人才，推动技术创新并加速技术成果转化，提高科教融汇的现实价值和社会价值。本科层次职业学校可以通过与企业共建技术研究中心、实验室，设立联合研发项目，既能增强学校科研能力，又为企业提供了技术创新支持。企业提供实践平台，学校提供科研智力，形成产学研的良性循环。

产教融合、校企合作是教育链、人才链与产业链、创新链有机衔接的关键。教育链、人才链、产业链和创新链是社会经济发展的四个关键环节，它们的紧密连接是推动国家高质量发展的基础。产教融合和校企合作作为实现这一连接的润滑剂，不仅有助于提高职业教育质量和科研水平，还能直接促进产业技术创新和经济结构优化。其一，教育链与人才链的有机衔接是实现人才培养和产业需求对接的基础，人才链的形成和发展依赖于教育链的支撑，而产教融合则通过校企合作将人才链的各个环节与产业链、创新链紧密联系起来，有助于本科层次职业学校根据产业需求调整培养目标和课程体系，通过企业提供的实践平台帮助学生将理论知识转化为实践能力，从而培养出更符合市场需求、具备创新精神和实际操作能力的高层次技术技能人才。其二，产教融合促进了产业链和创新链的协同发展。产业链是从上游原材料到下游产品销售的整个过程，而创新链则包括了从技术研发、产品设计到创新成果转化的各个环节。其中，校企合作发挥了桥梁作用。企业通过与学校的合作，能够获得最新的技术研发成果和创新思路，从而推动产业链的技术创新与升级。同时，学校通过与企业的深度合作，可以将科研成果与实际生产需求对接，加速技术成果的转化与产业化，促进产业链的发展。二者形成了一个相互依赖、相互促进的创新生态系统，推动了技术的不断突破和产业的持续升级。其三，产教融合和校企合作对于创新链的发展具有深远影响。创新不仅仅是技术突破，更是人才、资本、技术和信息等多种资源的有机结合。校企合作为创新链提供了丰富的实践平台和技术支持，尤其在高技术领域，本科层次职业学校的科研成果成为创新链的重要源头，企业则是创新成果落地与应用的主力军。二者共同开展技术研发，解决实际生产中遇到的技术难题，为产业提供源源不断的创新动力。

本科层次职业教育科教融汇须加强产教融合共同体实体化建设。要推动产教融合深入发展进而提升科教融汇成效，必须加强产教融合共同体的实体化建设。产教融合共同体是由政府、学校、企业以及行业协会等多方力量共同组成的合作平台，如产教联盟、产业学院、地域产教联合体等多种组织样态，其主要目标是通过整合各方资源，推动本科层次职业教育与产业之间的深度融合。共同体的建设不仅能够帮助本科层次职业学校和企业建立长期稳定的合作关系，还能够促进多方力量的协同合作，从而实现产教融合的可持续发展。美国学者马丁·诺瓦克与奥地利学者卡尔·西格蒙德提出的间接互惠概念认为：一个个体在帮助另一个个体后，即使没有立即获得来自被帮助个体的直接回报，也受到了第三方个体的回馈。[①] 各产教主体应充分认识到这一互惠准则，积极主动寻求合作，这既有利于自身发展，也有助于扩大产教融合和规模。政府应当在产教融合共同体建设中发挥引导作用，为产教融合提供政策支持。政府可以出台相关政策，鼓励和支持学校与企业开展深度合作，解决合作过程中遇到的政策壁垒和资源分配问题，促使学校、企业和行业协会在一个共同的平台上开展合作，形成具有长期生命力和稳定性的产教融合机制。本科层次职业学校和企业在共同体的建设中应当积极参与，共同设定发展目标和合作方向，可以通过建立联合研发中心、产学研合作基地等方式，推动与企业的深度合作。企业应根据自身的技术需求与行业前景，为学校提供必要的实践基地、技术支持和满足人才培养需求，帮助学校更好地设计和优化课程体系。行业协会和其他社会组织应积极参与到产教融合共同体的建设中，发挥其中介和协调作用。行业协会可以帮助学校与企业之间搭建沟通平台，协调产教融合过程中各方的利益关系，促进教育链与产业链之间的无缝对接，参与制定行业标准和职业技能认证体系，为学校和企业的合作提供政策依据和实践指导。产教融合共同体的实体化建设要求多方力量共同协作，确保本科层次职业学校、企业行业、政府之间的关系更加稳定和高

---

① Nowak M A，Sigmund K. Evolution of indirect reciprocity [J]. Nature，2005，437（7063）：1291-1298.

效，进而建立稳固的合作机制和制定长期产教融合战略，推动教育链、人才链与产业链、创新链的协同发展，提升科教融汇的质量与效益。

三、教学与科研并重，强化师资队伍

《本科层次职业教育专业设置管理办法（试行）》指出：本科层次职业教育专业须有省级及以上教育行政部门等认定的高水平教师教学（科研）创新团队。① 本科层次职业教育科教融汇要求"双师型"教师既要注重教学，又要重视科研。2022 年 10 月，教育部办公厅发布的《关于做好职业教育"双师型"教师认定工作的通知》指出："双师型"教师要突出对理论教学和实践教学能力的考察，注重教学改革和专业建设实绩，要熟悉行业企业情况，具有相应的专业技能，以及行业企业工作经历或实践经验。② 可见，理论、科研融入教学已成为对"双师型"教师的基本要求。从对"科"与"教"的关系认识演进来看，早在 19 世纪初期，德国著名教育家威廉·冯·洪堡在洪堡大学办学实践探索中，已提出"科研与教学相结合"的育人思想，其强调教学与科研均是教师的重要职责，倡导教师在人才培养中加强教学与科研之间的协同，号召教师鼓励支持学生参与科研项目，通过科研训练和教学的有效贯通，增强学生的专业素养，并形成较强的创新思维和学术研究能力。③ 随后，19世纪中后期，美国教育家丹尼尔·吉尔曼对威廉·冯·洪堡的科研与教学结合的育人理念进行了深化，并在约翰斯·霍普金斯大学的办学中进行了深入的实践探索，通过创设具有研究生院和学系双层结构的"科研与教学共同体"，真正落实了教学与科研育人思想。④

"双师型"教师须着力提升教学水平。其一，"双师型"教师需要不断完善教育理念、更新教育方法，特别是在本科层次职业学校生源质量更高的背景下，应不断加强对现代教育理论的学习，如模拟仿真教学、任务驱动教学、情境教学、案例教学等先进的教学方法，改善教学效果。其二，"双师型"教

① 教育部办公厅关于印发《本科层次职业教育专业设置管理办法（试行）》的通知 [EB/OL]. [2024-10-06]. https：//www. gov. cn/zhengce/zhengceku/2021-01/29/content_5583672. htm.

② 教育部办公厅关于做好职业教育"双师型"教师认定工作的通知 [EB/OL]. [2024-10-06]. http：//www. moe. gov. cn/srcsite/A10/s7034/202210/t20221027_672715. html.

③ 威廉·冯·洪堡. 论国家的作用 [M]. 林荣远，冯兴元，译. 北京：中国社会科学出版社，1998.

④ 劳伦斯·A. 克雷明. 美国教育史 [M]. 朱旭东，译. 北京：北京师范大学出版社，2002.

师应当与时俱进，不断更新自己的行业知识和技术能力，时刻保持对新技术、新产品的敏感性，通过不断的行业实践，保持自己的专业水平。本科层次职业学校应为教师提供丰富的企业实践机会，鼓励教师参与行业技术研讨、技术交流等活动，提高其专业水平。其三，建立全面、公正的评价体系。本科层次职业学校可通过学生评价、同行评议、自我纠察等多种方式，全面了解任课教师的教学水平，找出不足并制订改进计划。

"双师型"教师应持续增强科研能力。"双师型"教师的科研能力提升，不仅是其职业发展的一部分，而且是科教融汇和产学研一体化建设的核心所在。教师科研能力的提升，能够有效地将理论研究与行业实践相结合，为学校和企业的技术创新提供理论支撑和实践经验。其一，"双师型"教师的科研方向应紧密结合行业需求，突出应用性、职业性与创新性。学校应鼓励"双师型"教师将自身的科研方向与行业发展需求相结合，推动科研与行业需求的深度对接，尤其是与地方经济、产业发展相关的课题，为本土企业的技术升级提供科研支持。如唐山工业职业技术大学积极探索河北省科技特派员管理与高水平科研项目、高价值科研成果、高层次创新平台的有机联系，为实现有目标、有组织的科研，更好地服务于区域产业发展，专门制定了《唐山工业职业技术大学科技特派员管理办法（试行）》，有 31 名教师成为河北省科技特派员。① 其二，企业在技术研发中的经验和资源对于教师的科研具有重要价值。本科层次职业学校应积极搭建产学研合作平台，促进学校与行业企业的合作，帮助教师了解行业技术前沿，拓宽其科研视野，提升其科研水平。其三，学校要为"双师型"教师提供充分的科研支持，包括科研资金、平台资源、技术设备、激励政策等。科研能力的提升需要教师投入大量的时间与精力，其高效开展离不开学校的资源保障。学校应建立激励机制，鼓励教师积极开展科研活动，特别是在科研经费的支持和科研项目的管理上，给予教师更大的自主性和支持。例如，学校可以为教师提供创新创业基金，鼓励教师在行业中开展科研项目，并通过与企业的合作，提升科研成果的转化率和应用性。

因此，如何在"双师型"教师的培养过程中实现教学与科研的有机融合，已成为本科层次职业学校科教融汇战略的重要课题。一是学校要通过制度设

---

① 唐山工业职业技术大学 31 位教师成为河北省科技特派员［EB/OL］．［2024-10-16］．https：//www.tsgzy.edu.cn/col/1384827946765/2024/12/19/1734570057964.html.

计与政策支持，推动教学与科研的深度融合。本科层次职业学校应当建立激励机制以鼓励教师将科研成果直接应用于教学中，提升课堂的实用性和前瞻性，同时，加强对教师教学与科研工作的绩效考核，合理设置二者所占比重，引导教师在教学与科研两方面发力，推动教学与科研的良性循环。如辽宁理工职业大学组织开展了 2024 年科研反哺教学典型案例评选活动，经教师个人申报、二级学院推荐、校科技处初审、专家评定等环节，评选出 23 项获奖案例，有力推进了科研与教学的深度融合。① 二是学校可以通过校企合作和产教融合共同体建设，为"双师型"教师提供更广阔的科研平台，帮助教师将实践经验与教学内容结合起来，参与到企业科研项目中，了解行业最新技术动态，为科研课题提供新的视角和思路。三是开展教师培训，提升融合素养。学校要针对教学与科研融合的需求，开展有针对性的教师培训活动。培训内容可以包括现代教育技术在教学科研融合中的应用、科研成果转化为教学资源的方法与技巧、跨学科知识融合在教学科研中的实践等。培训形式可以多样化，既有邀请专家进行集中授课的短期培训，也有安排教师到教学科研融合示范院校进行实地考察学习的长期培训。通过系统的培训，让教师掌握教学科研融合的必备知识与技能，提升教师队伍整体的科教融汇素养，打造一支能够符合本科层次职业教育科教融汇要求的高素质师资队伍。

综上所述，本科层次职业学校"双师型"教师队伍建设必须始终坚持教学与科研并重的原则，通过提升教师的教学水平和科研能力，建设一支教学与科研融合发展的师资队伍。本科层次职业学校通过打造科研与教学俱佳的师资队伍以有效推动科教融汇战略的实施，进而提升人才培养质量，促进教育、科技、人才的三位一体发展，推动社会经济的高质量发展。

四、加强技术创新，提升社会服务水平

新修订的《中华人民共和国职业教育法》第 40 条指出：国家鼓励职业院校在科学研究、技术服务、科技成果转化以及技术技能创新平台、专业化技术转移机构等方面，与相关行业组织、企事业单位等建立合作机制。《本科层次职业学校设置标准（试行）》要求：服务企业的技术研发和产品升级，解决生产一线技术或工艺实际问题，形成技术技能特色优势，近 5 年横向技术

---

① 我院在学校 2024 年科研反哺教学典型案例评选中荣获佳绩［EB/OL］.［2024-10-16］. https://www.lnvut.edu.cn/info/1039/13709.htm.

服务与培训年均到账经费 1000 万元以上（文科专业为主的院校 500 万元以上）。《本科层次职业教育专业设置管理办法（试行）》明确指出：本科层次职业教育专业需要在技术研发与社会服务上有较好的工作基础，有省级及以上技术研发推广平台，能够面向区域、行业企业开展科研、技术研发、社会服务等项目，并产生明显的经济和社会效益。[①] 20 世纪 70—90 年代的我国大学，社会服务职能作为教学和科研职能之外的第三种职能被正式确立起来。[②] 对于本科层次职业学校而言，社会服务不仅是履行社会责任的体现，更是实现自身可持续发展的重要途径。本科层次职业学校应以加强技术创新为着力点，不断提升自身社会服务水平，助力科教融汇的良性循环。

科教融汇要求本科层次职业学校加强技术创新。一是紧密对接产业需求。产业升级与转型的步伐不断加快，这要求本科层次职业学校的技术创新必须紧密围绕产业需求展开。例如，在智能制造领域，企业在智能装备研发、数字技术应用、智能生产管理等方面呈现多样化需求，迫切需要专业化、智能化的技术创新和管理升级。本科层次职业学校应聚焦这些需求，开展相关技术研究，如工业机器人的编程与应用优化、智能工厂的信息化管理系统开发等。本科层次职业学校应深入了解产业实际情况，与企业建立紧密合作关系，及时获取产业需求信息，确保技术创新的方向具有针对性和实用性，使相关科研成果能够直接应用于产业生产活动，推动产业发展。二是注重跨学科融合。现代科技的发展呈现出高度的交叉融合态势，单一学科的技术创新已难以满足复杂的实际需求。本科层次职业学校在进行技术创新时，应打破学科壁垒，促进多学科之间的交叉融合，充分发挥各学科优势，提高技术创新的效率和质量。三是培养创新型人才。技术创新的关键在于人才，本科层次职业学校作为培养高层次技术技能人才的重要阵地，在进行技术创新的过程中，必须注重培养学生的创新能力。一方面，将科研项目与教学实践相结合，让学生参与到实际的科研工作中；另一方面，开设创新课程和举办创新竞赛，激发学生的创新思维和创造力，通过创新课程传授创新理论和方法，在创新竞赛中设置实际问题，让学生运用所学知识设计解决方案，培养学生解决实际问题的能力和创新精神，为未来的技术创新储备人才力量。

---

① 教育部办公厅关于印发《本科层次职业教育专业设置管理办法（试行）》的通知 ［EB/OL］. ［2024-10-06］. https：//www. gov. cn/zhengce/zhengceku/2021-01/29/content_5583672. htm.

② 李瑞琳，Hamish Coates. 我国大学社会服务职能发展：国际经验、现实问题与政策建议 ［J］. 高校教育管理，2020（4）：96-106.

社会服务是高等教育的重要职能之一，本科层次职业学校理应为社会服务。一是服务地方经济发展。职业教育与地方经济发展紧密相连，本科层次职业学校应为地方企业提供技术支持、人才培训等服务，利用自身专业优势，与企业合作开展技术研发项目，帮助企业改进生产工艺、提高产品质量，促进地方产业升级和发展。同时，针对企业员工的技能提升需求，开展定制化的培训课程，提高员工的专业技能水平，增强企业的核心竞争力，从而推动地方经济发展。二是促进社会就业与创业。本科层次职业学校为社会供给大量高层次技术技能人才，缓解了就业压力和企业用人缺口压力，应与企业建立长期合作关系，了解企业的人才需求，有针对性地开展人才培养工作，使学生在毕业后能够顺利进入本地企业就业。同时，开展创业教育和培训，为有创业意愿的学生和社会人员提供创业指导、项目孵化等服务。例如，设立创业学院，配备专业的创业导师，为创业者提供市场调研、商业模式设计、资金筹集等方面的指导，帮助他们成功创业，进而创造更多的就业机会，促进社会的稳定与发展。三是推动文化传承与创新。社会服务不仅包括经济领域的服务，还涵盖文化领域。本科层次职业学校作为文化传承与创新的重要载体，肩负着弘扬优秀传统文化、推动文化创新的使命。学校可以通过开展文化研究、文化活动等方式，弘扬大国工匠精神、教育家精神、职业精神等优秀文化，促进文化的传承与发展。

　　本科层次职业学校应以加强技术创新为着力点，不断提升自身社会服务水平。一是加大科研投入与资源整合。一方面，争取政府与企业支持。本科层次职业学校应积极与政府部门沟通，争取政府在科研经费、政策等方面的大力支持。政府可以设立专项科研基金，专门用于支持本科层次职业学校的技术创新项目。同时，院校要主动与企业建立合作关系，吸引企业的科研投资。企业可以通过设立科研奖学金、赞助科研项目等方式，为院校的技术创新提供资金支持。另一方面，整合校内科研资源。院校内部应加强科研资源的整合与优化配置，打破各院系之间的壁垒，建立跨院系的科研平台，集中优势科研力量开展技术创新研究。如长春汽车职业技术大学的学校车联网服务平台安全技术创新中心在产教融合发展中心、信息技术学院和车联网安全产教融合创新中心的大力支持下成功举办"科研沙龙"学术活动。该校的车联网服务平台安全技术创新中心集合了多个部门的科研力量，深入挖掘车联网领域的前沿技术动态，大力推进技术创新，加速科研成果向实际应用的转化进程，从而更好地服务于学校本科层次职业教育建设，助力行业创新与升级。① 二是加强科研人才队伍建设，以人才服务社会。一方面，引进高层次科研人才。制定具有吸引力的人才政策，为高层次人才提供优厚的薪酬待遇、良好的科研条件和广阔的发展空间，吸引行业专家和企业技术骨干以兼职、顾问等形式参与院校的科研工作，拓宽科研人才队伍的来源渠道，吸引国内外高层次科研人才加入本科层次职业学校。另一方面，培养校内教师科研能力。加强对校内教师的科研培训，定期组织教师参加国内外学术交流活动、科研培训课程等，鼓励教师到企业进行实践锻炼，了解行业最新技术动态和实际生产需求，提高教师解决实际问题的能力，以团队的形式开展科研工作，促进教师之间的交流与合作，整体性提高科研能力。三是拓展社会服务领域。除了传统的技术咨询、技术培训、技术服务等项目外，还可以开展职业技能鉴定、创新创业指导、社区教育等多元化的社会服务活动。充分利用院校的专业实验室和实训基地，为企业和社会提供技术检测、产品研发等服务；开展创新创业培训和指导，帮助大学生和社会创业者提高创业能力；开展社区教育活动，为社区居民提供文化、技能等方面的培训，提高居民的综合素质。

加强技术创新和提升社会服务水平是本科层次职业教育实现科教融汇的关键所在。通过加大科研投入、加强科研人才队伍建设、深化产学研合作、拓展社会服务领域与方式等一系列措施，可以有效提高本科层次职业学校的技术创新能力和社会服务水平，实现科教融汇的良性循环。在实施过程中，本科层次职业学校应结合自身实际情况，制定切实可行的发展策略，并不断探索创新，为推动我国职业教育的高质量发展做出积极贡献。

五、加快数字化转型，增强本科层次职业教育适应性

《中华人民共和国国民经济和社会发展第十四个五年规划和 2035 年远景目标纲要》明确提出，要加快数字化发展，建设数字中国，迎接数字时代，激活数据要素潜能，推进网络强国建设。② 《教育部 2022 年工作要点》指出，要实施教育数字化战略行动，积极发展"互联网＋教育"，加快推进教育数字

---

① 学校车联网服务平台安全技术创新中心举办"科研沙龙"第三期学术活动 [EB/OL].［2024-10-16］. https：//www. caii. edu. cn/2024/1119/c538a68630/page. htm.

② 中华人民共和国国民经济和社会发展第十四个五年规划和 2035 年远景目标纲要 [EB/OL].［2024-10-06］. http：//www. moe. gov. cn/jyb _ xwfb/xw _ zt/moe _ 357/2021/2021 _ zt01/yw/202103/t20210315 _ 519738. html.

化转型和智能升级。① 2022 年修订的《中华人民共和国职业教育法》指出，要支持运用信息技术和其他现代化教学方式，开发职业教育网络课程等学习资源，创新教学方式和学校管理方式，推动职业教育信息化建设与融合应用。2021 年 4 月，习近平总书记对职业教育工作作出重要指示，强调：在全面建设社会主义现代化国家新征程中，要增强职业教育适应性，加快构建现代职业教育体系，培养更多高素质技术技能人才、能工巧匠、大国工匠。② 数字化转型是职业教育应对数字化时代发展与挑战的必然选择，也是加快信息化时代教育变革、利用现代技术重塑职业教育新生态的内在需求。③ 作为驱动我国经济增长的新引擎，数字经济正持续为经济增长贡献力量，并加速融入我国经济社会的各个角落。它对教育行业，特别是与经济社会发展紧密相连的职业教育，产生了深远的影响。数字化转型对促进职业教育的高质量发展、推进科教融汇战略至关重要，本科层次职业学校需要积极适应数字变化，借助大数据、人工智能等技术赋能科教融汇，培养具备数字素养的高层次技术技能人才，确保其发展具有足够的适应性。

数字化转型是重塑职业教育新生态的变革力量。其一，数字化转型推动教育理念变革。传统的职业教育理念往往侧重于知识的传授和技能的训练，而在数字化时代，教育理念逐渐向以学生为中心、注重培养学生的创新能力和数字化素养转变。数字化技术的应用使得教育更加个性化、多样化和智能化。例如，通过大数据分析，教师可以更加精准了解每个学生的学习特点和需求，为其提供个性化的学习方案和指导，实现因材施教。其二，优化资源配置，实现高效共享。数字化转型打破了教育资源的地域壁垒和校际界限，极大地优化了资源配置。通过构建数字化教育资源库，本科层次职业学校能够整合来自校内各专业、校外企业以及其他教育机构的优质教学资源。这些资源涵盖了丰富的课程视频、翔实的教学案例、前沿性的行业标准以及大量的实训项目等。如南京工业职业技术大学经济管理学院成功举办"高质量推进规划教材建设与数字教材开发"专题讲座，贯彻落实教育部《"十四五"职

---

① 教育部 2022 年工作要点 [EB/OL]. [2024-10-16]. http：//www. moe. gov. cn/jyb _ xwfb/gzdt _ gzdt/202202/t20220208 _ 597666. html.

② 习近平对职业教育工作作出重要指示 [EB/OL]. [2024-10-16]. https：//www. gov. cn/xinwen/2021-04/13/content _ 5599267. htm? gxj.

③ 李梦卿，郭方营. 数字中国建设背景下我国职业教育数字工匠培养研究 [J]. 职业技术教育，2024（31）：40-46.

业教育规划教材建设实施方案》精神, 推动数字建材建设。① 其三, 变革教育管理, 提升治理效能。数字化管理系统的引入, 可以实现教务管理、学生管理、教师管理以及教学质量监控等多方面的信息化和智能化。如在教务管理方面, 通过教务管理软件, 课程的编排、调整, 以及学生的选课、退课等操作都能在线上高效完成; 在教学质量监控方面, 利用学习分析系统, 能够实时收集学生的学习行为数据, 如学习时长、作业完成情况、考试成绩等, 通过数据分析及时发现教学过程中存在的问题, 并为教师调整教学策略提供有力支持。如泉州职业技术大学与新道科技股份有限公司成立 "用友新道数智财经产业学院", 建立数字人才培养方案, 包括 "企业导师＋院校教师" 模式、数智化教学平台、数智化产业课程、数智化证书、实习指导和岗位推荐等。②

科教融汇须增强本科层次职业教育适应性。一方面, 科教融汇要求本科层次职业教育以就业为导向, 紧密结合科学研究、技术创新与教育教学, 培养出既具备扎实的理论知识, 又具有较强实践能力和创新精神的高层次技术技能人才。这就需要本科层次职业教育能够适应产业发展的需求, 及时调整专业设置和课程内容, 将最新的科研成果和技术应用融入教学中。同时, 要加强与企业的合作, 建立产学研用协同创新机制, 使学生在学习过程中能够接触到实际的生产项目和技术难题, 提高解决实际问题的能力。另一方面, 增强适应性是科教融汇的关键目标。本科层次职业教育增强适应性的过程, 实际上就是实现科教融汇的过程。只有不断提高教育对经济发展的适应性, 满足时代之需、产业之需和教育之需, 才能真正融合科研成果与教学内容, 培养出符合产业需求的人才。本科层次职业教育需要及时运用数字化技术加强相关方向的教学和研究, 培养出能够适应这些新兴产业发展的高层次技术技能人才, 确保科教融汇成效。

创新高层次数字化技术技能人培养模式以增强适应性。其一, 构建数字化课程体系。一方面, 融合数字化技术与专业课程。本科层次职业学校应根据产业发展需求和数字化转型趋势, 对现有课程体系进行全面梳理和优化, 在专业课程中融入数字化技术元素, 同时开设专门的数字化技术课程, 如大

---

① 经济管理学院成功举办 "高质量推进规划教材建设与数字教材开发" 专题讲座 [EB/OL]. [2024-12-16]. hhttps://jg. niit. edu. cn/fb/0e/c2584a64270/page. htm.

② 用友集团高级专家, 引领泉大学子开启数智顾问人生 [EB/OL]. [2024-12-16]. https://www. qvtu. edu. cn/info/1066/7606. htm.

数据技术基础、人工智能概论等，培养学生的数字化素养和创新能力。另一方面，开发在线开放课程和虚拟仿真课程。加大在线开放课程和虚拟仿真课程的开发力度，丰富课程资源，利用现代信息技术，将优质的教学资源进行数字化转化，通过在线学习平台向学生开放，同时鼓励教师开展线上线下混合式教学，充分利用在线课程的优势，提高教学质量。其二，利用智能化教学工具，创新教学方法与手段，如智能教学平台、学习分析系统等，实现教学过程的智能化管理和个性化指导，为教师提供教学决策支持，帮助教师调整教学策略，进而为学生提供个性化学习建议和辅导，改善学生学习效果。其三，加强师资队伍数字化能力建设。一方面，开展教师数字化培训。定期组织教师参加数字化教学能力培训，提高教师的数字化素养和教学技能，包括数字化课程设计、在线教学平台使用、虚拟仿真技术应用等方面。另一方面，鼓励教师参与数字化教学研究，探索适合本科层次职业教育的数字化教学模式和方法，组织教师参加数字化教学竞赛和学术交流活动，促进教师之间的经验分享和交流，提高教师的数字化教学研究水平。其四，建立数字化人才培养质量评价体系。一方面，制定多元化评价指标。建立以学生为中心的数字化人才培养质量评价体系，集传统的学业成绩评价、数字化素养、实践能力、创新能力、团队协作能力于一体，利用大数据等数字技术对学生的能力进行全面评价。另一方面，通过对毕业生就业数据的跟踪分析，了解用人单位对人才的需求和评价，为专业设置和课程改革提供参考。

优化软硬结合的数字基建以增强适应性。其一，加强硬件基础设施建设。建设一批智能化、数字化的教学场所，如智慧教室、虚拟仿真实验室、数字化实训车间等，配备先进的多媒体教学设备、互动教学系统等，支持线上线下混合式教学，利用虚拟现实、增强现实等技术，为学生提供逼真的实践教学环境，提高学生的实践能力和创新能力。其二，提升软件资源建设水平。建立统一的数字化教育资源平台，整合各类教学资源，包括课程资源、教学案例、实训项目等，集资源管理、在线学习、教学评价等功能于一体，为学生提供真实的企业项目案例和实践指导。同时，推广应用先进的教学管理软件，涵盖教务管理、学生管理、教师管理、教学质量监控等各方面工作，实现教学管理的信息化和智能化，提高教学管理的效率和精准度。其三，加强数字基建的运维与管理。组建一支专业的数字基建运维团队，负责校园网络、数字化教学场所、教育资源平台等硬件和软件设施的日常运维和管理，能够及时解决设备故障和技术问题，保障数字基建的正常运行。同时完善运维管理制度, 明确运维团队的职责和工作流程。制定设备维护计划、安全管理制度、数据备份与恢复制度等, 确保数字基建的安全稳定运行, 提高运维服务质量。

加快数字化转型是本科层次职业教育实现科教融汇、增强教育适应性的重要途径。通过创新高层次数字化技术技能人才培养模式, 优化软硬结合的数字基建, 能够提高本科层次职业教育的质量和水平, 培养出更多适应产业发展需求的高层次技术技能人才。在实施过程中, 本科层次职业学校应充分认识到数字化转型的重要性和紧迫性, 结合自身实际情况, 制定切实可行的数字化转型发展战略, 推动本科层次职业教育在数字化时代的高质量发展, 为我国经济社会发展提供有力的人才支撑和技术保障。

推动本科层次职业教育科教融汇是实现职业教育高质量发展的重要抓手, 应立足时代之需、产业之需、教育之需和经济之需, 从高层次技术技能人才培育、职教出海、产业转型升级、完善科技创新生态链等维度厘清其内在逻辑与求变现实, 以利于明晰科教融汇的高层次技术技能人才培养规律。着眼于适配性、教育性、协同性和制度性, 其行动逻辑应以需求为导向精准供给、遵循层级递进的有序发展、注重资源整合的多元聚力、强调有为政府与有效市场的协同推进。着力于畅通本科层次职业教育科教融汇, 须以优化专业布局促进新质生产力发展, 以产教融合、校企合作为桥梁促进四链融合, 打造一支教学与科研俱佳的高水平师资队伍, 加强技术创新以提升社会服务水平, 加快数字化转型以增强本科层次职业教育适应性。

第五章

传承与创新：本科层次职业教育
教师队伍建设的"型"与"性"

教师队伍建设是我国构建现代职业教育体系的关键要素，也是促进本科层次职业教育高质量发展的重要基础。明确本科层次职业教育教师队伍建设的价值逻辑，厘清本科层次职业教育"双师型"教师队伍建设的基本特征和教师队伍建设的师范性、专业性、职业性的基本属性，对于提高我国本科层次职业教育教师队伍建设质量、提升本科层次职业教育服务区域经济社会发展和国家重大战略水平具有重要意义。

第一节　本科层次职业教育
教师队伍建设的价值逻辑

加强教师队伍建设，是提高本科层次职业教育人才培养质量、革新本科层次职业教育治理能力和深化职业教育与产业对接的核心和关键，既能提升教师个人成长水平，又能提高本科层次职业教育质量，促进职业教育现代化发展进程进一步加快。

一、加强教师队伍建设是提高人才培养质量的核心要素

教育、科技、人才是全面建设社会主义现代化国家的基础性、战略性支撑，其中人才是第一资源。2021 年，教育部印发的《本科层次职业学校设置标准（试行）》（以下简称《标准》）指出，本科层次职业学校要"坚

定职业教育定位、属性和特色，培养国家和区域经济社会发展需要的高层次技术技能人才"。2021年教育部印发的《本科层次职业教育专业设置管理办法（试行）》中关于专业人才的培养方案，要求"毕业生能够从事科技成果、实验成果转化，生产加工中高端产品、提供中高端服务，能够解决较复杂问题和进行较复杂操作"①。本科层次职业教育所培养的人才是能够将理论转换成具体的操作构思或产品，并组织实施和指导生产实践的技术型人才以及能够从事一线操作，生产物质形态产品的技能型人才，创新性、复合性、行业性和可持续发展能力是其特质。② 高层次技术技能人才培养离不开高质量的教师队伍建设，教师队伍建设的关键在于教师教学能力和水平的不断提升。

第一，提升教师专业教学水平能够加强学生对于专业知识和技能的理解与掌握。职业化、高层次、适用型、复合型的技术技能人才培养目标③，决定着本科层次职业教育亟须加强专业建设和课程设置，要求本科层次职业教育教师具有合理选择和组织教学内容的能力，能够依据课程标准、学科特点和学生认知水平以及学生兴趣需要选择科学性、实用性、灵活性、现代性、多样性、综合性并存的教学内容。同时，教师能够按照知识的逻辑顺序和学生的认知发展规律，兼顾产业发展前沿和行业发展趋势，结合学校办学定位和区域服务面向，合理地组织教学内容，及时将新技术、新工艺、新规范纳入其中。具有较高专业教学水平的本科层次职业教育教师能够将教育教学原则和方法灵活应用于教学实践，提高教学质量和效率，遵循科学直观、循序渐进、理论联系实际的教学原则，注重对学生的启发和引导。例如，在汽车维修专业课程中，教师通过设置一个汽车故障情境，调动学生多种感官和已有经验，引导学生独立思考、积极探索，运用所学知识分析可能的原因，并鼓励他们提出解决方案，让学生身临其境地体验汽车维修过程，激发学生学习兴趣，培养学生的实践能力和解决实际问题的能力。

第二，提升教师实践教学水平能够增进学生实际操作和岗位适应能力。实际操作能力是指学生在接受职业教育过程中，通过理论学习与实践操作相结合的方式，培养在具体工作环境中应用所学知识和技能的能力，是学生提

---

① 教育部办公厅关于印发《本科层次职业教育专业设置管理办法（试行）》的通知［EB/OL］.［2024-10-06］. http://www. moe. gov. cn/srcsite/A07/zcs_zhgg/202101/t20210129_511682. html.

② 方泽强. 本科层次职业教育的人才培养目标及现实问题［J］. 职业技术教育，2019（34）：6-11.

③ 张学，周鉴. 本科层次职业教育人才培养的定位、逻辑与理路［J］. 中国职业技术教育，2022（18）：39-45.

高自身就业竞争力、满足市场需求、促进未来职业发展的基石。本科层次职业教育教师具有良好的实践教学水平，使得学生能够直观感受到教师精湛的操作技艺，并能在学生实际操作过程中给予精确的调整和精准的指导，提高学生的实际操作能力。岗位适应能力是指学生在接受职业教育后，能够迅速适应并胜任所从事的工作岗位的能力，良好的岗位适应能力一般要求学生具备扎实的专业知识和熟练的操作技能，同时对自己的职业生涯有清晰的规划，了解所从事岗位的要求，以及其上下游岗位的特点。本科层次职业教育教师在实践教学过程中，将晦涩、单调、零碎的教学内容有机整合，形成系统完整、紧密贴合实际生产的理论知识和操作技能，促进学生不断提高其职业能力以适应未来工作岗位的需要。

第三，提升教师教育教学水平能够提高学生职业素养和可持续发展能力。随着我国技能型和学习型社会的加速构建，职业素养和可持续发展能力越来越被视作职业教育人才培养不可或缺的部分。2019 年教育部发布的《关于职业院校专业人才培养方案制订与实施工作的指导意见》指出：专业（技能）课程设置与培养目标相适应，课程内容要紧密联系生产劳动实际和社会实践，突出应用性和实践性，注重学生职业能力和职业精神的培养。① 本科层次职业学校设置多种类型的教师岗位，以适应不同教育教学需求，为学生提供全面、多元的教育教学服务。根据所教授的课程内容和学生培养目标，本科层次职业教育教师可划分为文化课教师、专业课教师、实训指导教师、企业兼职教师等不同类型，构成了高质量的本科层次职业教育教师队伍。文化课教师负责教授学生基础的文化知识以及公共课程，提升学生的文化水平和综合素养。专业课教师负责教授学生专业领域的课程，为学生提供与生产实际相关的知识和技能培训，提高学生的专业能力和竞争力。实训指导教师主要指导学生实习实训，旨在提高学生的专业操作技能。企业兼职教师、校企合作教师、行业导师通常来自企业、行业或研究机构，具有丰富的行业经验和实际操作技能，为学生提供与实际工作密切相关的知识和技能，增强学生的实践能力以更好地适应市场需求。此外，本科层次职业学校关注高层次技术技能人才培养全过程，设有职业生涯规划指导教师、创新创业指导教师、心理健康教育教师等岗位，为学生个人成长成才和全面发展提供师资队伍保障。

---

① 教育部关于职业院校专业人才培养方案制订与实施工作的指导意见 [EB/OL]. [2024-10-06]. http://www.moe.gov.cn/srcsite/A07/moe_953/201906/t20190618_386287.html.

二、加强教师队伍建设是强化治理的关键内容

管理是社会组织为实现预期目标进行的以人为中心的协调活动，有保管、料理、照管、约束等含义，通过计划、组织、领导、控制、协调等方式发挥管理功能。被誉为现代管理学之父的彼得·德鲁克提出，管理是组织社会的基本器官和功能。① 管理的目的是实现预期目标。如果管理得好，就能够提高组织运作效率，提升竞争力，促进组织内部人员的成长和发展，并能够实时适应环境变化，及时调整组织的战略和策略，确保组织可持续发展。

本科层次职业教育管理包括学生管理、教师管理、教学管理、专业管理等多个维度。本科层次职业教育教师管理是指对教师队伍进行组织、规划和监督的一系列措施和办法，通过优化教师资源配置和流程控制，提高教师队伍建设的绩效和竞争力，以打造一支师德高尚、技艺精湛、专兼结合、充满活力的"双师型"教师队伍为目标，满足本科层次职业教育高质量发展的需求。加强本科层次职业教育教师队伍建设管理，提高教师队伍整体素质，对于提升本科层次职业教育管理水平具有重要意义。

要严格规范教师准入与招聘制度。一是要求新入职教师具有行业企业从业经历或已取得职业资格证书或职业技能等级证书，且修习过教师教育课程、拥有教育教学能力和良好的师德师风素养。二是本科层次职业学校根据自身办学目标和条件，确保师资配备与专业建设同步，科学设置教师岗位，依岗聘任，优化教师队伍的结构。三是开辟人才引进绿色通道，吸引高层次人才和行业领军人物投身职业教育。推动固定岗和流动岗相结合的本科层次职业教育教师人事管理制度改革，支持本科层次职业学校专设流动岗位，大力引进行业企业一流人才，吸引具有创新实践经验的企业家、技术工人、高技能人才等兼职任教。

要持续提升教师培训与发展成效。一是加强职业技术师范院校建设，支持高水平学校和大中型企业共建"双师型"教师培养培训基地，建立高等学校、行业企业联合培养"双师型"教师的机制。二是强化本科层次职业教育教师培训效能，为教师提供专业进修和学习发展的机会，切实推进本科层次职业教育教师定期到企业实践，不断提高教师的专业水平和教学能力。三是畅通教师职业发展通道，提高教师专业发展和职位晋升积极性，鼓励教师参与学术交流和科学研究，提升教师的学术素养和科研水平。四是持续提升教

---

① ［美］彼得·德鲁克. 管理的实践［M］. 齐若兰，译. 北京：机械工业出版社，2019.

师数字素养及数字化能力，增强教师主动适应信息化、人工智能等新技术变革的积极性。

要充分发挥教师考核与评估作用。一是完善本科层次职业教育教师职称制度，推动更加科学合理的职称评审制度落实，保障评审标准清晰、评审程序透明、评审结果公平。二是推进本科层次职业教育教师考核评价制度改革，建立科学合理的绩效考核机制，包括教学质量、项目参与情况、科研成果等多方面的考核指标，定期对教师进行绩效评估，依据评估结果进行薪酬发放和职务晋升等相关决策。三是突出教师专业技能考核及产教融合能力评估，要求本科层次职业教育教师根据产业发展前沿及时更新专业知识和技能，并提升自身的产教融合能力。

要逐步完善教师激励与奖励机制。重点在于激发教师的内在动力，避免教师出现职业倦怠和厌烦情绪。一是充分认可本科层次职业教育教师的专业能力，赋予教师足够的教学自主权，将荣誉性表彰和物质性奖励相结合，肯定教师实际工作成就。二是本科层次职业学校要充分提供培训和学习机会，促进教师专业发展和个人成长。为教师提供明确的职业发展路径和晋升渠道，关注教师心理健康，为教师提供心理健康支持和咨询服务。三是激发教师自觉意识和自主意识，鼓励教师申报课题、参加职业技能大赛、参与各级各类评奖评优活动等。通过思想政治教育工作，激发教师对于教育事业的热爱和信念，鼓励教师深耕教学研究，创新教学方法和技术，不断探索和实践。四是为教师营造良好的工作环境和氛围，合理安排教师工作时间和任务量，给予有需要的教师灵活宽松的福利政策。

教师队伍治理是本科层次职业教育治理的重要组成部分，要以积极治理的思维建设本科层次职业教育教师队伍。强调治理过程中的多元主体参与、协同共治是现代治理的基本理念。[①] 本科层次职业教育教师队伍治理由政府、本科层次职业学校、行业企业、相关组织和教师自身等多元主体共同参与，须明确各主体间责、权、利分配，形成多元共治、互利共赢的良好生态。在本科层次职业教育教师队伍治理结构中，政府贯彻"放管服"职能，对教师队伍治理进行引导和监督，给予本科层次职业学校教师队伍建设治理自主权。本科层次职业学校充分发挥治理自主权，明确教师队伍治理具体事项，创新教师队伍治理模式。行业企业作为吸纳本科层次职业学校培养人才的关键场所，应积极参与教师队伍建设治理，提出行业清晰的诉求及标准，加大对教

---

① 王靖高. 高职院校治理现代化的核心要义、改革路向与实践探索［J］. 现代教育管理，2021（12）：39-45.

师队伍建设的监督反馈力度。本科层次职业教育教师自身也要有良好的治理意识，积极参与职业院校教师队伍治理，促进形成良好治理格局，提高治理效能。

治理体系是指在组织、机构或社会中，为了达成目标、维护秩序和促进发展建立的一套各类主体参与的，包含规则、制度、机制和程序的综合性系统。治理体系的核心在于构建一种稳定且高效的运作机制，以确保组织目标的顺利实现。制度是治理体系的主要内容，治理体系应该包括制度。① 制度与治理体系相互促进，互为目的与手段。治理体系依托制度背景得以发展和完善，而治理体系现代化的实现由一系列制度和规则构成。本科层次职业教育教师队伍治理体系现代化要求本科层次职业学校完善教师队伍治理相关制度和机制，以契合新时代职业教育的发展需求，实现高质量的人才培养目标。治理能力是指能够掌握和运用治理体系进行治理的能力和水平。② 本科层次职业教育教师队伍的治理能力体现在教师队伍治理体系的实体化运行上。职业教育治理能力的提升，是内涵式发展的客观要求。③ 教师队伍治理能力的提升，是本科层次职业教育教师队伍建设内涵式发展的客观要求。

完善本科层次职业教育教师队伍治理体系，提高教师队伍治理能力，促进教师队伍治理现代化建设。一是构建多方联动治理机制，明确各主体职责与协作关系。政府在宏观层面发挥政策引导、资源配置和质量监管的主导作用，通过财政支持、项目引导等方式，激励企业和社会力量积极参与教师队伍建设。本科层次职业学校作为办学主体，应根据自身的办学定位和发展规划，制定教师队伍建设的具体方案，包括教师的招聘、培养、评价、激励等方面的措施。同时，鼓励行业协会、企业、科研机构等社会力量广泛参与，通过提供实践基地、开展合作研究、参与课程开发等方式，为教师队伍的实践能力提升和专业知识更新提供有力支持，确保教师队伍的发展紧密贴合产业需求和社会实际，提升职业教育的适应性和针对性。二是优化内部治理结构，激发基层办学活力与创新能力。本科层次职业学校要完善二级院系的治理自主权，发挥其教学科研基层组织职能，根据专业发展需求和教师个人实际情况，制定更加精准、灵活的教师培养与管理方案，在教师的绩效考核、教学任务分配、课程建设等方面，根据专业特色和发展需求进行差异化管理，激发教师的工作积极性和创新活力。三是完善决策机制，保障教师参

① 李殿仁. 治理现代化的科学内涵［J］. 国家治理，2014（5）：4-14.
② 李殿仁. 治理现代化的科学内涵［J］. 国家治理，2014（5）：4-14.
③ 白维. 完善职业院校治理结构提升治理能力［J］. 中国职业技术教育，2014（21）：163-165.

与学校治理的民主权利。完善教师队伍建设决策机制，充分发挥教职工代表大会的作用，在学校重大问题决策过程中切实履行教职工代表大会审议职能，广泛征求教职工代表大会的意见和建议，反映广大教师的利益诉求和专业见解，激发教师参与治理的积极性和主动性，形成全员参与、共同发展的良好局面。

三、加强教师队伍建设是深化教育与产业对接的重要保证

在国家加快发展新质生产力，积极推进现代化产业体系建设和数字经济创新发展背景下，本科层次职业教育在聚焦重点产业链高质量发展、促进高端制造业技术改进升级方面发挥重要作用。教师是本科层次职业教育与产业对接的实践主体，当前本科层次职业教育教师队伍建设须明晰教育与产业对接的内涵，进一步深化职业教育人才培养模式改革，提高本科层次职业教育教师队伍建设质量。

一是专业与产业、职业岗位对接，根据产业发展和岗位需求动态调整专业设置。不同区域和类型的本科层次职业学校秉持不同的办学理念和办学定位，本科层次职业教育依照院校办学特色、区域经济发展需要和服务面向定位来设置专业。《本科层次职业教育专业设置管理办法（试行）》指出："高校设置本科层次职业教育专业应紧紧围绕国家和区域经济社会产业发展重点领域，服务产业新业态、新模式，对接新职业，聚焦确需长学制培养的相关专业。"① 教师专业发展紧密贴合行业动态，扎根于产业实践进行知识迭代。教师应持续追踪产业前沿动态，精准把握产业转型升级过程中院校专业设置的变化趋势。本科层次职业学校与产业界应联合组建专业指导委员会，引导教师深入分析行业发展趋势和市场需求变化，及时调整专业建设方向和人才培养目标，以行业标准、企业用人反馈为标尺，对专业课程体系、教学大纲进行科学校准，确保专业建设始终与产业发展紧密对接。

二是专业课程内容与职业标准对接，根据产业转型升级对职业标准提出的新要求，将职业标准融入课程标准、课程内容的设计和实施中。本科层次职业教育教师需要深度理解这一理念，并积极践行于教学实践。一方面，教师深入工厂车间、企业项目现场，依据职业岗位典型工作任务，分解课程体系，将知识点嵌入任务模块，将鲜活的产业动态转化为教学素材，构建贴合

---

① 教育部办公厅关于印发《本科层次职业教育专业设置管理办法（试行）》的通知［EB/OL］.［2024-10-06］. http://www. moe. gov. cn/srcsite/A07/zcs_zhgg/202101/t20210129_511682. html.

实际教学内容体系的基石；另一方面，教师要熟练掌握课程开发与设计的方法和技巧，在将职业标准融入课程内容时，须对职业标准进行剖析，将其分解为具体的知识、技能和素养要求，依据这些要求科学规划课程目标、内容体系与教学方法。此外，教师还须建立以职业标准为导向的教学评价体系，对学生的学习成果进行全面、客观的评价，不断优化课程内容与教学方法，真正实现专业课程内容与职业标准的深度融合。

三是教学过程与生产过程对接，强化工学结合，加强实习实训环节，培养符合产业要求的人才。在高等教育大众化、多元化发展的当下，本科层次职业教育脱颖而出，成为连接学术知识与生产实操、适配产业需求的关键纽带，而实习实训环节更是其中的核心要旨。学习者只有在真实的工作情境中学习和实践，才能学会如何利用知识去解决实践中的问题。[①] 在校内实训环节，教师要打破传统课堂教学桎梏，把企业真实订单任务引入教学，将复杂项目拆解，引导学生在模拟的或真实的职业情境中解决难题，以工作过程逻辑重塑教学环节，真正做到在学中做、在做中学。在校外实习环节，教师则需要扮演好学生和企业间的桥梁角色，既要熟知企业用人标准，精准指导学生实习规划，又要与企业导师密切配合，深度参与实习过程管理，依据实习反馈及时优化教学内容。

四是学历证书与职业资格证书对接，大力推行"双证书"制度，提升人才培养的针对性。2002 年，劳动和社会保障部、教育部、人事部印发《关于进一步推动职业学校实施职业资格证书制度的意见》，规定了职业学校学生职业技能认定的方式和要求，提出要"进一步发挥职业学校在实施职业资格证书制度中的作用，切实做好职业学校毕业生职业资格考核鉴定工作"[②]。"双证书"制度旨在确保学习者不仅具有相应学业水平和教育经历，还具备从事某一职业所需的职业技能和专业能力，其目的是提高学生的就业竞争力，促进职业教育与劳动就业深度融合。教师参与课程体系改革，将职业资格证书考试的内容和要求有机融入专业教学过程，在课程目标制定、教学大纲编写、教学内容安排等方面充分考虑职业资格证书考核要求，使学生通过学习专业课程自然达到职业资格证书考试的标准，实现学历教育与职业资格培训的有效衔接。

---

① 赵志群. 德国职业教育的特点及其启示 [J]. 现代大学教育，2024（3）：6-9.

② 劳动和社会保障部、教育部、人事部关于进一步推动职业学校实施职业资格证书制度的意见 [EB/OL]. [2024-10-06]. http：//www. moe. gov. cn/jyb _ xxgk/gk _ gbgg/moe _ 0/moe _ 9/moe _ 32/tnull _ 446. html.

同时，还应加强职业教育与终身学习对接，根据产业发展和技能型人才成长需要，拓宽继续学习渠道，为人才可持续发展提供支撑。为加快建成学习型社会和技能型社会，我国实施"技能中国行动"，大力开展职业技能培训，健全终身职业技能培训制度。在制造业大国向制造业强国转型建设过程中，产业升级促使技术迭代加速，本科层次职业教育教师紧跟行业产业发展步伐，以适配性人才供给驱动产业创新发展。教师在教学过程中注重培养学生的终身学习意识。通过案例教学、专题讲座等方式，向学生展示行业的快速发展和知识技能的不断更新，引导学生树立新技术观念，明确终身学习的必要性。教师依据行业职业发展路径，为学生提供职业发展规划指导，明确各个阶段需要学习的知识和技能，引导学生在毕业后能够根据自身职业发展需求，持续参加各类学习和培训活动，实现终身学习与职业晋升的有机结合。同时，遵循技术技能人才成长规律，促进人的全面发展与个性自由发展相结合，以立德树人为根本基点，不断加强对学生岗位适应能力和终身学习能力的培养。

第二节　本科层次职业学校教师队伍建设的"双师型"特征

1995年，国家教委在《关于开展建设示范性职业大学工作的通知》中第一次明确提出了"双师型"教师的概念。该概念因高度契合我国职业教育的教育特点，而被职业院校和学术界广泛认可，现已成为我国对职业教育教师的重要指称。本科层次职业教育作为现代职业教育的最高层次，兼具了职业教育的"术"和本科教育的"学"，是专科层次职业教育的双重升级。对应地，"双师型"的内涵也随之延伸，从个体教师、教师队伍结构层面彰显"双师型"的高层次特征。

一、个体教师的"双师素质"

"双师型"的界定一直是学术界的争议点，由于长期未能达成共识，存在多种不同的定义。这种权威性标准的缺位导致"双师型"教师的培养始终处于一种无序的状态，直至2022年，教育部办公厅发布《关于做好职业教育"双师型"教师认定工作的通知》，并确立了《职业教育"双师型"教师基本标准（试行）》（以下简称《标准》）。该文件第一次明确了我国职业教育"双师型"教师的认定范围、认定程序和认定的基本标准，是规范职业院校开展"双师型"教师认定工作的指导性文件，开启了我国职业教育教师队伍建设的新纪元，从根本上解决了"双师型"教师认定无标准、程序不规范、工作难开展的问题。① 《标准》强调，高等职业学校的"双师型"教师，特别是高级"双师型"教师，应在德、岗、教、赛、研五个维度上具有相应能力，这解决了"双师型"教师如何认定的问题。在新时代职业教育改革背景下，"双师型"教师的培养已经成为提升技术技能人才质量的关键突破口，本科层次职业教育要引领职业教育的高质量发展，就要将"双师型"队伍建设放在首位，坚持以"德"夯基，以"岗"对标，以"课"赋能，以"赛"促教，以"研"增值，为我国从制造大国向智造强国转型升级培育高素质教师队伍，筑牢新质生产力发展所需的应用型技术人才培养根基。

（一）以"德"夯基，涵育"双师型"教师的核心素养

"师德师风"建设是"双师型"教师队伍建设的根基。《标准》开篇即要求"贯彻党的教育方针"，"落实立德树人根本任务"。立德是树人的方向，树人是立德的途径，只有方向对了才能正确地育人。② "技高为师，身正为范"，教育的目的不仅是教人以生存技能，还在于促进人自由而全面的发展，在长期的教育教学过程中，教师成了学生潜意识的模仿对象，如果"师德师风"不过关，无疑就会侵蚀教育的土壤，扭曲学生的价值观，从而让"立德树人"的根本任务成为空谈。为此，本科层次职业教育"双师型"教师队伍建设必须守好"德"关。职业教育直接面向生产实践，其师德师风建设具有鲜明的职业性特征，不能局限在教育层面的传道与解惑，更应该注重"经世致用"的生活伦理，培养学生作为社会人的道德品格和职业人的职业操守。这要求职业教育教师在德性与技能上的统一。一方面，在课堂教学中传递社会主义核心价值观，以知识为载体渗透工匠精神；另一方面，在实践指导中以身作则地遵守行业规范，通过技能训练加强质量意识，将"德"融入教育的全过程。

如何培养德性与技能的统一？应根据企业教师和学校教师这两个群体的特点采取不同的方式。具体来说，对于学校教师而言，应利用好校企合作的

① 李梦卿. "双师型"教师认定：开启职教教师队伍建设新纪元 [N]. 中国教育报，2022-11-08（05）.

② 袁振国. 立德树人的理论内涵与落实机制建设 [J]. 人民教育，2021（15）：41-44.

平台，积极投身于产业一线。校企合作是本科层次职业教育去同质化的基本路径，"双师型"教师需要经常带领学生深入企业实践，其展现出来的职业行为就是最好的教学资源，如参与项目研究时诚信守约、注意保护企业技术机密、严格遵守安全规程等，这些表现将师德师风情境化，相比于课堂上的语言表达更具说服力。而对于企业教师而言，须重点强化其教育素养与师德师风转化能力。企业教师多为技术骨干或能工巧匠，其优势在于掌握前沿技术、熟悉生产标准，但往往缺乏系统的教学设计与师德师风渗透技巧，难以将生产场景中的质量意识转化为课堂上的责任教育，把技术规范升级为教学案例，故而容易在人才培养中滋生"重技轻德"的工具性倾向。师德师风是衡量教师能力素质的第一标准，引导企业教师从"会做"到"会教"，才能真正地塑造出"手里有绝活，心中存美德"的新时代"双师型"教师。本科层次职业教育应弘扬高尚师德，推动师德建设常态化、长效化，创新师德教育，完善师德规范，引导广大教师以德立身、以德立学、以德施教、以德育德，坚持教书与育人相统一、言传与身教相统一。

（二）以"岗"对标，提高"双师型"教师的实践能力

岗位能力是"双师型"教师培养的逻辑起点。职业教育是面向社会不同专门职业需求而开展的教育教学活动。职业创造岗位，岗位定义能力，职业教育人才培养的质量直接体现为对社会所需岗位的胜任力。从更深层次考量出发，"学"的结果很大程度上取决于"教"。"要给学生一杯水，教师应有一桶水。"这就要求职业教育教师的知识体系、技能结构必须与岗位匹配，否则，教育内容将无法与实际岗位需求对接，继而导致职业教育所培养的人才在就业市场上缺乏竞争力，最终削弱职业教育的社会价值认同。而教育往往具有滞后性，尤其是在当今技术飞速发展的数字化时代，教育的滞后性问题变得更加突出，学校与企业之间形成"技术差"，对于教师教授的内容，企业用不上，对于企业需要的技术，教师不会教。那么，如何消除教育的滞后性？产教融合为其提供了可行性路径。

在产教融合的背景下，以"岗"对标可从两个维度解释。一方面，职业教育强调教育过程与生产过程的同构性。仅以教育文凭作为职业教育教师的选拔标准过于片面，在满足学历门槛的前提下，应优先录用岗位能力强的应聘者。甚至，如果岗位能力过硬，也可不拘一格降人才，为职业教育招揽"良师"。岗位能力的培养需要花费时间成本，在教师招聘时对岗位能力严格把关，可以拔高"双师型"教师培养的起点。另一方面，"双师型"教师的培

养要嵌入产教融合的各个环节。产教融合的理想状态是多维度、多主体的深度参与，学校作为产教融合的第一利益主体，应更加积极主动地推动合作进程，拓展合作深度，但存在相当数量学校的产教融合仅仅停留在订单班培养，即学生在最后一个学年前往企业顶岗实习，而教师在这一过程中参与度很低。2021 年，中共中央办公厅、国务院办公厅印发《关于推动现代职业教育高质量发展的意见》，提出"支持高水平学校和大中型企业共建双师型教师培养培训基地，落实教师定期到企业实践的规定"。政策只是工具，加强职业教育教师的岗位能力建设才是目的。以产教融合、校企合作为途径，建立完善的激励与保障机制，合理安排教师定期到企业实践的时间，为教师"减负"，才能最大化激发教师自我提升的主观能动性。例如，安徽省完善"双师型"教师工作制度体系，出台《安徽省高校理工科教师赴企业挂职实践计划实施方案》，引导教师到企业挂职实践，将专业课教师和实习指导教师到企业实践作为中、高级职称评审的重要条件，以加强"双师型"教师岗位能力培养。①

（三）以"课"赋能，提高"双师型"教师的教学品质

课程建设能力是"双师型"教师教学能力的核心维度。作为教育的最小单元，职业教育课程是连接产业需求和教学实践的"毛细血管"，也是教师将技术技能转化为育人成效的关键载体。只有通过科学、系统、合理的课程设计，才能确保学生掌握满足行业标准的技能，这决定了人才培养目标是否能够有效落地。"双师型"教师一般是指职业学校的专业课教师，而就专业课程而言，成功的课程离不开教师对"教"与"岗"的双重把握，既需要熟知岗位能力要求并善于将其凝练为典型任务，又要合理地创设教学情境、开发课程资源，将企业技术规范、工艺流程和职业道德巧妙地融入课程设计，实现产业技术标准与教育教学标准、企业生产流程与教学实施过程、岗位能力要求与学习评价体系等的对接，这种跨界整合能力正是"双师型"教师区别于普通教育教师的重要特征。

授课的主要场域是校园，本科层次职业学校以"课"赋能。一是通过建立严格的课程教学质量监管体系来提升"双师型"教师教学品质。学校须制定相应的课程教学质量评估标准，涵盖教学内容的准确性与前沿性、教学方法的有效性、实践教学的指导能力以及学生的学习成果反馈等多个维度。通过

---

① 教育部. 安徽省着力打造高水平职业教育"双师型"教师队伍［EB/OL］.［2024-10-13］. http://www.moe.gov.cn/jyb_xwfb/s6192/s222/moe_1743/202409/t20240909_1149848.html.

定期的课堂观察，由教学督导团队、同行教师组成的评估小组深入课堂，记录教师的教学表现，包括教学环节的设计、师生互动情况、实践操作演示等细节，对教师的教学过程进行全面客观的评价。同时利用学生评价系统，收集学生对课程教学的满意度和意见建议，从学生的学习体验角度反馈教学质量，确保教学质量始终保持在较高水平。二是开展针对性培训，持续提升教学水平。邀请教育教学专家、行业资深专家进行教学方法与技巧的培训，如项目式教学、案例教学、小组合作学习等先进教学方法的应用，帮助教师拓宽教学思路，提升教学效果。针对实践教学能力的提升，安排教师参加企业实践培训课程，深入企业一线，了解行业最新技术和生产工艺，更新实践知识和技能。鼓励教师参与教学研究项目，通过对教学实践中的问题进行研究，探索更有效的教学模式和方法，将研究成果应用到实际教学中，进一步提高教学品质。通过一系列的措施，促进教师不断进行"课程解构—资源开发—教学实施—反思改进"，精心打磨每一堂课，以帮助其不断提升课程建设和课堂教学能力。

（四）以"赛"促教，提高"双师型"教师的技能水平

职业技能大赛是"双师型"教师培养的支点。"岗课赛证"的综合育人模式是职业教育人才培养机制的创新，且经过长期的实践，证明了其有效性及先进性，为社会培养了大量技术技能人才。这里的"赛"，即职业技能大赛，其本质在于通过竞赛的实践张力实现教育逻辑与产业逻辑的深度耦合。为切实达成这一本质目标，职业技能大赛以岗位能力需求为锚点，在规程设计、评价体系与技术命题上高度凝练岗位能力的核心要素，确保其始终与产业技术升级保持同步，并精准映射行业最新发展动态。学校作为职业教育的重要实施主体，是职业技能大赛的主要参与者，在竞赛交流过程中，学校可以准确把握专业建设的优势与短板，从而推动专业定位的优化及调整。经过多年的发展，职业技能大赛的赛制多元且范围全面，包括理论考核、实操比拼、项目模拟、团队协作等多种竞赛形式，基本覆盖所有专业大类，为职业教育体系的类型化、标准化人才培养提供了发展平台。

2021年，教育部等三十五部门印发的《全国职业院校技能大赛章程》指出，要"坚持以赛促教、以赛促学、以赛促改，赛课融通、赛训结合"，力求办出职业教育特色。而在职业教育高质量发展的语境下，以"赛"促教、以"赛"促学已经超越了教学方法的范畴，成为职业教育教师能力提升的战略性路径。《标准》指出，高级"双师型"教师应作为主要参与者获得技能竞赛类

奖项，或指导学生获得省级及以上技能竞赛类奖励。就前者而言，1954年美国社会学家利昂·费斯廷格提出了社会比较的概念，他认为个体需要与他人进行比较来判断自身的能力和观点。[①] 职业技能大赛参赛数据的横向比对可以产生良性"同行压力"，而压力在一定程度上可以激发动力，促使教师不断提升自身水平以保持竞争力。就后者而言，教师为有效指导学生备赛，须持续关注、跟进行业最新技术动态，将抽象的技术标准转化为可操作的教学模块，引导学生在模拟的或真实的职业情境中解决难题，这一过程倒逼教师突破既有知识边界，深入钻研、理解技术原理的实践进路。更深层次的价值在于，竞赛驱动教师产教协同能力的靶向性发展。高水平的竞赛指导必然依托校企深度合作，教师须通过技术专家协同、企业资源整合复现真实场景，进一步拓宽专业视野。因此，应将职业技能大赛作为教师培养的重要一环，以此培育出既精通"技术语言"又深谙"教学逻辑"的"双师型"教师队伍，为技能型社会建设提供可持续的人才支撑。

（五）以"研"增值，提高"双师型"教师的科研能力

科研能力是"双师型"教师培养的突破点。梁启超在《少年中国说》中呐喊："少年智则国智，少年富则国富，少年强则国强……少年进步则国进步。"国家之希望系于少年，而少年强的根本在于教育强国建设。职业教育是我国实现教育强国的重要力量，本科层次职业学校作为职业教育最高层次学校，对现代职业教育体系的高质量发展具有引领性作用，但由于本科层次职业学校多为专科职业学校"升格"而来，虽完整承接了专科职业教育的实践性优势，却也暴露出其师资水平整体偏低、行业实践经验不足、教学科研能力薄弱等问题。新时代大国工匠、能工巧匠的培养不再局限于"理论够用、技能达标"的传统标准，而是需要以"技术引领者"的姿态，在真实产业场景中破解"卡脖子"难题、制定行业标准、主导技术迭代。如果本科层次职业教育不能摆脱这种人才培养的路径依赖，便难以有效完成高层次应用型人才的培养目标。由此可见，如何提升"双师型"教师的综合素质至本科层次是当前本科层次职业学校的当务之急。

2022年12月，中共中央办公厅、国务院办公厅印发的《关于深化现代职业教育体系建设改革的意见》指出："以深化产教融合为重点，以推动职普融通为关键，以科教融汇为新方向，充分调动各方面积极性，统筹职业教育、

---

① Festinger L. A Theory of Social Comparison Processes [J]. Human Relations，1954（7）：117-119.

高等教育、继续教育协同创新。"科教融汇是实施科教兴国、教育强国战略的重要支撑，教师作为实施科教融汇的关键主体，是推动教育、科技、人才一体化发展的核心力量。本科层次职业教育的"双师型"教师应秉持"做中教"的传统，同时构建"教中研、研中创"的新生态，推动职业教育从"适应产业"向"引领产业"转型。一是制订专门的教师科研能力的培养计划，鼓励职业学校的教师进修，通过与应用型本科院校、科研机构合作，为教师提供在职深造的机会，攻读相关专业的硕士、博士学位，提升教师的学术研究能力与理论水平，进一步优化自身的知识体系。另外，学校应着力完善相关激励机制，如提供进修经费支持、攻读学位奖励金等，增加深造、进修对教师的吸引力。二是搭建多元化的科研实践平台，与行业、企业、科研机构建立深度合作关系，共建联合实验室、研发中心等，让"双师型"教师能够参与到真实工程项目的研究与创新中，结合教学实际和企业需求，将科研成果转化为教学内容，增强教学的实用性和先进性。三是建立科学合理的科研评价体系，摒弃单纯以论文数量、科研奖项为主要评价指标的模式，更加注重科研成果的质量、应用价值以及对教学改革的推动作用。在此基础上，选拔优秀"双师型"教师担任专业带头人、教学团队负责人，参与院校的专业建设与课程改革项目，让他们在更广阔的平台上发挥自身优势，引领专业发展方向，激励教师不断提升自身"双师"素养。

二、教师队伍的专、兼职"双师结构"

"专职教师"为人事编制关系在学校的那部分真正意义上的"自有教师"①，即全职从事教育教学工作的教师。而作为教师队伍的重要补充力量，兼职教师的角色定位从最开始的"临时聘用人员"到如今的"双师型"教师队伍建设关键要素，这一调整揭示了产业变革对教育资源配置的深层次要求。那么，究竟什么是兼职教师呢？2002 年，教育部《关于加强高职（高专）院校师资队伍建设的意见》初步定义："兼职教师是指能够独立承担某一门专业课教学或实践教学任务、有较强实践能力或较高教学水平的校外专家。"②2022 年，新修订的《中华人民共和国职业教育法》从法律层面确立了兼职教师地位，向社会传递了职业教育更加开放融通、强化校企合作的信号。2023

---

① 闫智勇，毋丹丹. 系统思考视阈下高职院校兼职师资管理的应然范畴研究［J］. 职教论坛，2010（3）：8-10，14.

② 关于加强高职（高专）院校师资队伍建设的意见［EB/OL］. ［2024-10-04］. http：//www. moe. gov. cn/s78/A08/tongzhi/201007/t20100729_124837. html.

年，教育部等四部门印发《职业学校兼职教师管理办法》（以下简称《办法》），对选聘条件、选聘方式、选聘程序、组织管理、工作职责、经费保障、支持体系做出了具体规定，并特别强调"兼职教师是指受职业学校聘请，兼职担任特定专业课程、实习实训课等教育教学任务及相关工作的人员"，进一步完善了兼职教师的定义。① 此外，《办法》指出，"聘请兼职教师应紧密对接产业升级和技术变革趋势"，"重点面向战略性新兴产业相关专业、民生紧缺专业和特色专业"。这意味着兼职教师的聘任正在迈向从以往的扩容增量到现在的提质培优、从教学补充向产教融合关键要素的新阶段。

（一）专、兼职"双师结构"的合理性

本科层次职业教育设置多种类型的教师岗位，以适应不同的教学需求，服务学生的全面发展。根据所教授的课程内容和学生培养目标，本科层次职业教育教师可基本划分为专业课教师、文化课教师、企业兼职教师、学生管理教师等不同类型，其共同构成了本科层次职业教育教师队伍框架。职业性是职业教育的基本属性，其中专业课程最能体现这一属性，故而专业课教师的培养是重中之重。2018 年，中共中央、国务院印发的《关于全面深化新时代教师队伍建设改革的意见》提出："全面提高职业院校教师质量，建设一支高素质双师型的教师队伍。""双师型"教师队伍主要是指专、兼职结合的专业课教师团队，这一组合充分体现了职业教育的产教融合、校企合作理念，可以说是具有中国特色的职业教育师资队伍建设的名片。

关于"双师型"教师的内涵，经历了"双职称说""双证书说""双资格说""双元说"等不同的定义和理解，但最基本的共识是教师不仅要有扎实的理论教学能力，还应具备熟练的实际操作技能并且能够指导实践教学。"双师型"教师被要求"多能多专"，这就导致其培养必然需要较长的周期。短板效应认为一只木桶能盛多少水，并不取决于最长的那块木板，而是取决于最短的那块木板。在建设初期，当个体教师素质尚未达到"双师型"要求或"双师型"教师数量不足以承担全部教学任务的时候，兼职教师的存在可以有效弥补人才培养在实践上的短板。借助专、兼职教师的知识结构互补，以达到更好的教学效果，这正是"双师型"教师队伍建设的初衷。专、兼职结合的双师结构包含三个维度：一是教师个体的"双能力"（理论教学＋实践指导）；二是教师团队的"双来源"（专职教师＋企业教师）；三是培养过程的"双场

---

① 教育部等四部门关于印发《职业学校兼职教师管理办法》的通知［EB/OL］．［2024-10-10］．http：//www. moe. gov. cn/srcsite/A10/s7151/202310/t20231030_1088124. html.

所"（学校课堂＋企业车间）。专职教师和兼职教师各自承担着不同的教学职能，在教学内容上各有侧重，协力培养新时代高层次技术技能人才，有助于形成产教融合的新型育人生态。

在职业教育高质量发展的时代背景下，兼职教师早已从初期的补充数量不足的功能转变为建立专兼结合的"双师结构"师资队伍的功能。① 关于兼职教师的教育政策演变可以很好地证实这一观点。1993 年，国家教委、农业部、林业部印发的《关于加强农村、林区中等职业技术学校和农民中专农、林类专业师资队伍建设的几点意见》指出："从社会上聘任专、兼职教师，是职教、成教师资队伍建设的一条重要原则，不仅是解决中等职业技术学校、农民中专学校专业师资短缺矛盾的重要渠道，而且是增进职业技术教育、成人教育与社会生产的联系，办出特色，更好地为当地经济建设服务的重要措施。"2006 年，教育部印发的《关于全面提高高等职业教育教学质量的若干意见》要求，大量聘请行业企业的专业人才和能工巧匠到学校担任兼职教师，逐步加大兼职教师的比例，逐步形成实践技能课程主要由具有相应高技能水平的兼职教师讲授的机制。② 2010 年，教育部"卓越工程师教育培养计划"出于同样的考量，提出通过改革聘任、考核与培训制度，鼓励高校引进具有实践经验的工科教师，以弥补工程教育实践性不足。③ 2012 年，教育部印发的《关于全面提高高等教育质量的若干意见》提出，"加强高职学校专业教师双师素质和双师结构专业教学团队建设，鼓励和支持兼职教师申请教学系列专业技术职务"。④ 2014 年，教育部等六部门在《现代职业教育体系建设规划（2014—2020 年）》中进一步要求具体比例，到 2020 年，有实践经验的专兼职教师占专业教师总数的比例达到 60％。⑤ 由此可见，加快形成一支结构合理、专兼结合的本科层次职业教育"双师型"教师队伍，是决定现代职业教育体系质量的重要因素。

① 张秋玲，曹晔. 我国职业院校兼职教师政策述评 [J]. 职教论坛，2013（16）：69-73.

② 关于全面提高高等职业教育教学质量的若干意见 [EB/OL]. [2024-10-15]. http：//www. moe. gov. cn/srcsite/A07/s7055/200611/t20061116 _ 79649. html.

③ 教育部关于批准第一批"卓越工程师教育培养计划"高校的通知 [EB/OL]. [2024-10-16]. http：//www. moe. gov. cn/srcsite/A08/moe _ 742/s3860/201006/t20100630 _ 109630. html.

④ 关于全面提高高等教育质量的若干意见 [EB/OL]. [2024-10-14]. http：//www. moe. gov. cn/srcsite/A08/s7056/201203/t20120316 _ 146673. html.

⑤ 教育部等六部门关于印发《现代职业教育体系建设规划（2014—2020 年）》的通知 [EB/OL]. [2024-10-18]. http：//www. moe. gov. cn/srcsite/A03/moe _ 1892/moe _ 630/201406/t20140623 _ 170737. html.

（二）本科层次职业教育兼职教师队伍建设的现实困境

2021 年，教育部印发《本科层次职业学校设置标准（试行）》（教发〔2021〕1 号），对本科层次职业学校的师资队伍建设提出了要求，将兼职教师比例与承担教学任务占比纳入办学质量评价指标体系，即"来自行业企业一线的兼职教师占比不低于专任教师总数的 25％，承担专业课教学任务授课课时占学校专业课总课时的 20％以上"。在理想状态下，本科层次职业学校可以聘请企业的技术骨干、能工巧匠担任兼职教师，并安排固定课时，使其走进校园实操车间和实训课堂，将最前沿的工艺流程、技术难题的解决方式传授给学生。但截至目前，仍有部分本科层次职业学校的兼职教师的比例远远达不到要求，甚至存在兼职教师"在册不在岗"的现象，这种现象折射出产教融合过程中的结构性矛盾。从兼职教师的供需两端分析，一是因为社会分工由经济规律调控，个体的职业选择也不可避免地受其影响。企业人员作为兼职教师的主要来源，无法从兼职教师这份工作中获得足够的经济利益以支撑其生存成本。具体而言，企业端出于对产出效益的考虑，在生产任务与教学任务之间的投入相差较大，大型企业技术人员日均产出价值普遍高于兼职教师课时补贴标准，而中小微企业更是缺乏专项教育预算。二是学校对于兼职教师的管理制度及激励制度不完善，缺乏职称晋升等长效发展空间，导致其价值归属感不强，在职称评定、薪酬待遇、社会保障等方面仍面临制度性障碍，面临管理复杂、稳定性不足等问题，导致行业专家和企业技术骨干在进入职业教育体系后缺乏长期从教的动力，难以实现可持续参与。如果不解决当前这种双向动力不足的堵点，那么就无法畅通兼职人员从外界向学校流动的渠道，兼职教师的管理制度将成为"空中阁楼"。建立健全兼职教师选、聘、用的管理体系势在必行，这是切实形成专、兼职双师结构的首要前提。

（三）本科层次职业教育兼职教师队伍的建设路径

选好兼职教师，确保选拔出本科层次职业教育真正需要的人才。一是明确选拔标准。本科层次职业教育对兼职教师的专业素养和实践经验有着较高要求，要求兼职教师具备扎实的专业知识，是来自相关行业企业的技术骨干、能工巧匠，拥有丰富的一线工作经验，熟悉行业最新技术和发展趋势。学校应分专业制定定性与定量结合的选拔标准，包括学历、资格资质证书、工作年限、相关荣誉称号等，引入企业工程师、科研人员、高技能人才等多样化兼职教师。二是拓宽选拔渠道，确保招得到。广泛的选拔渠道是吸纳优秀兼职教师的基础。学校可与行业协会、企业建立紧密联系，通过其推荐优秀人才，获取精准的人才信息，快速锁定符合要求的潜在兼职教师人选。同时，利用网络招聘平台发布兼职教师招募信息，吸引社会各界符合条件的专业人士。招聘信息应详细阐述岗位要求、教学任务、薪酬待遇等内容，加大岗位吸引力。三是严格筛选流程。严格的筛选流程是选拔出优秀兼职教师的重要保障。在简历审核阶段，重点关注候选人的工作经历、专业技能、项目成果等诸方面。对于具有丰富实践经验但学历稍低的候选人，要综合考量其实际能力和教学潜力。面试环节是深入了解候选人的关键。面试团队应由学校专业教师、企业专家以及教育管理部门人员组成，从专业知识、实践经验、教学理念等多个维度进行考察。试讲环节同样不可或缺。要求候选人准备一节完整的课，在模拟课堂环境中进行讲授，观察其教学内容的组织、教学方法的运用、与学生的互动情况以及对课堂节奏的把控能力。试讲结束后，由面试团队进行综合评价，确保选拔出真正符合教学需求的兼职教师。

充分发挥兼职教师优势。一是合理安排教学任务。根据兼职教师的专长合理安排教学任务，是充分发挥其优势的前提。在课程设置方面，兼职教师主要承担实践课程和专业前沿讲座等教学任务，鼓励兼职教师将行业内的实际项目引入课堂，并转化为课程作业或实践项目，让学生在模拟真实工作场景中完成任务，积累实战经验。鼓励兼职教师担任学生创新创业导师，担任就业指导类相关课程任务、创新创业类相关比赛指导，借助其行业经验和市场洞察力，为学生创新创业项目制订商业计划、开展营销推广等，帮助学生将创新想法转化为实际项目，并对接市场资源，助力学生创新创业项目落地。二是促进专兼教师合作。加强兼职教师与校内专任教师的合作，能够实现优势互补，提升教学质量，推动队伍结构由"专兼简单结合"向"跨界深度混编"升级。学校应积极组织联合教学团队，共同开展课程开发、教学研究、项目科研等工作。如在课程开发过程中，专任教师凭借其扎实的教育理论基础和教学经验，对课程体系进行优化设计，确保课程符合教育教学规律；兼职教师则将行业实践经验融入教学内容，使课程内容更具实用性和针对性。三是主要承担实践教学。兼职教师承担学生实习指导、毕业设计等实践教学环节的教学任务，对提高学生实践能力具有重要意义。在实习指导过程中，兼职教师能够从行业实际出发，为学生提供更具针对性的指导，帮助学生快速适应职场，掌握实际工作技能。在毕业设计环节，兼职教师可以结合企业实际项目，为学生提供毕业设计课题，使学生的毕业设计成果更贴合企业需求，提高学生解决实际问题的能力。

建立健全体系化管理机制。一是加强顶层设计，通过政策支持增强其职业归属感。以江苏省为例，2017 年，江苏省启动高职类"产业教授"计划，将符合条件的兼职教师选聘为产业教授，并由江苏省人才办等五部门在省级层面正式发文认定其"教授"资格，落实其"教师"地位。① 随后，江苏省教育厅又制定了《江苏省职业教育"双师型"教师团队建设项目管理办法》，强力推进三类团队完成各有侧重的建设任务，提高"双师型"教师团队建设管理的规范化水平。② 2022 年，安徽省教育厅等四部门印发《安徽省职业学校兼职教师管理办法》《安徽省职业院校产业教授选聘办法》，建立了安徽省产业教授选聘制度，鼓励学校设立产业教授岗位，从行业企业、科研院所选聘一批科技创新人才、高技能人才和管理人才参与学校人才培养工作，推动学校进一步优化"双师型"教师结构。③ 一般认为，各省份应通过顶层设计的相关政策给予兼职教师相应的身份认同，赋予其与专职教师相适应的教学自主权和话语权，保障兼职教师的职业稳定性。二是优化兼职教师的考核评价机制，扩大其职业发展空间。建立灵活的职称评价体系，将行业实践经验、技能水平、技术创新成果纳入考核标准，避免唯学历、唯论文的评价倾向，以打通兼职教师职称晋升通道，使实践型人才在职业教育体系中获得应有的认可。同时，严格考核、严守教学底线，建立"谈话—整改—劝退"的层次性淘汰机制，确保建设高质量的兼职教师队伍。三是落实薪酬待遇，建立完善的激励机制，探索通过政府、学校、企业共同分担的方式，解决兼职教师的待遇问题。同时，建立与市场接轨的课时费标准，探索课时费、绩效奖励、企业联合补贴等多元化薪酬模式，提高兼职教师的收入水平。对于表现优秀的兼职教师，本科层次职业学校应给予表彰和奖励，颁发"优秀兼职教师"荣誉证书，在学校官网、校内宣传栏等进行宣传，提高其荣誉感和社会认可度，同时给予一定的物质奖励，激励其更好地投入教学工作。

通过系统性改革，让兼职教师"来得了、留得住、干得好"，真正打破校企之间的壁垒，实现职业教育与产业的深度融合。本科层次职业教育兼职教师队伍建设任重道远，抓好选、用、管，才能充分发挥其在人才培养中的关键作用，推动本科层次职业教育"双师型"教师队伍建设迈向新高度。

① 王红梅. 从兼职教师到产业教授——江苏兼职教师产教融合工作的有益探索 [J]. 职教论坛，2020（5）：106-109.

② 江苏省教育厅. 江苏省职业教育"双师型"教师团队建设项目管理办法 [EB/OL]. [2024-10-13]. https：//jyt. jiangsu. gov. cn/art/2022/3/23/art＿58320＿10386179. html.

③ 教育部. 安徽省着力打造高水平职业教育"双师型"教师队伍 [EB/OL]. [2024-10-13]. http：//www. moe. gov. cn/jyb＿xwfb/s6192/s222/moe＿1743/202409/t20240909＿1149848. html.

第三节 "双师型"教师队伍建设的
师范性、专业性和职业性属性

2019年10月，师范性、专业性和职业性的表述写进了《职业技术师范教育专业认证标准》。① 本科层次职业学校教师队伍建设应聚焦强化师范性、提升专业性与突出职业性，夯实教育底色、锤炼育人本领、紧密对接产业需求，以强化"三性"凸显教师队伍类型特征，以期建设一支师德高尚、业务精湛、结构合理、充满活力的高水平教师队伍。

一、强化师范性，夯实教育底色

2019年8月，教育部等四部门印发的《深化新时代职业教育"双师型"教师队伍建设改革实施方案》（以下简称《实施方案》）提出，要加强职业技术师范院校建设，办好一批一流职业技术师范院校和一流职业技术师范专业。② 师范性彰显了本科层次职业学校"双师型"教师的基本素养与教育底色。2020年，教育部等九部门联合印发的《职业教育提质培优行动计划（2020—2023年）》明确提出，要探索有条件的优质高职学校转型为职业技术师范类院校或开办职业技术师范专业，构建"双师型"教师培养体系。③ 本科层次职业学校的任务是培养更高层次的技术技能人才，须以教师队伍师范性建设夯实教育底色。

以教育家精神引领师范性建设。教育家精神为教师队伍建设提供指引，为教师成长与发展树立标杆。④ 中国特有的教育家精神展现了全国广大教师和教育工作者教书育人、培根铸魂的伟大品质，是包括职业院校"双师型"教

---

① 教育部教师工作司关于印发《职业技术师范教育专业认证标准》和《特殊教育专业认证标准》的通知 [EB/OL].［2024-10-06］. http：//www. moe. gov. cn/srcsite/A04/s7051/201112/t20111223_180798. html.

② 四部门关于印发《深化新时代职业教育"双师型"教师队伍建设改革实施方案》的通知 [EB/OL].［2024-10-06］. https：//www. gov. cn/xinwen/2019-10/18/content_5441474. htm.

③ 教育部等九部门关于印发《职业教育提质培优行动计划（2020—2023年）》的通知 [EB/OL].［2024-10-06］. http：//www. moe. gov. cn/srcsite/A07/zcs_zhgg/202009/t20200929_492299. html.

④ 李梦卿，付明茹，刘晶晶. 教育家精神融入高职院校教师思政工作的理论与实践研究 [J]. 中国职业技术教育，2024（27）：25-32.

师在内的我国所有教师都应遵循的思想指引。2023年9月9日，全国优秀教师代表座谈会在京召开，习近平总书记致信与会教师代表，强调指出，在"新征程上，希望你们和全国广大教师以教育家为榜样，大力弘扬教育家精神，牢记为党育人、为国育才的初心使命，树立'躬耕教坛、强国有我'的志向和抱负，自信自强、踔厉奋发，为强国建设、民族复兴伟业作出新的更大贡献"①。教育家精神是新时代教师队伍建设的重要抓手，为本科层次职业教育教师队伍的师范性建设指明了方向。学校应引导教师深入理解教育家精神内涵，使教师深刻感悟"心有大我、至诚报国的理想信念""言为士则、行为世范的道德情操"等教育家精神品质。要建立教育家精神激励机制，对在教育教学中展现出教育家精神特质，如积极开展教学改革、在学生培养方面取得显著成效的教师，给予物质奖励与精神表彰。同时，在职称评定、职务晋升等方面，向具有教育家精神的教师倾斜，为他们提供更广阔的发展空间，激发教师主动追求教育家精神。

以教学能力提升推进教师队伍师范性建设。《实施方案》指出：提高教师教育教学能力，促进教学过程、教学内容、教学模式改革创新。优秀的教学能力是保障教学质量、培养高层次技术技能人才的重要支撑，是本科层次职业教育教师队伍师范性建设的重要着力点。

一是培养教师的数字化教学能力。在数字化时代浪潮下，教师的数字化教学能力已成为本科层次职业学校提升教学质量的必然要求。学校应积极组织教师参加数字化教学工具的培训课程，涵盖在线教学平台的深度应用、教学资源软件制作的熟练掌握、人工智能的辅助教学等，打破时间与空间限制，提升教学的灵活性与覆盖面。同时，学习借助虚拟仿真技术模拟真实职业场景，全方位提升自身数字化教学能力。

二是完善教学评价体系，以评促改。本科层次职业学校应建立多元化的教学评价体系，既要关注学生的考试成绩，又要注重学生的学习过程、实践能力和综合素质的评价。评价主体应包括学生、同行教师、企业专家等相关人员。学生评价能够反映教师教学的受欢迎程度和教学效果；同行教师评价可以促进教师之间的交流与学习，发现自身教学的优点和不足；企业专家评价则从职业岗位需求的角度，对教师教学内容的实用性和职业性进行评价。通过综合各方评价结果，教师能够全面了解自己的教学情况，有针对性地进

---

① 习近平致信全国优秀教师代表强调 大力弘扬教育家精神 为强国建设民族复兴伟业作出新的更大贡献 向全国广大教师和教育工作者致以节日问候和诚挚祝福［EB/OL］. ［2024-10-06］. https：//www. gov. cn/yaowen/liebiao/202309/content_6903083. htm.

行改进和提升。

三是注重教学能力比赛，以赛促教。教学能力比赛是提升教师教学能力的有效途径。在备赛过程中，教师会深入研究课程标准、精心设计教学方案、不断打磨教学过程。学校应积极营造氛围，组织并鼓励教师参与各级各类教学能力比赛，通过比赛中的教学过程反思、学习优秀教师教学经验等，不断促进自身教学能力提升。同时组建教学比赛团队，帮助教师突破学科界限，拓宽知识视野，提升跨学科教学与协作能力，提高对课程体系的整体把握能力与协同创新能力。赛后，学校应及时组织参赛教师进行经验分享与交流活动，通过分享优秀教学案例与比赛经验，在全校范围推广，形成以赛促教、以赛促学、以赛促改的良好氛围。

四是开展教学培训，丰富教学方法。为助力教师掌握多样化的教学方法，学校应定期开展系统且全面的教学培训活动，涵盖项目式教学、案例教学、小组合作学习等先进教学方法的理论精髓与实践应用技巧，邀请行业专家和教学能手详细讲解相关教学方法设计原则、实施步骤以及如何有效引导学生完成项目任务。同时组织听课督导团队保障教学方法落地，鼓励督促教师将多样的教学方法应用到自己的课程教学中。

本科层次职业学校教师队伍的师范性建设，是一项系统且意义深远的工程，对于教师自身成长具有奠基性作用。以师德师风建设强化师范性，教师在严守道德准则、践行高尚行为规范的过程中，不断内省自身，完成从职业从业者到道德引领者的角色升华。以教育家精神引领师范性建设，帮助教师拓宽教育视野，加深教育情怀，实现从"教书匠"到"教育思想家"的转变。通过教学能力提升推进教师队伍师范性建设，以利于教师在钻研教学方法、提升教学技能中，精准把握教育教学规律，逐步成长为教学领域的行家里手。

二、提升专业性，锤炼育人本领

职业教育教师专业化发展是一个世界性的命题。[①] 教育部办公厅印发的《本科层次职业教育专业设置管理办法（试行）》（以下称《管理办法》）指出，设置本科层次职业教育专业须有完成专业人才培养所必需的教师队伍，有省级及以上教育行政部门等认定的高水平教师教学（科研）创新团队，或省级及以上教学名师、高层次人才担任专业带头人，或专业教师获省级及以

---

① 李梦卿，李鑫. 我国职业教育"双师型"教师队伍建设：盘点"十三五"、谋划"十四五" [J]. 职业技术教育，2021（6）：13-19.

上教学领域有关奖励两项以上。① 本科层次职业教育是在专科层次职业教育基础上的提质升级，其专业具有高层次、高水平等卓越特征，要求本科层次职业教育教师具有更高水准的专业能力，主要包括彰显求实的工匠精神、卓越的专业学术理论与专业的技术技能。

本科层次职业教育须以工匠精神引领教师队伍的专业发展。2022 年 12 月，中共中央办公厅、国务院办公厅印发的《关于推动现代职业教育高质量发展的意见》指出，要切实增强职业教育适应性，加快构建现代职业教育体系，建设技能型社会，弘扬工匠精神，培养更多高素质技术技能人才、能工巧匠、大国工匠，为全面建设社会主义现代化国家提供有力人才和技能支撑。② 2022 年修订并实施的《中华人民共和国职业教育法》指出：实施职业教育应当弘扬社会主义核心价值观，对受教育者进行思想政治教育和职业道德教育，培育劳模精神、劳动精神、工匠精神。③ 教师专业能力培养，思想先行，新时代工匠精神蕴含着社会各界劳动者在实践中应有的精神品质与心理倾向④，强调精益求精、追求卓越，是"双师型"教师不断提升专业能力的精神内核。

本科层次职业学校应积极采取措施培养教师的工匠精神。一是营造崇尚工匠精神的校园文化氛围。校园文化对教师的价值观和行为具有潜移默化的影响。本科层次职业学校应着力营造崇尚工匠精神的浓厚氛围，将工匠精神融入学校的办学理念、校训校规以及校园环境建设之中，让教师在日常工作中随时能感受到工匠精神的魅力。同时，举办工匠精神主题讲座、论坛，激请行业内的大国工匠、技术能手走进校园，与教师们分享他们的工作经验和感悟，以鲜活的案例激发教师对工匠精神的向往。二是建立健全教师工匠精神培养的激励机制。为了充分调动教师培养工匠精神的积极性，学校须建立健全相应的激励机制。在职称评定方面，对具有工匠精神、在教学实践中取得显著成果、指导学生在技能竞赛中获奖以及在企业实践中表现突出的教师，在职称评定时给予适当加分。在绩效考核方面，将教师对工匠精神的践行情

① 教育部办公厅关于印发《本科层次职业教育专业设置管理办法（试行）》的通知［EB/OL］. ［2024-10-06］. https：//www. gov. cn/zhengce/zhengceku/2021-01/29/content _ 5583672. htm.

② 中共中央办公厅 国务院办公厅印发《关于推动现代职业教育高质量发展的意见》［EB/OL］. ［2024-10-06］. https：//www. gov. cn/gongbao/content/2021/content _ 5647348. htm.

③ 中华人民共和国职业教育法［EB/OL］. ［2024-10-06］. https：//www. gov. cn/xinwen/2022-04/ 21/content_5686375.htm.

④ 李鑫，李梦卿. 企业需求视角下"双高计划"高职院校"双师型"教师认定标准建设［J］. 职业技术教育，2020（31）：35-40.

况纳入绩效考核指标体系，如教学质量、实践指导能力、参与企业实践的成效等，根据考核结果给予相应的绩效奖励。同时，设立专门的教师工匠精神培养奖项，对在工匠精神培养方面表现优秀的教师给予表彰和奖励，树立榜样，引导广大教师积极践行工匠精神，激励更多教师积极投身于工匠精神的培养与实践。

本科层次职业教育教师队伍须提升专业学术理论水平。《管理办法》指出，所依托专业专任教师与该专业全日制在校生人数之比不低于 1∶20，高级职称专任教师占比不低于 30％，具有研究生学历专任教师占比不低于 50％，具有博士研究生学位专任教师占比不低于 15％。① 具有高级职称、高学历教师的硬性数量规定保障了本科层次职业教育教师队伍的专业理论和学术水平，是培养高层次技术技能人才的关键支撑，本科层次职业学校须重视高层次特征，多措并举提升教师队伍专业理论学术水平。一是构建系统的学术培训体系。一方面，定期开展学术讲座与研讨会。学校应定期邀请国内外知名学者、行业专家来校举办学术讲座，涵盖专业领域的前沿理论、研究方法以及最新研究成果等内容，组织校内教师定期开展学术研讨会，同时给予专项经费支持教师参加国内外高水平学术会议，鼓励教师分享自己的研究心得、研究问题及解决方案，促进教师之间的学术交流与思想碰撞。另一方面，设立学术进修专项计划。为教师提供到国内外高水平大学、科研机构进修学习的机会，选派教师参加与专业相关的学术课程学习，深入学习专业领域的核心理论知识，了解学科的发展脉络和研究热点，同时设立专项经费，保障教师进修计划的顺利实施。二是完善学术评价与激励机制。一方面，建立科学合理的学术评价体系。摒弃单纯以论文数量为主要评价指标的传统模式，构建多元化的学术评价体系，包括科研项目的质量与数量、论文的学术影响力、教学改革成果、专利申请与授权情况等。另一方面，设立丰富的学术奖励制度。设立多种形式的学术奖励，如学术创新奖、优秀科研团队奖、科研贡献奖等，激发教师提升理论学术专业性的积极性，对在学术研究方面表现突出的教师和团队给予物质奖励和精神表彰，在职称评定、岗位晋升、评优评先等方面给予优先考虑，营造浓厚的学术氛围，促使教师积极投身学术研究，不断提升自身的专业理论学术水平。三是深化与高校及科研机构的合作。一方面，加强联合培养与客座研究。与高水平高校、科研机构建立联合培养机制，选派本科层次职业学校教师参与对方的硕士、博士培养项目，系统学习专业理

---

① 教育部办公厅关于印发《本科层次职业教育专业设置管理办法（试行）》的通知［EB/OL］.［2024-10-06］. https：//www. gov. cn/zhengce/zhengceku/2021-01/29/content_5583672. htm.

论知识与研究方法，鼓励教师申请到知名科研机构进行客座研究，参与前沿科研项目，接触顶尖科研资源，拓宽学术视野。另一方面，共建实验室与研究中心。与高校、科研机构共建实验室或研究中心，开展协同研究，共享实验设备、数据资源等，共同攻克专业领域的关键理论与技术难题，帮助教师在高水平科研环境中提升自身专业理论学术能力。

本科层次职业教育教师队伍须提升专业技术技能水平。2022年，教育部办公厅发布的《关于做好职业教育"双师型"教师认定工作的通知》（以下称《认定通知》）强调：双师型教师要突出对实践教学能力的考察。[①]彰显实践能力的技术技能是职业教育的核心内容，强化教师的技术技能专业性是锤炼育人硬本领的关键环节，这要求教师不仅要精通理论知识，而且要具备扎实的专业实践能力，能够将行业前沿技术和实际操作技能融入教学。本科层次职业院校须加强教师实践能力的培养，多措并举，提升教师队伍的技术技能水平。

在技能培训与竞赛方面。一是组织专业技能培训课程。定期组织针对教师的专业技能培训课程，邀请行业专家、技术能手来校授课。培训内容紧密围绕行业最新技术和技能要求，注重教师实际操作能力的提升。二是举办校内技能竞赛活动。定期举办校内教师技能竞赛，营造比学赶超的良好氛围。竞赛项目应涵盖各专业领域，帮助教师检验自身专业实践能力，发现自身不足，同时对竞赛优秀者给予奖励，将竞赛成绩与教师绩效考核、职称评定等挂钩，激励教师积极参与。三是鼓励教师参加行业技能竞赛。支持教师参加国家级、省部级以及行业协会组织的各类技能竞赛。通过与全国各地同行的交流切磋，了解行业技能发展趋势，提升自身专业实践水平。学校应为参赛教师提供必要的指导和支持，包括赛前培训、设备保障等。

在校内实训基地建设使用方面。一是建设高水平校内实训基地。加大对校内实训基地建设的投入，按照行业标准和企业实际生产场景，打造一批设备先进、功能齐全的实训基地，不仅要满足学生实践教学的需求，还要为教师提升专业实践能力提供平台。二是鼓励教师深度参与校内实训基地建设与管理工作。教师可根据教学和实践需求，提出设备选型、布局设计等方面的建议，负责设备维护、实训项目开发等工作，丰富教学资源，提升自身实践能力。三是开展实训项目研发与创新。教师应结合行业发展趋势和企业实际需求，开发具有实用性和创新性的实训项目，紧盯前沿性技术，提升实践能

---

① 教育部办公厅关于做好职业教育"双师型"教师认定工作的通知［EB/OL］.［2024-10-06］. http://www.moe.gov.cn/srcsite/A10/s7034/202210/t20221027_672715.html.

力和创新水平。

本科层次职业教育的发展，对教师队伍专业性提出了更高要求。以工匠精神引领教师队伍专业发展，持续提升教学质量，推动教师不断自我完善、探索创新、精益求精，为专业理论与专业技术技能提升打好思想地基。提升专业学术理论水平，助力教师深入解读专业知识，把握学科前沿动态，以利于教师开展科研工作，为专业发展提供理论支撑。提升专业技术技能水平，帮助教师掌握精湛技术技能，提升行业专业影响力，实现理论与实践的全面进步。以工匠精神为指引，强化专业学术理论与技术技能，多措并举，打造一支适应本科层次职业教育发展需求的专业化教师队伍，为培养高层次技术技能人才提供坚实保障，推动职业教育迈向新高度。

三、突出职业性，对接产业需求

职业性是职业教育教师区别于普通教育教师的一个显著特点，主要指师资队伍的职业和就业意识，是一种彰显类型特征的职业教育属性。职业性要求本科层次职业学校教师能够紧密对接产业发展需求，教授行业产业发展所需要的技术技能，始终为学生提供满足就业的教育。换句话说，教师须更加了解本科层次职业学校专业对接的就业岗位，相关岗位需要的技术技能，授课做到以就业为导向，凸显师资队伍的职业性。教师要能够深入企业或者来自企业，紧扣产业发展前沿[①]，加强与企业的合作互动，认真落实好企业实践、聘用企业兼职教师、引进企业工程人才。

以企业实践促进教师队伍的职业性建设。2005 年 10 月，《国务院关于大力发展职业教育的决定》提出，要实施职业院校教师素质提高计划，建立职业教育教师企业实践制度，专业教师每两年必须有两个月到企业或生产服务一线实践。[②] 2014 年 6 月，《国务院关于加快发展现代职业教育的决定》进一步强调了职业教育教师企业实践的重要性。[③] 2016 年 5 月，教育部等七部门印发的《职业学校教师企业实践规定》指出：职业学校专业课教师（含实习指导教师）要根据专业特点每 5 年必须累计不少于 6 个月到企业或生产服务

---

① 李梦卿，余静. "双高" 院校 "双师型" 教师队伍建设特征及发展路向——基于全国 56 所 "双高" 样本校的分析 [J]. 职业技术教育，2021（24）：24-29.

② 国务院关于大力发展职业教育的决定 [EB/OL]. [2024-10-06]. https：//www. gov. cn/gongbao/content/2005/content_129495. htm.

③ 国务院关于加快发展现代职业教育的决定 [EB/OL]. [2024-10-06]. https：//www. gov. cn/gongbao/content/2014/content_2711415. htm.

一线实践,没有企业工作经历的新任教师应先实践再上岗。① 2021年8月,教育部、财政部印发的《关于实施职业院校教师素质提高计划(2021—2025年)的通知》提出,要强化教师到行业企业深度实践,注重提升"双师"素养,推进专业课教师每年至少累计1个月以多种形式参与企业实践或实训基地实训。② 该政策为教师企业实践建设提供了保障。

本科层次职业学校应采取多举措落实企业实践,推动教师素质与产业需求的动态匹配。

一是依据产业人才需求制订科学合理的教师企业实践计划。科学规划是提升企业实践效能的重要前提。实践计划的制订须以职业教育类型特征、职业导向为依据,紧密结合区域产业发展需求和学校专业建设规划,开展广泛的行业调研,明确重点产业领域的技术升级趋势和人才能力要求,以此作为制订实践计划的依据,建立动态调整机制,根据行业变化及时优化实践内容,形成系统性的职业能力提升路径。

二是实行企业实践轮岗制度。通过制度化安排,要求教师定期深入行业企业进行实践锻炼,使其能够接触最新生产技术、管理模式和行业标准,根据专业特点和教师发展阶段制定轮岗周期与岗位要求,包括岗前实践、周期性实践和专项技术研修等不同层次,组织教师参与跨部门合作项目,安排教师在生产计划、供应链管理、技术研发等部门轮岗锻炼,全面了解产业发展。

三是制订个性化企业实践计划。教师队伍的差异化特征决定了实践计划须具备针对性。对于新入职教师,应重点安排基础技能培训和生产流程实践,帮助其建立职业认知和实践教学能力。对于具有丰富教学经验的骨干教师,应侧重技术创新和管理能力提升,鼓励参与企业技术研发项目或管理实践,推动科研成果转化。针对不同专业背景的教师,实践计划应突出专业特色,体现个性化发展与专业建设的协同推进。

四是加强企业实践基地建设。实践基地是教师开展企业实践的重要载体。本科层次职业学校应与行业龙头企业建立深度合作关系,共建集教学、科研、生产于一体的实践基地。实践基地的建设须注重资源整合,既包括先进的生产设备和技术平台,又涵盖企业真实项目案例库和技术文档资源,同时建立校企双元管理机制,明确双方权责,制定基地使用规范和安全管理制度,探

① 教育部等七部门关于印发《职业学校教师企业实践规定》的通知 [EB/OL]. [2024-10-06]. http://www.moe.gov.cn/srcsite/A10/s7011/201605/t20160530_246885.html.

② 教育部 财政部关于实施职业院校教师素质提高计划(2021—2025年)的通知 [EB/OL]. [2024-10-06]. http://www.moe.gov.cn/srcsite/A10/s7034/202108/t20210817_551814.html.

索多元化的合作模式，如共建产业学院、技术研发中心等，使实践基地成为教师提升实践能力和职业素养的重要平台。

五是对企业实践效果进行跟踪评估。建立科学的评估体系是提升实践效果的关键环节。评估应涵盖实践过程和成果转化两个维度，过程评估关注教师在企业实践中的参与度、任务完成情况及职业素养提升，成果评估则考察教学改革成效、科研项目进展和社会服务贡献。评估方式应采用多元主体评价，包括企业导师、校内督导、学生反馈等多维度反馈。以定期召开实践总结会、成果展示会等形式，及时发现问题并优化改进措施。同时建立教师成长档案，记录实践经历与能力提升轨迹，将评估结果与教师职称评聘、绩效考核挂钩，形成有效的激励约束机制，推动企业实践从短期任务向长效机制转变，实现教师队伍整体职业素养的系统性提升。

第六章

交流与合作：本科层次职业教育国际化发展的"进"与"出"

1993年，国务院关于《中国教育改革和发展纲要》（中发〔1993〕3号）提出，要进一步加强国际教育交流与合作，扩大教育对外开放，吸收与借鉴世界各国发展教育的成功经验和人类科学文化成果。1996年，《中华人民共和国职业教育法》的实施为职业教育多元主体参与对外交流提供法律支撑。2021年，中共中央办公厅、国务院办公厅印发《关于推动现代职业教育高质量发展的意见》为职业教育国际化明确了阶段性目标与方向，鼓励开展多种形式的国际交流与合作。2023年，教育部办公厅印发《关于加快推进现代职业教育体系建设改革重点任务的通知》，教育部发布《具有国际影响力的职业教育标准、资源和装备建设指南》等，从体系建设与资源打造层面，推动职业教育与国际接轨。本科层次职业教育国际化须坚持以"引进来""走出去"为抓手，推动本科层次职业教育与国际经验的立地式融合，构建中国特色的本科层次职业教育国际化范式，发挥其在职业教育领域头部地位的引领示范作用，带动职业教育的全局发展。

第一节　数字化技术背景下本科层次职业教育国际化的价值与特征

本科层次职业教育是职业教育从低能级向高能级的质性跃迁，标志着职业教育向更高水平、更高标准的迈进。职业教育作为一种特殊的上层建筑，在历史进程中随着生产力的发展不断地改变其存在形态，数字化技术重构了原有的社会生产关系，也创造了本科层次职业教育发展的契机。新的教育生态需要理念的重新定义与差异化特征的强化形成，这种革新无法依赖内部的有限资源，国际化犹如一种外源性的赋能媒介，由外向内地打破教育系统的封闭，助推本科层次职业教育以国内、国际双循环的开放姿态融入全球教育网络，实现高质量发展。

一、从传统到数字：本科层次职业教育国际化撬动质量杠杆

我国现代职业教育发轫于 19 世纪 60 年代，以 1866 年福州马尾船政学堂的创办为起点。在"师夷长技以制夷"的思潮影响下，各类旨在培养专门技术人才的教育机构相继设立。这一时期的职业教育以实业救国为目标，初步形成了以技能培养为核心的教育雏形。实业教育是职业教育的初始形态，1917 年黄炎培创办的中华职业教育社推动了实业教育向职业教育的蜕变，次年成立的中华职业学校标志着我国职业教育从传统学徒制模式开始向制度化、标准化的职业教育体系转变。自此，职业教育逐步融入国民教育体系，并随着社会经济结构的演变而不断调整定位，成为我国培养技术技能人才的重要途径。历经百余年的发展，我国目前已经基本构建普通教育与职业教育横向融通、中等职业教育、高等职业教育纵向贯通的发展格局，建成了世界上规模最大的现代职业教育体系。然而，数量并不等同于质量，由"量"到"质"的转变将成为未来很长一个时期内我国职业教育发展的主题。

质量是指实体的若干固有特性满足要求的程度。[①] 适应性是本科层次职业教育的重要特性之一，从适应性的视角出发，本科层次职业教育与产教融合程度就是其质量。[②] 数字化技术重构了传统的社会生产关系，并带来了一系列的连锁反应，生产流程的自动化、智能化演变成为产业领域中的新常态，这种变革使企业能够以更低的成本实现更高效的资源配置和产品输出。技能劳动的价值与内涵在数字技能社会的背景下被重新定义，依靠重复操作获得经验的简单技能的劳动价值不高，能够熟练掌握数字化工具和技术解决复杂生产问题的技术技能人才正成为产业升级和创新发展的核心驱动力。本科层次职业教育作为职业教育的高层次，是职业教育体系整体优化的风向标，本科

[①] 唐以志，文春帆，李志宏. 职业教育质量评估与保障的理论与实践 [M]. 北京：高等教育出版社，2019.

[②] 崔奎勇，蔡云，史娟. 职业本科教育质量指数构建研究 [J]. 中国高教研究，2022（3）：94-98.

层次职业教育的数字化转型应是当前职业教育改革的重要方向。

在职业教育数字化研究方面，职业教育正面临以 AI 为代表的新时代，它将改变职业教育的教与学，改变学校的发展新形态、教育教学以及职业教育研究的新范式①。本科层次职业教育数字化转型的意义早已超出数字技术与职业教育的叠加组合，而且进一步走向数字技术与职业教育全系统的深度融合。② 职业教育是知识与生产的媒介，职业教育的适应性不仅仅是对外部环境的被动适应，更是一种主动的、动态的匹配过程。这种匹配强调教育内外部要素的协调性，即教育目标、内容、形式与产业需求的联动性。本科层次职业教育必须以更开放的视野、更前瞻的响应速度主动适应产业需求的变化，在教育内容、教育形式与培养目标上做出全面调整，以教育供给侧改革引领产业的数字化转型。

从教育内容革新来看，本科层次职业学校应紧密围绕新兴产业和数字技术发展趋势，对课程体系进行全面重构。一方面，开发人工智能编程、大数据分析与处理、物联网应用开发等数字技术相关课程，确保学生了解、掌握前沿技术知识。另一方面，注重跨学科课程的开发，将数字技术与专业课程尤其是传统专业课程深度融合，以打破传统学科的界限。以机械制造专业为例，企业生产流程的智能化促使职业院校在课程中融入智能制造技术，如通过引入企业典型案例和项目，实现教育内容与产业需求的实时对接，培养能够利用数字化手段优化生产流程、提升产品质量的技术技能人才。

从教育形式创新来看，随着数字技术的快速发展，线上线下混合式教学模式将成为主流。线上教学平台应充分发挥其交互性、便捷性的优势，提供海量的优质课程资源，满足学生个性化学习需求，创造 "人人皆学、处处能学、时时可学" 的学习环境。线下教学则注重实践操作和团队协作，通过建设数字化实训基地，配备先进的技术设备和配套软件，为学生提供真实的生产实践机会。本科职业院校更应加强建设全面覆盖教育全过程的数字生态体系，实现教育信息、资源与管理的全方位数字化和一体化，推动教育教学活动向更高质量和更高效率的目标迈进。

培养目标的精准定位是职业教育适应产业需求变化的关键。在数字化时代，本科层次职业学校应将培养具有数字化思维、创新精神和团队协作能力

① 冯丽. 明确职业教育科研发展方向，推动职业教育高质量发展——"2024 年全国职业教育科（教）研工作会议" 综述 [J]. 职业技术教育，2024（36）：45-49.
② 朱德全，熊晴. 数字化转型如何重塑职业教育新生态 [J]. 现代远程教育研究，2022（4）：12-20.

的复合型人才作为核心目标。数字化思维要求学生不仅掌握专业领域的技术技能，还能灵活应对数字化转型带来的各种挑战。创新精神使学生能够在日常工作中提出新思路、新方法，推动技术和管理的创新，具备分析问题和解决问题的能力。团队协作能力强调学生在多元化、高互动的工作环境中能够有效沟通与合作，发挥集体协作的优势。通过精准的培养目标，本科层次职业教育能够为产业培养符合时代需求的高素质技术技能人才，推动经济社会的数字化转型升级。

在数字化时代，信息扩张带来的时空压缩效应增强了职业教育的全球联动。英国地理学家大卫·哈维提出的"时空压缩"理论认为，数字技术使时空界限变得模糊，生产过程的各个环节可以通过数字技术的即时性连接而被压缩到同一时间。① 在职业教育领域，时空压缩效应体现在教学合作的即时性和高效性上。在传统模式下，职业教育国际化的开展主要依赖于人员交流、课程引入和文化互通，但这些形式受到时空、经济成本的限制，存在覆盖面窄、推进效率低等问题。而数字社会是信息无限扩张的社会②，这种特性使得信息成为推动社会经济、文化和教育变革的重要驱动力。美国社会学家曼纽尔·卡斯特尔在《信息时代》中强调"正是网络构成了我们新的社会形态"③，社会的网络化特征强化了信息流通的速度与广度。与传统工业社会相比，数字社会的核心特征在于信息生产、传播与利用的高度密集化和全球化，而知识是信息经过加工后的产物，信息网络化重新定义了知识的传播方式，传统的单向教育模式正在被互动性更强的网络学习模式取代，职业教育资源呈现出前所未有的开放性与共享性。数字化的引入打破了本科层次职业教育国际化合作的时空壁垒，为其提供了新的实施路径和更大的操作空间。以本科层次职业教育为依托，借助国际化手段，将职业教育置于全球数字化浪潮的中心，发挥数字技术的赋能作用，是推动职业教育产教融合提质增值的可行性路径。

二、从边缘到枢纽：本科层次职业教育国际化延拓功能边界

第四次工业革命的概念最早由德国政府在"工业4.0"战略中提出，随后由世界经济论坛的创始人克劳斯·施瓦布通过其著作《第四次工业革命》进

---

① 聂阳. 空间资本化：数字资本主义时代的空间生产逻辑批判 [J]. 理论月刊，2023（5）：90-97.
② 周尚君. 数字权力的理论谱系 [J]. 求是学刊，2024（1）：101-111.
③ 左才. 网络社会与国家治理研究 [J]. 南开学报（哲学社会科学版），2018（3）：28-36.

行了广泛传播。每一次科技革命都会催生新产业、新模式、新动能，都会使工业的形态、组织方式、规模发生质的改变。① 第四次工业革命继承了历次工业革命的共性规律，以数字化、信息化、智能化为核心特征，推动了新产业的崛起、新模式的演进和新动能的形成，渗透于经济、社会和文化等各个领域。在这场工业革命中，抢占先机已成为各国亟待把握的关键，以期在全球竞争格局中占据制高点。值得注意的是，第四次工业革命既是技术与资本的竞赛，更是教育体系和人才质量的比拼，后者是决定竞争力的基础。根据帕累托准则，20％的关键因素决定了80％的结果②，而在工业革命的背景下，人才正是这一"关键"因素。

教育是社会进步与经济发展的基础，是人才的孵化器。为满足社会对多样性人才的需求，现代教育体系内部逐渐分化为学术型教育与职业教育，学术型教育以知识创新为导向，侧重于理论探索与文化传承，职业教育则以技能实践为核心，直面产业需求。两者在培养目标上既有所区分，又相互补充，是具有同等重要地位的两种不同教育类型。然而，从历史的角度来看，学术教育长期被视为推动科学进步和文化传播的主要途径，占据"枢纽"地位，而职业教育则因服务于具体生产实践而被贴上"技术性""工具性"的标签，处于"边缘"状态，发展空间受到挤压。"边缘"与"枢纽"的分野并非固定不变，在不同的历史阶段，受社会经济发展与国家政策导向的调整所影响，呈现出阶段性的动态平衡特征。由于教育资源的有限性，传统教育模式更倾向于优先支持学术型领军人才的培养，以实现有限资源的效益最大化。但这种"头部优先"的资源配置模式往往忽略了对中端与基层人才的培养，尤其是在数字化的时代背景下，显然无法适应社会对多层次人才的需求。为此，应从现代社会发展需求的角度重新审视职业教育的功能定位。

边缘化一直是阻滞我国职业教育发展的痛点，也是国际职业教育呈现的共性特征。这种现象的诱因是多方面的，除了职业教育内部机制不完善所导致的产教难融、职业发展受限以外，职业教育作为一种文化资本的低流通性也是桎梏其价值实现的重要因素。与学术教育相比，职业教育在全球人才市场中的流动效用较弱，其赋予的文化资本往往不具有通用性，无法在全球化的劳动市场中得到充分转化。职业教育国际化的重要性在这一背景下日益凸

---

① 张建刚. 科技革命视域下中国式工业现代化的发展战略与实践路径［J］. 政治经济学评论，2024（4）：65-83.
② 杨晓宏，周效章. 从二八定律到长尾理论的启示：在线教育视角［J］. 现代远距离教育，2017（6）：3-9.

显。职业教育服务于国家发展战略，在当代以"开放、协同、共享"为核心理念的职业教育生态中，固守一隅只会错失时代机遇，制约人才培养效能。职业教育不应再满足于扮演劳动力市场"补充供给"的角色，而应该以更加主动的姿态融入国家经济战略，成为支撑经济转型和产业升级的重要支柱。

为了满足数字社会对高层次技术技能人才的迫切需求，我国已遴选并支持了一批示范性职业院校开展本科层次职业教育，截至 2024 年底，共有 51 所。本科层次职业教育国际化以合作为基础，依赖于合作国家的多方互动与协同，考虑到合作各国因经济、文化与地域的差异导致教育形式、教育内容以及培养标准互有不同，故而国际化必然是一个开放、包容的过程，且稳固的合作关系必须建立在互惠互利的基础之上。作为世界上职业教育体系规模最大的国家，我国职业教育的人口基数大，地理跨度广，治理结构复杂，办学模式多样化，但在长期的实践探索中积累了丰富的经验，尤其是在产教融合、区域资源配置及多元办学主体协同等方面，可以为其他国家和地区的职业教育发展提供有益的参考样本。但由于我国职业教育相较于经济发达国家发展较晚，在体系建设、内涵建设和国际化水平等方面仍存在短板。具体而言，职业资格认证与国际标准的对接尚不畅通，课程体系的国际适配性有待提高，产教需求的精准契合亟须加强。由此可见，本科层次职业教育的建设不能"闭门造车"，应理性借鉴国际先进教育理念和制度规范，持续优化顶层设计与实践路径，以弥补短板、寻求突破，推动本科层次职业教育的高质量发展。例如，有选择地、灵活地学习德国"双元制"模式在校企协同中的系统性实践、美国社区学院在课程灵活性和终身学习通道建设上的经验，以及北欧国家在职业教育与社会保障体系紧密联动中的创新性探索，并结合我国本土实际，为本科层次职业教育接轨国际标准、延拓社会功能提供理论支持。

本科层次职业教育国际化不仅是职业教育体系自我完善的内在需求，也是服务于"一带一路"倡议的重要实践。"一带一路"倡议已经成为全球经济合作与文化交流的重要平台，涵盖了亚洲、欧洲、非洲及部分拉美国家，在促进国际贸易发展、人文交流以及基础设施建设方面取得了显著成果。"一带一路"倡议的推进离不开高质量、国际化的人力资源支持，而本科层次职业教育的国际化能够有效对接"一带一路"沿线国家的产业升级需求，为其培养紧缺的技术技能人才。在这一过程中，产教融合作为职业教育发展的核心机制，确保本科层次职业教育紧跟"一带一路"产业动态，及时调整专业设置与课程体系，输送适配的技术技能人才。为了更好地发挥教育的经济赋能作用，以"教"促"产"，我国本科层次职业教育应"主动融入"全球职业教育网络, 成为连接不同国家和地区职业教育资源的重要枢纽, 以教育链带动人才链与产业链、创新链的协同发展, 助推我国从 "世界工厂" 向全球产业链的中高端迈进, 实现从劳动密集型产业向技术密集型产业的全面转型, 延拓经济功能。

经济与文化功能具有内在的统一性。经济活动通常以产品、服务为载体, 承载着生产国的文化符号和价值理念, 在传递技术和商业价值的同时带动文化交流, 而文化理解又反哺于经济合作, 增强企业在海外市场中的适应性。海外市场对 "中国制造" 的需求为我国创造了新的经济增长点, 与跨国企业的合作在中国与海外市场之间建立了稳定的经济联系, 也为多元文化的深度互动提供了契机。本科层次职业教育的国际化不仅服务于本国经济发展, 也为合作各国创造了更多的就业机会。这些新增岗位吸引了来自世界各国的人才投身其中, 而跨国人才的流动承担了文化传播媒介的角色, 潜移默化地向国际上传递了中国的管理模式、工匠精神和互利共赢的合作理念。特别是在数字化时代, 信息化网络极大地降低了文化交流的成本, 本科层次职业教育国际化为全球经济的可持续发展创造了良好的人文环境, 延拓了文化功能。

三、从隐性到外显：本科层次职业教育国际化聚焦特征强化

特征是对客体特性的抽象结果[①], 以特征表现形式的直观性差异, 可区分为 "显性特征" 和 "隐性特征"。在现代教育理论中, 隐性与显性特征是指教育过程中不同层次的能力表现, 将显性特征定义为可被直接衡量的教育指标, 如课程成绩、技能证书和学术成果等, 而隐性特征则是潜在的、难以明确界定的能力维度, 主要体现在学习者的综合素质、长期发展潜力和应对复杂问题的能力上。

在职业教育体系中, 人才培养目标是区分不同教育层次的重要依据, 本科层次职业教育本质上是专科层次职业教育在人才培养目标的职业性与学术性上的双重 "升格"。由于本科层次的职业院校由优质专科层次职业院校转化而来, 而职业性是职业教育的本质属性, 作为高层次的职业教育, 本科层次职业学校应将职业能力的培养贯穿于 "院校-专业-课程" 的层次结构之中。与专科层次职业教育相比, 本科层次职业教育还具有鲜明的 "高等性" 特征, 这一特征要求学习者具备更系统、更深入的专业知识。职业能力与学术能力

---

① 沙鑫美. 本科职业教育的内涵分析与培养特征 [J]. 教育与职业, 2017 (22): 27-32.

的双"高"要求可通过具体的指标来量化，是本科层次职业教育的显性特征。显性特征固然重要，但在数字化加速全球化的辐射效应下，综合能力也是当前衡量教育质量的重要指标，包括复合性、可持续性和可迁移性，共同构成了本科层次职业教育的隐性特征。在本科层次职业教育高质量发展的进程中，各项特征并非固有特征（具有不可改变的特性），而是可以在外界环境的刺激下不断被强化。基于此，我们可借助科学合理的策略，精确导引隐性特征的发展轨迹，使之聚焦于特定信息，从而有针对性地显化所期望的特征，推动本科层次职业学校向高质量发展目标稳步迈进。

复合性是综合能力的核心指标，它是指学习者在多学科知识背景下，整合多元知识并将其应用于解决复杂问题的能力。在传统职业教育体系中，专业性往往被认为是学习者应具备的首要能力，但随着数字技术的快速发展，数据成为重要的生产要素和决策依据，各产业领域越来越重视数据的收集、分析和应用，以实现精准决策和高效运营。产业的数字化转型导致岗位工作内容和边界不断变化，从业者需要在不同的岗位之间轮转，这种职业流动性要求其具备复合性能力，单一的专业技能已经无法满足现代职场的需求。根据布鲁纳的"结构主义教学理论"，教育的核心在于帮助学习者形成知识结构。[①] 复合性即是在原有的知识结构上不断拓展知识边界的能力，本科层次职业教育的国际化为其提供了契机。复合性的形成及强化，源自本科层次职业教育对学习者多元能力培养的系统设计。一是通过对培养目标的明确定位，将复合性能力作为人才培养的核心要素，引入全球先进的教育理念与实践经验，推动多学科知识结构的交叉与优化，构建相互支撑的知识网络，系统性地培养能够应对复杂国际职业环境的技术技能人才；二是跨国合作项目和全球资源的共享使课程设计得以融入国际化的多元视角，通过多维度、模块化的课程体系，将专业知识、跨文化能力和全球视野有机整合在一起，形成更具适应性的知识结构；三是本科层次职业教育国际化推动了更多元化的评价体系的建立，通过国际教学项目的完成度来对学习者的跨文化问题解决能力、跨领域知识整合能力进行动态测评，使复合性从隐性特征转化为显性优势。

可持续性作为综合能力的另一个重要维度，强调的是从业者能够在全球化的职业环境中持续提升自身的能力。美国著名教育家约翰·杜威认为"教育即生活，即生长，即经验改造"[②]，教育应为个人适应未来环境提供足够的

---

① 布鲁纳. 教育过程 [M]. 邵瑞珍，王承绪，译. 北京：文化教育出版社，1982.

② 赵祥麟，王承绪. 杜威教育名篇 [M]. 北京：教育科学出版社，2006.

灵活性和适应力，这正与可持续性发展的教育目标相契合。国际化的职业教育合作模式有利于构建更为包容与弹性的教育体系，这种体系的优势在于，它不仅能够帮助学习者掌握具体的职业技能，培养其对职业未来发展趋势的"嗅觉"与主观能动性，以应对职业生命周期内的各种变化，还能将国际化职业环境中不断更新的知识和技能纳入教学框架，为其提供终身学习的灵活路径。此外，国际化进程能够有效推动本科层次职业教育在资源配置上的优化，这为学习者的终身学习提供了必要的资源保障。通过与国际行业组织、院校和企业的合作，我国的本科层次职业学校能够获取更多高质量的教育资源，包括国际认证的课程体系、开放的学习平台以及国际企业的实践机会。这些资源的融入拓宽了学习者终身学习的可能性，使其能够在职业生涯的不同阶段实现能力的更新与提升。

可迁移能力是学习者将所学知识、技能和经验从一个特定情境迁移到另一个全新环境中的能力。加涅强调学习的每一个动作，如果要完成并获得迁移，就需要反馈。[①] 在多样化的环境中，多次的练习以获得及时的、各种形式的反馈，将加强知识迁移的能力。本科层次职业教育的国际化促使学习者在学习过程中主动适应不同的知识体系，使其在不同文化和制度环境中找到共同点和连接点，这是可迁移能力的前提条件。在国际化合作中，学习者将面临多种教学模式的切换，这种环境的动态性与不确定性倒逼学习者在学习过程中不断进行自我调节与反思，从而创造了可迁移能力的理论条件。国际化的本科层次职业教育也为学习者提供了更多元的实践机会，使其得以在新情境中重新应用已有的经验知识，验证所学技能的有效性与适用性，构建可迁移能力的执行条件。由此可见，本科层次职业教育的国际化有助于赋能人才培养过程中的知识与技能迁移。

第二节　引进来：多模态国际经验赋能本科层次职业教育，打破局部最优约束

汉代桓宽在《盐铁论·刺议》中有云："多见者博，多闻者知，距谏者塞，专己者孤。"我国本科层次职业教育体系的建设不能囿于自身已有的经

①　加涅. 学习的条件和教学论［M］. 皮连生，王映学，郑葳，等译. 上海：华东师范大学出版社，1999.

验和模式，应广泛开展国际交流与合作，广纳国际先进理念，剖析国际经典模式，打破地域、文化等因素约束，通过"学习—实践—创新"的反复过程，不断修正并逼近理想状态，构建中国特色的本科层次职业教育发展框架。

一、广纳国际先进理念，扩大感受野，累积本科层次职业教育先验知识

戴维·赫布尔等将"感受野"定义为神经元能够感受刺激的区域范围①，而较大的感受野更利于有效地捕捉全局信息。在教育领域，这一概念同样适用，教育主体的感受野可以解释为在学习过程中能够接触、理解并整合的信息范围。尤其是在当前数字化的时代背景下，信息获取的速度、范围与质量直接决定了教育主体的竞争力，扩大感受野是实现其高质量、高水平发展的必由之路。国际化为本科层次职业院校扩大感受野提供了路径。约翰·梅耶等的"世界文化理论"指出，教育制度的全球同构化趋势要求各国在本土化教育实践中融入全球标准。② 为此，我国本科层次职业学校在国际化的迈进中应广泛汲取多样化的先进教育理念，累积本科层次职业教育先验知识，深化本科层次职业教育的发展内涵。

近年来，全球绿色经济的全面布局使得绿色可持续发展理念逐步融入教育体系，并成为职业教育改革的重要方向。根据联合国教科文组织的《教育2030 行动框架》，教育应主动服务于全球可持续发展目标，培养具有生态责任感和绿色技能的未来劳动者。③ 国际上很多国家都在积极推进绿色技能的开发，德国、美国、新加坡等职业教育发达国家已经形成了较为成熟的模式。欧洲绿色学徒制聚焦"绿色"能力结构，构建绿色模块化人才培养模式。④ 以德国为例，其倡导所有职业都是绿色职业，通过与绿色企业建立校企合作，为学生提供绿色项目的实践机会，并致力于在职业教育课程中融入绿色技能的培养，更是在继续教育阶段，将绿色技能要求以附加资格的形式进行专业

① Hubel D H, Wiesel T N. Receptive fields, binocular interaction and functional architecture in the cat's visual cortex [J]. The Journal of Physiology, 1962, 160 (1): 106.

② Meyer J W, Boli J, Thomas G M, et al. World society and the nation-state [J]. American Journal of Sociology, 1997, 103 (1): 144-181.

③ 李学书，范国睿. 未来全球教育公平：愿景、挑战和反思：基于《教育 2030 行动框架》的分析 [J]. 比较教育研究, 2016 (2): 6-11.

④ 于莎. 支持绿色转型：欧洲绿色学徒制的运行机制及实施路径 [J]. 职业技术教育, 2023 (33): 74-80.

化培养。① 美国通过"绿色学习项目"推动绿色技能融入职业教育，从专业设置到课程标准再到课程内容全方位嵌入绿色发展理念，并进一步将绿色技能要求普遍融入了国家职业资格中。② 新加坡以"未来技能计划"助力绿色技能培养，政、校、企三方联动从国家层面开展技能培训，覆盖可再生能源、环境科学、绿色建筑、清洁技术等多个领域③，形成与绿色经济协同发展的育人模式。绿色理念的融入推动了教育与产业的联动，也为职业教育体系注入了全新的内涵，我国本科层次职业教育要发展，就要将绿色技能培养贯彻到办学理念中，从理念到实践构建绿色职业教育体系，推动产教协同迈向可持续发展新高度。

终身学习理念强调教育活动应贯穿人的整个生命周期，以满足学习者在多阶段、多层次的学习需求。特别是在如今的知识经济时代，个体的知识储备如果不及时更新，便难以适应职业发展和社会需求的变化。职业教育作为一种强实践性、面向技能培养的教育类型，恰恰为人们的终身学习提供了理想的载体。国际上越来越多的国家开始重视终身学习，以构建学习型社会为目标，积极探索职业教育与终身学习的内在逻辑关系。职业教育学历的上移有助于终身学习体系的建设，芬兰打通从职业教育到高等教育的堵点，通过学分制的设置和灵活的学习路径设计，使学生可以在不同学习阶段自由切换。此外，芬兰政府在《国家五年计划》中强调将终身教育理念融入其他教育之中④，帮助全体民众获得贯穿终身的教育支持。日本和芬兰的职普分流具有晚分流的共同点，即职普分流设置在初中阶段之后，更好地保障了教育的公平性，为终身学习奠定了理论基础。不同的是，日本是典型的学术教育偏向型社会。为扭转社会对职业教育的偏见，日本逐步构建了相对于普通教育学位体系的职业教育学位体系⑤，为终身学习体系的构建提供了有力的制度保障。新加坡通过政府资助、行业指导和教育机构支持，为各类群体提供职业教育的持续学习机会，涵盖短期技能培训、职业资格提升和学位深造，这种全过

① 鄂甜. 德国职业教育绿色技能培养模式及启示 [J]. 职业技术教育，2018 (36)：65-71.

② 张平. 发展绿色职业教育的内驱动力、国际参鉴及实践路径 [J]. 中国职业技术教育，2022 (34)：44-48.

③ 王维军，阚阅. 新加坡：政校企三方联动助力绿色技能培养 [J]. 上海教育，2024 (11)：29-31.

④ 任杨. 德国、芬兰终身教育的特色及对我国的启示 [J]. 成人教育，2022 (4)：79-83.

⑤ 朱文富，孙雨. 日本职业教育学位体系的构建历程与经验 [J]. 学位与研究生教育，2022 (5)：87-93.

程支持体系显著增强了职业教育的灵活性和适应性。

　　创新是推动本科层次职业教育高质量发展的内驱动力，而科教融汇是将创新要素转化为育人优势的有力杠杆。在创新理念的指引下，职业教育逐渐走向"产学研"深度融合的方向。众所周知，德国的职业教育发展水平位居世界前列，而新加坡的"教学工厂"模式则是以德国的"双元制"为基础，并结合自身国情创新性地将现代工厂的管理理念融入其中。强调职业教育与产业实践的深度融合，是新加坡的特色"双元制"。新加坡南洋理工大学秉持开放式创新的理念，将"教学工厂"升级为了"科研创新工作坊"，① 与之对应，教育目标也从"技能匹配"调整为"创新驱动"。工作坊由政府、学校和企业共同主办，企业提供参与实际科研项目的平台与技术支持，高校和职业院校负责课程设计与理论指导，以项目式教学、创新竞赛的形式激发学生的创造力，推动实际成果的转化，形成产学研协同机制。STEM 教育，即科学（science）、技术（technology）、工程（engineering）和数学（mathematics）教育，被美国提升至国家战略高度。创新性不是学术型教育的专属，在这一框架下，美国将 STEM 理念深度融入职业教育课程体系，通过强化跨学科融合与实践创新，致力于培养兼具创新意识和高阶技能的复合型人才。产、学、研协同创新机制为本科层次职业教育注入动态适应性，重构知识生产模式与实践体系，促进教育范式更新和价值链延伸，成为推动本科层次职业教育高质量发展的核心引擎。

二、剖析国际经典模式，深研本土化，创设本科层次职业教育优质样本

　　职业教育国际化成为推动各国经济增长和技术创新的重要手段。根据资源依赖理论，所有开放的系统都会受到外部环境多种因素的共同影响。② 我国本科层次职业教育的国际化战略正是这一理论的生动实践，通过引进、消化、吸收外部优质的职业教育资源并实现再创新，不断优化内部要素配置，以适应全球化背景下的竞争需求。职业教育的运行模式往往决定了教育体系的实施效果与适应能力，不同国家的职业教育模式体现了不同的教育理念、社会

　　① 买琳燕. 新加坡高职教育国际化发展：历程、举措与特征［J］. 现代教育管理，2018（10）：94-99.

　　② 李梦卿，邢晓."双高计划"高职院校建设的时代要求、现实基础与提升路径［J］. 教育科学，2020（2）：82-89.

需求与经济发展的特征。德国、美国、英国、日本的职业教育是国际上具有代表性的样本，剖析其核心特征对我国本科层次职业教育的高质量发展具有重要启示。

德国"双元制"模式是职业教育领域的典范，其"双元"理念包含三重含义：在培养目标上，强调理实融合，致力于培育高素质应用型人才；在办学主体上，依托于学校与企业协同合作，共同承担理论教学与实践训练；在学习者身份上，学生兼具员工与学生双重角色，在校企联动中实现学用结合。① "双元制"模式的核心并非单纯的校企合作，而是涵盖了政府、行业、学校和企业在内的多维度协作关系，各方在体系中分工明确、有序运行，共同保障其高效运作。企业主体不仅是教育提供者，也是教育成果的受益者，在校企合作中展现出高度的参与意愿，主动投入资源并承担了大部分教育成本，占据主导地位。相较之下，政府的资金投入相对较少，主要承担协调和组织作用。职业学校则紧密围绕职业能力的培养，强调行动能力的提升，通过以实践为导向的教学模式，与行业、企业、产业需求深度对接，确保教育内容与就业市场需求保持一致。行业协会负责制定和调整各行业的培训标准，协调企业和学校之间的合作。学生作为"学徒"融入企业的生产流程，逐步适应职业角色要求。由此可见，德国的"双元制"不仅是一种教育模式，更是整个社会对职业教育高度认同的结果。

日本基于"产学官"合作的实践型高职教育模式具有较强的官方主导色彩。② 日本政府在职业教育中扮演着主导者与协调者的双重角色，通过立法、财政支持以及政策引导，推动职业院校与企业建立长期稳定的合作关系。这种合作机制往往具有明显的区域性特点，地方经济发展需求是日本职业教育模式构建的重要依据，职业院校与地方企业协同制定培养方案，在政府框架下协调开展教育活动，从课程设计到实习安排，精准对接地方产业的技能需求。相较于德国通过学徒制让学生深度融入企业的生产实践，日本职业院校更加注重理论知识与实践技能的平衡，并设计了多样化的理论与实训相结合的学习路径。课程内容更灵活多变，通过分阶段的实习项目积累企业经验，

---

① 李梦卿，余静. 德国"双元制"大学的运行逻辑、机制与启示 [J]. 教育与职业，2021 (17)：26-33.

② 李博. 基于"产学官合作"的日本实践型高职教育模式 [J]. 教育与职业，2017 (13)：104-109.

同时保留了继续深造的通道，这种开放性和弹性为学生提供了更多职业选择的可能，既满足了个人职业发展需求，也为地方经济注入了高素质的技能型人才，还在一定程度上增强了职业教育的社会认可度。

美国的社区学院模式突破了传统大学精英化的局限性，是高等职业教育发展成功的典型模式之一。埃利克·阿什比认为，这种"突然异变"的、极端美国式的高等教育机构——社区学院"无疑是中世纪以来高等教育发展史上发生的为数极少的大革新之一"。① 美国社区学院模式以能力为基础，注重个性化发展，提供了学术教育和职业教育并行发展的路径，以其多功能、多样化的特点满足了社区各界在教育上的立体化需求。如：社区学院的核心职能包括技术与职业教育，可为本地企业培养技能型人才；学院的转学教育，为学生进入四年制大学提供学分支持；学院的补偿教育，帮助学术基础薄弱的群体弥补知识差距或职业技能不足；学院的社区教育，通过培训课程、继续教育项目等形式满足居民终身学习的需求。这种多层次的架构充分体现了教育的公平性与包容性。为了平滑地让学生做到从学校到工作岗位的过渡，美国探索了企业本位型、院校本位型、自愿合作型三种典型产教融合模式，企业本位型模式使学生能在真实工作场景中积累经验，院校本位型模式确保理论知识与实践的深度融合，自愿合作型模式则灵活整合各方资源，与社区学院的多层次架构相辅相成。美国的这种多元化发展模式，鼓励学生根据市场需求和个人发展方向进行个性化选择，而教育体系本身也为社会提供了多层次、多方向的人才。

科尔比提出的经验学习理论认为学习是由四个阶段构成的循环过程，即具体经验、反思观察、抽象概念化和主动实践。② 英国"三明治"教育模式与经验学习理论在逻辑上高度一致，强调知识体系的内在连贯性。其核心思想是通过"实践—理论—实践"的交替学习机制实现知识的转化和迁移，使学生不断在理论与实践间建构新的知识和能力，避免了职业教育中理论与实践"两张皮"的现象，形成闭环式、系统化的职业教育体系。英国职业教育的逻辑起点在于对学习主体的认知尊重，这一模式并非孤立的教育设计，而是依托于自上而下的政策与机制支持，包括国家资格框架、学徒制、行业协会参

---

① ［日］天野郁夫. 日本高等教育的大众化与特罗"理论"［J］. 陈武元，黄梅英，译. 国际高等教育研究，2001（4）：1-11.

② Kolb D A. Experiential learning：Experience as the source of learning and development ［M］. New Jersey：Prentice-Hall，1984.

与及教育资源整合等关键要素。第一，国家资格框架（national qualifications framework，NQF）为英国职业教育提供了系统化的认定与衔接标准，是"三明治"模式能够有效运行的重要基础，通过明确学习成果与能力要求，将职业教育的各个层级有机整合，为学生在不同教育阶段间流动提供了制度保障。第二，英国学徒制涵盖基础学徒制、中级学徒制、学位学徒制、高等学徒制、研究生学徒制等多种类型①，为"三明治"模式注入了实践驱动的内在动力。第三，英国的职业教育模式高度依赖行业协会在职业标准制定、课程开发和质量监督中的作用，行业协会的积极参与为"三明治"模式提供了专业支持与指导，使其保持对市场需求的敏感性。

高等职业教育的关键不在于初始设计是否系统或具有创新性，而在于其能否有效对接产业需求、满足社会期望并契合本土发展，这是衡量其成效的核心标准。我国职业教育经过不断的探索与实践已经打造出政、校、行、企四方协同的教育生态，基本构建了产教融合、职普融通的教育布局，呈现出中职—高职专科—高职本科的职业教育层级结构，形成较为成熟的职业教育体系，但与国际先进职业教育体系相比仍有差距。本科层次职业教育国际化进程已逐步展开，可借鉴德国的企业主体模式、学习英国的资格框架体系、参考美国的多样化路径、研究日本的跨部门协同机制，博采众长，并结合我国教育国情加以本土化，创设本科层次职业教育优质样本以带动职业教育全局的高质量发展。

三、参考国际多元制度，构建新框架，夯实本科层次职业教育差异优势

所谓制度，是指人们为维护秩序和规范行为而制定的一套规则，制度体系就是一系列具有内在逻辑联系的规则的总和②，其为社会提供了运行的框架，确保社会各方面的协调与有序发展。在教育领域，教育制度决定了教育模式的运行效率和可持续性。职业教育的改革不仅需要剖析国际经典模式，还需要借鉴国际先进的职业教育制度，进而构建更符合产业需求、契合社会期望的规则体系，提升其教育质量与社会认同度。

① 孙翠香.英国学徒制：历史变迁、现实样态与改革动态［J］.职教发展研究，2022（3）：12-22.

② 朱仁显，唐吉意.制度视角下全面从严治党的体系、逻辑与效能［J］.湘潭大学学报（哲学社会科学版），2024（4）：120-124.

德国"双元制"模式的成功得益于完善的制度保障。德国政府发布的《联邦职业教育法》和《联邦职业教育促进法》为"双元制"职业教育提供了法律框架，明确规定了职业教育的目标、内容、质量标准及实施细则（包括培训合同、培训期限、考试要求等），各州政府、行业协会、学校、企业和学生都须根据相关法律法规，在各自的职能范围内负责职业教育的组织和管理工作。具体的，在德国每个职业都有一个相应的培训条例，培训条例在政策法规层面决定了德国职业教育的整体面貌，是德国职业教育的实施基础。① 德国"双元制"模式的核心是"工学结合"，即企业和学校的合作，企业在这一过程中发挥着主导作用，是职业教育的主要实施者，不仅要承担学徒（学生）培训的责任，还需要为学徒提供符合规定的培训环境和专业导师。企业培训的内容和方式必须与行业标准和职业培训条例相符，以确保学徒在实践中获得相关的专业技能和知识。为了保障培训质量，德国的各州政府依据联邦法律制定具体的实施细则，并负责监管地方职业教育的运行情况，调控各地区的教育质量标准统一。德国还构建了完善的考核体系和证书制度，由行业协会按照行业规定的要求严格实施。依托于这些政策法规保障，德国建立了一个系统化的、协同高效的"双元制"职业教育体系。

英国以政府为主导的现代学徒制是"三明治"模式的重要支撑，也是"技能开发战略"的核心部分。从根源上讲，教育的产生源自生产实践，教育的主要目的也在于服务于人的生产生活。作为与经济联系最紧密的教育类型，职业教育其本质属性在于其职业性，直接回应了生产领域对劳动者能力的要求。这种特性决定了职业教育的实施过程必然涉及多组织、多部门的协调与协作。然而，随着职业教育体系的不断发展，各主体之间协调不力、效率低下、权责不清等问题逐渐显现，尤其是在产教融合过程中，管理层面的职能交叉和重复性问题时有发生。为了有效解决这些问题，英国政府决定将原本分散在不同部门的职责进行整合，将教育和就业两大职能部门合并，成立了全新的执行机构——教育与技能部，负责全国技术与继续教育的相关政策制定、执行以及监管，具体来说，由教育与技能部副部长作为领导和管理的负责人，赋予了该部门更大的灵活性和决策权。职能部门的重组使职业教育的相关政策的制定、执行以及调整变得更加系统化和高效化，这一管理架构为

---

① 陈钰，王希. 能力导向下德国职业教育四个层面的数字化实践探索［J］. 成人教育，2024（10）：88-93.

英国现代学徒制的实践探索提供程序性保障。

美国职业教育体系的实现方式是通过学分认可和转换系统来实现的。[①] 学分认可是学分转换的前提，是对学生在不同学习阶段、不同教育机构或不同课程中所获得的学习成果的一种官方承认，这一过程首先需要确保各类课程内容、学时和教学质量达到一定标准，并符合学分认可的规范和要求。这种规范由权威性学术机构为其"背书"，通过四年制大学与社区学院之间的互认衔接协议加以实施，社区学院大体等同于我国专科层次的高职院校。协议规定了不同课程之间的相似性、等效性以及所授学分的可转性，将课程的内容、目标、学时以及教学方法进行细化和量化，为学分的转换奠定了信任基础和操作标准。学分转换的接收院校除了参考互认衔接协议之外，还会考虑对转出院校的外部质量评价以及课程相似度。学分的认可和转换不局限于州内高校，在美国各州之间也具有一定的普适性。美国的教育系统倡导学生的自主选择和个性化发展，学分认可与学分转换机制有效避免了在转学、转专业或跨校学习时的教育重复问题，允许学生根据个人兴趣和职业规划自由选择教育路径。美国的职业教育政策推广学分转换机制，学生可以在社区学院完成部分学分后，将学分不受损失地转换到四年制大学继续学习以获得更高学历，学分累计至新教育阶段。[②] 通过这种方式，职业教育的学生能够更加高效地实现职业教育层次的递进与教育质量的跃升，在教育与职业之间达到很好的平衡。

美国当代著名的高等教育学家克拉克·克尔说过："在某种意义上，学位就是红绿灯，使得学生的车流通过高等教育的各个阶段。"[③] 自 1991 年起，日本便开始构建与普通教育学位体系相对应的职业教育学位体系，经过 30 余年的探索和实践，已逐步形成了独具特色的职业教育体系。日本的高等职业教育可分为专科层次和本科层次，专科层次的职业教育由专修学校、高等专门学校、短期大学和专门职业短期大学承担，除五年一贯制外，修业年限一般为 2 至 3 年。与此不同，本科层次的职业教育开展于专门职业大学、短期大学专攻科、高等专门学校专攻科和大学专门职业学科，修业年限通常为 4 年，

① 张瑶瑶. 河北省高等职业教育管理问题与对策研究［D］. 乌鲁木齐：新疆大学，2020.

② 郑爽. 国际比较视野下我国职业教育社会认同度的提升策略研究［J］. 职业教育，2024（9）：38-43.

③ 李梦卿. 高等职业教育的学位制度应以法律形式固化［J］. 河南科技学院学报，2011（10）：16-18.

而专攻科的生源主要是专科层次职业教育的毕业生，因此修业年限为1至2年。日本的职业教育机构类型多样，衍生出了丰富的学位制度。就专科层次的职业教育机构而言，高等专门学校的五年一贯制毕业生可获得"准学士"称号，专修学校毕业生可被授予"专门士"称号，而短期大学与专门职业短期大学毕业生则分别授予其"短期大学士"学位和"短期大学士（专门职业）"学位。进一步来看，在本科层次的职业教育机构中，短期大学专攻科和高等专门学校专攻科授予毕业生"学士"学位，4年制的专修学校毕业生被授予"高度专门士"称号，专门职业大学授予其毕业生"学士"学位，而大学专门职业学科则授予毕业生"学士（××专门职业）"学位（"××专门职业"为职业或产业领域的名称，非传统学位领域的名称）。值得注意的是，"准学士""专门士"和"高度专门士"并非真正意义上的学位，而是一种"类学位"。总体而言，日本职业教育学位体系通过这一多层次、多元化的学位授予制度，在一定程度上提高了职业教育的地位。

本科层次职业教育是我国教育系统中的新生产物，我国职业教育在学位制度、学分转移、管理机构、法制建设等方面已经进行了初步探索，结合我国国情理性借鉴国际经验，不断完善职业教育体系架构，是推动我国本科层次职业教育走向成熟的内在要求。

第三节　走出去：构建中国特色本科层次职业教育国际化范式，互惠全球职教网络

国际化是我国职业教育体系走向世界的一种战略选择，而"引进来"与"走出去"是国际化战略中的两个重要维度，二者相辅相成、相互促进。本科层次职业教育国际竞争力的提升需要把握好"引进来"和"走出去"的关系，"引进来"是为了更好地走出去。本科层次职业教育国际化作为一种新范式，并非简单的功能外延扩张，而是内外兼修的系统创新。一方面，从适应规则到制定规则，坚持标准引领，提供中国方案；另一方面，既要顶层设计，又要基层创新，加强国际化管理，实现本科层次职业教育国际化水平从跟跑到并跑和领跑的跨越。

一、坚持标准引领，畅通职教人才全球流动

标准，中国国家标准化管理委员会的定义是"通过标准化活动，按照规定的程序经协商一致制定，为各种活动或其结果提供规则、指南或特性，供共同使用和重复使用的文件"，其本质在于其规范性、统一性和适应性，通过规则的约束保障经济社会的有序运行。职业教育国际标准为全球职业教育提供了共同遵循的规范和评价体系。以国际劳工组织提出的职业分类框架为例，它通过明确职业需求与劳动市场的匹配关系，为职业教育标准的设计提供了范式支持。欧洲学历框架（EQF）通过八级资格体系，促进了欧盟内部学分互认和教育资源流动，并为全球职业教育的标准化合作提供了实践样本。发达国家的职业教育发展经验揭示了标准在推动职业教育国际化中的关键作用。德国的"双元制"模式通过企业深度参与，建立了严格的职业教育质量标准，强调技能的市场导向。澳大利亚政府以《澳大利亚资格框架》为基本架构、以技术与继续教育为实施路径、以《澳大利亚质量培训框架》为保障机制构建了现代职业教育体系[①]，将职业教育与区域经济发展深度结合。本科层次职业教育的国际化发展离不开标准引领。标准不仅是培养职教人才的准则，还是推动我国本科层次职业教育提升国际竞争力的必要条件，更是实现全球职教人才顺畅流动的"通行证"。

2012年，教育部印发了《关于借鉴国外先进经验 开展职业教育部分专业教学标准开发试点工作的通知》，天津高职院校按照教育部的要求，开展了50个国际化专业教学标准试点工作。[②] 2019年，《国家职业教育改革实施方案》提出，"建成覆盖大部分行业领域、具有国际先进水平的中国职业教育标准体系"，"发挥标准在职业教育质量提升中的基础性作用"。[③] 当前，我国职业教育标准体系覆盖了1000余个职业领域，形成了分层分类的质量框架，以服务产业需求为导向，强调产教融合和校企协同，确保技能培养契合市场实际需求。中国特色职业教育标准不仅是提升本科层次职业教育质量的内在要求，还是推动国际话语权构建的重要抓手。在当前全球经济环境深度变革的背景

---

① 左彦鹏，张桂春. 三元共生：澳大利亚现代职业教育体系的构建理念与实践 [J]. 职教通讯，2016（7）：61-64，68.

② 吕景泉，李力. 模式创立、标准研制、资源开发、师资培养：鲁班工坊的创新实践 [J]. 职业教育研究，2022（10）：5-9.

③ 教育部关于深入学习贯彻《国家职业教育改革实施方案》的通知 [EB/OL]. [2024-10-24]. https：//www. gov. cn/zhengce/content/2019-02/13/content_5365341. htm.

下，标准的构建不仅要考虑国内劳动力市场对技能型人才的需求，还须从全球产业链的视角，打造具有竞争力的技术型人才标准体系。具体而言，中国特色职业教育标准通过强调区域经济发展和产业集群需求，形成了"标准—课程—岗位"的直通路径。例如，中西部地区面向装备制造业、能源产业设立的专项职业标准，既推动了区域经济的技术升级，又为当地甚至全国的职业院校课程体系设计提供了清晰导向。同样地，在长三角、珠三角等高技术产业发展较快的地区，智能制造、新能源和人工智能等领域的职业教育标准已率先对接全球前沿产业标准，彰显出一定的国际化水准。

"一带一路"倡议为我国职业教育标准的国际推广提供了战略契机。在这一倡议框架下，我国与沿线国家的经贸合作不断深化，产业链的延伸催生了对技术技能人才的大量需求，但"一带一路"沿线国家长期面临技能人才短缺和标准缺失的问题。这种供需不平衡不仅制约了当地的经济发展，还在一定程度上影响了国际合作的可持续性，我国职业标准的输出有效地填补了这一空白。我国职业教育标准通过"示范项目＋合作机制"的模式，逐步在"一带一路"沿线国家落地实践。我国职业标准的输出并不只限于教育理念和课程体系的设计，还包括教材编制、师资培训、技术支持等全方位、多层次的合作内容。随着"一带一路"基础设施项目的推进，中亚地区的职业教育机构通过引入中国职业教育标准，与实际工程项目形成对接，既推动了当地职业教育体系的完善，促进了教育与产业的协同发展，又提升了我国职业教育标准的国际影响力，是我国职业教育参与全球教育治理的重要实践。

我国职业教育标准的形成既是对现有国际标准的接轨与吸收，更是对我国职业教育实践成果的系统总结与理论提升，彰显了从本土实践到国际化探索的逻辑进路。这种内外兼修的特质，使得我国职业教育标准在国际场域中具有突出的适应性与创新性。我国职业教育标准的成功实践为发展中国家提供了一种可参考、可推广的教育发展模式，在参与这些国家职业教育体系建设的过程中，我国职业教育也逐渐从区域性经验迈向全球化实践。然而，在国际化过程中，我国职业教育标准仍存在一定局限。一方面，部分标准的技术细化程度不足，尤其是在高精尖产业领域，课程设置与技术规范的关联性仍须加强；另一方面，职业教育标准的制定和实施还存在一定的行政化倾向，导致灵活性和市场导向性不足。我国职业教育标准的国际化须以创新为驱动，以协调为原则，探求国际化与本土化的平衡点，即既要符合国际规范，又要服务于本国的发展战略。第一，加强标准制定过程中的企业主体参与度，尤其是在标准内容设计阶段，通过企业的深度参与确保标准能够直接匹配岗位需求。第二，推动职业教育标准的动态调整机制建设，借助数字化工具和大数据平台，对职业教育课程内容和技能需求进行实时追踪，确保标准的前瞻性和时效性，以应对技术变革和产业升级带来的新要求。第三，加强国际对话与合作，主动参与国际职业教育标准的制定工作，在全球职教领域赢得更大的话语权，从而加大我国职业教育标准在国际上的影响力。

我国职业教育标准引领国际标准既是理论逻辑的内在要求，也是政策逻辑的必然结果。从国际关系视角看，教育标准作为软实力的重要表现形式，其国际化进程表明我国职业教育体系正在从适应全球化向引领全球化的角色转变。我国职业教育从对照国际标准到提出并推广中国特色的职业教育理念与规范，既体现了国家战略层面的全球化教育理念，也反映了国家政策设计的系统性与延展性。这种发展模式并非对既有国际规则的简单回应，而是通过内生逻辑的强化与外部规则的协同，来构建以我国职业教育标准为核心的教育合作共同体，实现中国特色职业教育标准在全球治理框架中的嵌入与强化。

二、提供中国方案，消解外来价值认同壁垒

本科层次职业教育的"走出去"战略强调的是互利共赢的职教国际合作，构建中国话语体系，讲好中国故事，传播好中国声音，展现可信、可爱、可敬的中国形象以增强文化认同，是用好国内国外两个市场、两种资源的前提。简·尼德文·皮特尔斯总结全球化过程中对待文化差异和多样性的三个范式分别为：差异永远存在，差异将让位于逐渐增长的均质化，各种差异将出现混合并产生出新的差异。① 全球化的发展趋势是"文化混融"，但传统文化惯性的存在容易引发本土文化对外来文化的无差别抵制，这是一种自我保护机制，进攻式的文化输出是触发此机制的条件，而平等、非否定式的文化交流可以有效地避免国际合作进程中的排异反应。我国强调文明交流互鉴是推动人类文明进步和世界和平发展的重要动力，坚持构建基于"互惠"的价值认同体系，打造开放、包容、共赢的职教国际合作格局，使不同文化背景下的职业教育主体能够跨越理念差异，找到合作的共鸣点，这是形成稳定合作的基础。

文化软实力是国家综合国力的重要组成部分。在《关于加快发展现代职

---

① 简·尼德文·皮特尔斯. 全球化与文化：全球混融（第二版）[M]. 王瑜琨，译. 北京：中国传媒大学出版社，2016.

业教育的决定》的解读中，时任教育部职业教育与成人教育司司长葛道凯强调职业教育要强化技术技能积累作用①，而工匠精神正是在劳动中形成的一种追求卓越品质的职业精神，与职业教育培养高质量技术技能人才的原则高度契合。2016 年，天津打造了职业教育国际品牌"鲁班工坊"，并于同年 3 月在泰国建立了全球第一个鲁班工坊。2017 年，习近平总书记主持中央全面深化改革领导小组会议，审议通过了《关于加强和改进中外人文交流工作的若干意见》，提出"在人文交流各领域形成一批有国际影响力的品牌项目"。② 作为我国首批职业教育国际品牌的创新实践，鲁班工坊是推动中外人文交流、传播我国现代职业教育理念的重要载体。2020 年，教育部等九部门联合印发的《职业教育提质培优行动计划（2020—2023 年）》明确提出，要加强职业学校与境外中资企业合作，支持职业学校到国（境）外办学，培育一批"鲁班工坊"。③ 至此，鲁班工坊转变为国家政策驱动的品牌化项目。截至 2022 年 11 月，共有 27 个项目被中国教育国际交流协会与鲁班工坊建设联盟专家委员会认定为鲁班工坊运营项目。④

　　文化软实力的实质在于通过文化与价值观的吸引力，使外部社会自发形成认同感。秉持"一带一路"倡议的共商共建共享原则，鲁班工坊探索出了一种技术与文化双轮驱动、师资与资源共享的"嵌入式协作"模式，通过"教育＋文化"的协同创新构建了多边交流的合作新生态，避免了单边文化传播的排他性，与中国文化中"和而不同"的包容性思想相吻合。不同于传统教育模式，职业教育更注重实践性与社会生产力的紧密结合，鲁班工坊的理念契合了全球对职业教育的普遍需求，特别是"大国工匠"精神，其追求卓越、精益求精的价值观与全球职业伦理形成交汇点，在对接东道国发展战略的过程中将文化传播内化到教育实践中。

　　鲁班工坊项目启动初期主要依赖中方派遣的教师和管理人员快速搭建教学体系，但长期来看，这种模式存在高成本、不可持续的弊端，部分鲁班工

　　① 李梦卿，王若言. 工士学位及我国高等职业教育学位名称推定语境研究［J］. 职教论坛，2014（31）：20-25.

　　② 中共中央办公厅　国务院办公厅印发《关于加强和改进中外人文交流工作的若干意见》［EB/OL］.［2024-10-05］. https：//www. gov. cn/zhengce/2017-12/21/content＿5249241. htm.

　　③ 教育部等九部门关于印发《职业教育提质培优行动计划（2020—2023 年）》的通知［EB/OL］.［2024-10-05］. http：//www. moe. gov. cn/srcsite/A07/zcs＿zhgg/202009/t20200929＿492299. html.

　　④ 刘聪，赵红. 我国海外鲁班工坊高质量发展：实然审视与应然向度［J］. 教育与职业，2023（12）：101-105.

坊因师资力量薄弱，无法长期稳定地派遣中方教师驻扎境外，转向本土师资培养能够实现更高效的资源配置。每个国家的文化背景和教育特点相差甚远，而本土教师对于当地文化和社会结构有着更深入的理解，能够根据其需求灵活调整教学内容和形式，消除文化传递过程中的误解和偏差，使职业教育更加契合当地社会发展。自 2016 年起，天津的高职院校，如天津职业大学，依托于鲁班工坊的国际化平台，积极推动了国际化专业教学标准的制定，以标准引领职业教育国际化转型。为进一步确保教学标准的适用性，鲁班工坊中外合作院校结合其当地经济发展水平、技术需求和文化特色，因地制宜地进行调整，并基于该标准联合开发符合当地需求的教学课程和师资培训体系，全程参与专业—课程—教学的整体框架设计与方案细化。实践是检验真理的唯一标准，首先在试点地区投入使用，经实践检验后总结经验、优化改进并逐步推广，完全融入所在国的教育体系。通过"联合研究—本地适配—试点运行—体系融入"的多阶段路径，保证了教学标准既符合国际化要求，又满足本土化实际需要。

同时，鲁班工坊制订了系统的师资培训计划，定期组织中外师资进行培训和学习交流，在一些特定的项目中，本土教师还可以通过"师资跟岗"的方式前往中方办学项目基地进行实践，学习中方的教育模式和管理经验。本土师资通过学习和培训养成教师能力后可进入鲁班工坊参加教育教学活动，要经历"入岗训练、适岗锻炼、胜岗历练"的教师能力三阶段提升方可成为合格的鲁班工坊本土教师。[①] EPIP 模式，即工程（engineering）、实践（practice）、创新（innovation）和项目（project）模式，是天津职业技术师范大学在借鉴发达国家经验的基础上创新的教学模式，强调在真实的工作情景中培养学生的综合职业能力与创新能力，是鲁班工坊的核心内容。在鲁班工坊师资能力的涵养进程中，标准化进阶式的 EPIP 认证体系的构建及其认证机构国际网络的授权设置是解决方案系统推进的归结所在和行动框架。[②] 教师不仅是教育者，还是文化的传递者，在项目建设和运营过程中，学员在本土教师的指导下接受教育，通过系统的培训使本土师资掌握 EPIP 教学模式，能更好地传递中国的职业教育理念，打破语言和文化的隔阂，增强其对鲁班工坊及其教育方式的认同。

① 吕景泉. 谈职业院校新教师入岗训练与"双师型"素质教师、"双师型"结构团队培养——EPIP 视域下"双师型"教师队伍的培养机制与路径［J］. 职业教育研究，2022（2）：9-15.
② 张磊，吕景泉. 鲁班工坊本土师资能力建设：内涵、逻辑要素与行动［J］. 中国职业技术教育，2023（17）：5-11.

天津高职院校与鲁班工坊共同为我国职业教育国际化合作树立了典范。整体而言，鲁班工坊已建立从中等职业教育到高等职业教育再到应用本科、专业硕士，从技术技能培养到技术综合应用，从学历教育到社会培训的职业教育输出体系。[①] 特别是在本科层次职业教育方面，鲁班工坊通过加强与海外国家的交流合作和国际化人才培养，进一步完善了我国职业教育体系的全球布局。大河工坊、中文工坊、班·墨学院也是职业教育国际化的代表性项目，以共享发展为目标，在职业教育与产业协同发展的实践中探索出一条具有中国特色的国际化道路，共同推动了"职教出海"。

三、加强跨国管理，打通国际市场准入堵点

产教融合是我国对于产业界和教育界进行合作的特定称谓，对于教育机构来说，产教融合只有最终转化为课程与教学，才能发挥实质性意义。以产教融合为指导，进行课程开发、课程结构优化、教学改革和教师队伍建设，是产教融合发挥作用的实践过程。然而，在本科层次职业教育的国际化合作进程中，产教融合的实施存在一系列问题，尤其是基于不同的国情、教育发展模式，中外合作双方在发展目标、行业或组织属性、运行与管理模式、实施模式等方面存在客观差异，形成了多处堵点。

法律和政策壁垒是本科层次职业教育"走出去"面临的堵点。每个国家对于外国教育机构设立实行的法律法规大相径庭，通常涉及学历认证、办学资质、教育质量评估等多个方面。在一些国家，外资职业教育机构须提供大量的文件和证明材料，经过严格的审批才能获得办学许可，包括办学宗旨、课程体系、师资队伍情况、财务状况等，审批流程烦琐且耗时较长。更有一些国家对拟办专业设置了严格的准入门槛，只允许特定领域的专业开展国际化合作。这种政策壁垒不仅使我国本科层次职业教育在拓展国际市场时，需要花费大量时间和精力去适应和满足这些政策要求，还增加了潜在的法律风险。教育政策的稳定性也是重要影响因素。部分国家的教育政策因受政治、经济形势的影响而频繁调整，政策的变化可能导致原有的办学模式不再符合要求，需要其重新调整和适应，这给已经进入当地市场的职业教育机构带来了不确定性，增加了运营成本和决策难度。

市场竞争与贸易保护是本科层次职业教育国际化的又一堵点。随着全球

---

① 罗圣荣，肖琴."一带一路"中的鲁班工坊：进展、挑战与优化路径［J］.世界民族，2024（3）：33-44.

职业教育市场竞争的日益激烈，我国本科层次职业教育机构面临来自其他国家的强大竞争压力。以德国为代表的发达国家凭借其成熟的职业教育体系、先进的职业教育理念、优质的职业教育教学资源，建立了广泛的国际合作网络和品牌影响力，在全球职业教育市场中占据有利地位，形成了较高的竞争壁垒，这意味着我国职业教育机构在进入市场时，必须摆脱传统模式的束缚，打造出独具竞争力的特色优势，才可打破这种优势垄断。而贸易保护主义的抬头进一步加大了市场准入的难度，很多国家为保护本国职业教育的市场份额，采取了设置高额学费、缩减招生规模、设定就业限制等多种形式的贸易保护措施，对我国本科层次职业教育国际化构筑了"屏障"。

如何突破这一双重壁垒？我国本科层次职业教育不仅要取胜教育质量的博弈，还要打赢跨国管理能力的比拼。就法律和政策壁垒而言，一是我国职业教育机构可以通过中外政府间的教育合作协议，明确外资职业教育机构的准入条件和运行规则，为职业教育"走出去"创造政策支持，减小因政策变更带来的经营风险。同时，建立与合作国家教育主管部门和行业协会的长期对话平台，了解行业标准和市场需求，为职业教育机构提供信息咨询和指导服务，推动区域性职业教育协作。二是与专业的国际法务团队合作，负责对合作国的教育政策、法律体系进行全面解读，确保我国职业教育机构在全部运营环节符合当地法规要求，规避潜在的法律风险。在竞争壁垒面前，一是中国职业教育机构可借鉴鲁班工坊的 EPIP 教学模式，加强派遣师资、管理人员的国际化培训，培养一批熟悉国际规则、了解多元文化、掌握跨文化沟通能力、具备高水平教育教学能力的多能管理团队。目前我国已经在泰国、葡萄牙、埃塞俄比亚等多个国家设立了 EPIP 教学研究中心。二是采取本土化运营策略。一方面，与海外教育机构联合培养本土化管理团队，通过与合作伙伴共享资源、共担风险，减小市场开拓阻力；另一方面，优先招收当地学生，并通过提供奖学金计划或降低学费等措施增强市场竞争力。三是建立标杆性教育项目或示范性机构，形成以点带面的品牌传播效应。四是探索数字化和在线教育的国际化路径，开发多语种的职业教育课程平台，以规避贸易保护主义的限制，扩大教育覆盖范围。

职业教育与产业融为一体是我国职业教育"出海"的最为关键性的条件①，即"教"随"产"出。中国制造的全球化布局为本科层次职业教育国际

---

① 钱荣，何万一. 面向"一带一路"的职业教育"出海"办学路径及其优化［J］. 职教通讯，2024（10）：98-105.

化发展提供了强大支撑。凭借强大的生产能力、完善的产业链条和持续提升的技术水平，中国制造在以电子制造、机械工程为代表的多个领域具备较强的竞争力，如华为、中兴、比亚迪等具有全球影响力的企业以高质量的产品推动其品牌效应不断增强，还带动了相关技术标准的传播。企业"出海"在东道国创造了大量就业岗位，为职业教育提供"走出去"的契机，职业教育可以通过为本地产业工人提供技术培训，填补企业在海外市场的技术空白、稳固企业生产链的运转，兼以"润物细无声"的方式融入国际市场。中国制造的技术积累为本科层次职业教育供给先进的教学内容和方法，助力其课程体系的快速迭代，而职业教育在技能培训的过程中又能够挖掘、创造本地市场的新需求，帮助企业开拓国际市场，二者互为支撑。

20世纪90年代，美国学者埃莉诺·奥斯特罗姆提出的多中心治理理论，为复杂社会系统的治理提供了重要的理论框架，该理论强调参与者主体之间的互动以及弹性创立治理规则的核心观点。[①] 在本科层次职业教育国际化的背景下，通过构建与跨国企业的多中心治理模式，我国本科层次职业教育打造了政府、行业、学校、企业利益主体多元协作的价值共生网络，为其高质量发展厚植资源优势。但从多中心治理视角来看，由于利益诉求、资源分布的不平衡，各主体往往存在合作阻力，而治理主体不协调将削弱治理主体的合力作用，进而制约治理目标的实现。建立涵盖决策、执行、监督等环节的精准化治理机制，消除治理主体间的组织隔阂，夯实多元主体协同共治的基础，是加强本科层次职业教育跨国管理的关键。

第四节 追踪本科层次职业教育
在地国际化发展的关键主体，重组路径优化

美国著名管理学家彼得·德鲁克在《有效的管理者》中提出："效率是正确地做事情，而成效则是做正确的事情。"对于我国本科层次职业教育国际化发展而言，既要锚定"引进来"与"走出去"协同共进战略，构建科学化、系统化、适应性的行动框架，又要保证执行过程的高效，以实现国际竞争力

---

① ［美］奥斯特罗姆，帕克斯，惠特克. 公共服务的制度建构［M］. 宋全喜，任睿，译. 上海：上海三联书店，2000.

的增强和目标的高质量达成。本科层次职业教育的国际化发展是一个涉及中外政府、行业、学校、企业等多元主体协作的复杂系统，通过追踪关键主体动态反馈问题，可以有效控制本科层次职业学校国际化政策适应性风险、避免本科层次职业学校国际化教育资源供给不足、防范本科层次职业学校国际化合作企业利益冲突等现象引发内外协同规划盲区、人才培养路径依赖、产教融合知识产权不清等问题。

一、控制本科层次职业学校国际化政策适应性风险，避免内外协同规划盲区

本科层次职业教育的国际化合作是一种双向联系，政策的迁移需要内、外协同，如果在政策规划中未能充分考虑到各方的市场需求和教育特点，将导致不同层次的适应性风险。适应性风险的控制不仅是对外部环境变化的即时反应，还须合理划分各合作主体的职能，只有在合理的职能配置和协调机制下，国际化政策才能最大限度地实现其应有的效果，避免在复杂的国际环境下产生政策规划混乱、执行乏力等问题。具体而言，由于跨国教育合作的复杂性，政府在本科层次职业教育国际化战略实施初期占据主导地位，通过整合国内外教育资源、制定相关法律法规，支持并协调多方利益，有效推动了职业教育机构"出海"。但随着国际合作范围的增大，而各国教育体系和社会文化的差距较大，导致政策无法契合当地产业和职业教育发展的现实需求。在这种情况下，应淡化政府的主导作用，转向宏观调控，给予其他主体更多的自主发展空间。如果政府在项目推进过程中，对其具体执行干预过多，将阻滞企业、学校以及行业组织的主观能动性，延伸出一系列主体错位、缺位、越位等职能问题，进而形成规划盲区。

主体职能错位是指在本科层次职业教育国际化政策的实施过程中，各职能主体的角色和职责的划分不清。职能的重叠与冲突使得各方力量无法形成有效合力，反而加剧了管理的复杂性。以国际化课程体系构建为例，该体系是职业院校与产教融合型企业基于国际教育教学规律和全球市场需求自主决策的结果，政府职能应是从宏观层面把控方向、营造良好政策环境，推动教育政策和质量标准与国际接轨，助力我国职业教育更好适应本土市场。但在实际过程中，复杂的国际政策环境为海外办学设置了诸多限制，导致项目推进困难，以实现近期可衡量的成果为重要考量，政府容易掉入"短期效益陷阱"，过于关注微观事务，破坏各主体间的协同效应，掣肘海外办学长期战略

目标的实现。

职能缺位通常表现为某些关键职能主体未能履行其应尽的职责,导致政策执行出现"空白"地带。当政策不能很好地适应本土市场和教育发展需求时,特别是在监督机制与激励机制不完善的情况下,各主体容易陷入消极怠工、推诿责任的状态。企业出于对投入和产出的考虑,不愿投入过多资源用于校园建设、教学设施改善以及教学科研支持,而资源投入不及时到位会造成项目推进迟缓。作为境外办学的核心主体,部分职业教育机构在课程设置、师资配备等关键环节缺乏积极探索与创新,甚至出现忽视中外教育需求和教育环境的差异而直接照搬国内课程体系的情况,难以在国际教育市场中形成竞争力。行业组织应在国际教育合作中发挥桥梁作用,为学校和企业提供国际行业标准解读、前沿技术动态等关键信息。当行业组织缺位时,职业院校将可能无法及时调整专业设置以契合国际行业发展趋势,企业在开展国际合作项目时也将面临与国际市场需求脱节的风险。

职能越位的核心问题在于职能的过度扩张,某些职教合作主体在执行国际化政策时超越自身的职能范围,行使其他主体职能。任意主体的职能越位必将挤压其他主体的发展空间,最终的结果是资源过度集中、重复投入于某些领域,而其他急需资源支持的环节难以获取充足供给,甚至激化主体间的竞争与对立,导致各主体在具体工作推进过程中陷入行动失序状态。这种现象不利于规划目标的实现,被越位的主体可能在履行职能时产生"懈怠",出现职能缺位。

由学校、企业以及行业组织的自主探索在事实上构成我国职教"走出去"的主体模式。[①] 职业教育的实施依赖于强大的工业基础、深度的校企合作,本科层次职业教育开展产教融合、校企合作的对象若倾向于选择大型龙头企业,忽视中小企业特别是传统中小企业的作用,则易形成对细分市场人才培养的盲区。本科层次职业教育要与"一带一路"沿线国家展开国际化合作,这些国家的工业基础薄弱,其产业结构、企业模式与我国大不相同。据相关数据统计,近5年有25.8万多家企业出海,中小微企业出海成为一种趋势,这些企业通过拓展国际市场来寻求新的增长点。[②] 中小微企业规模较小,经营模式也更为灵活,能快速适应不同国家的市场环境。相比于龙头企业成熟的用人

① 王屹,史洪波."一带一路"倡议下中国职教"走出去"的典型模式及其合理优化——基于一般社会系统理论的分析视角 [J]. 中国职业技术教育,2024(10):3-10,57.
② 王亚芳. 利益相关者视域下职业教育海外协同办学的实然审视和应然向度 [J]. 教育与职业,2024(24):63-69.

体系与内部培训制度，这些企业在拓展海外业务时，受制于资金、品牌影响力、信息渠道匮乏等多种因素，对当地的技术技能人才需求更迫切，需求范围也更广，涵盖从基础技术操作到小型项目管理等多个层面，这种特征决定了中小企业将更有可能与职业教育维持平等、稳固的合作关系。长尾理论的提出者克里斯·安德森认为，在特定条件聚合作用下，一些销量和需求不高的产品就能做到与主流产品的市场份额相当，形成与热门市场相抗衡的利基产品市场，满足特定产品市场销售范围拓展要求。① 在今天的信息化时代，生产工具、传播工具的普及，供给和需求的有效连接驱动了中小企业的长尾效应，缓解了信息不对称带来的发展受限问题。

《国家职业教育改革实施方案》强调以示范性职业教育集团（联盟）为依托，带动中小企业参与职业教育。我国本科层次职业教育国际化应正视中小企业的发展潜力。以德国为例，中小型企业是其职业教育的主力军，承担了70%的双元制职业教育任务②，这一典型案例佐证了中小型企业在职业教育中的非次要地位。目前，我国本科层次职业教育的国际化合作多聚焦在官方层面，中小型企业的参与度亟待提升。政府应通过出台税收优惠、资金补贴等激励政策，鼓励中小企业投身其中；同时，设立专项扶持与荣誉表彰，强化政策宣传与培训指导，树立民间样板，以榜样力量带动民间参与积极性，提升本科层次职业教育国际化的整体效能。

二、警惕本科层次职业学校国际化教育资源供给不足，打破人才培养路径依赖

职业教育国际化是高等职教资源在国家与国家之间按照市场规则进行合理流动，依靠市场资源的配置活动。③ 在教育领域，资源可被广义地定义为支撑教育活动开展与教育目标达成的各类要素的总和，主要包含人力、物力和财力资源。

财政是本科层次职业学校国际化教育资源供给的基石保障，国际化办学离不开资金的有力支持。我国本科层次职业学校的经费来源相对单一，主要

① 克里斯·安德森. 长尾理论［M］. 乔江涛，译. 北京：中信出版社，2006.
② 刘晓，刘铭心. 数字化转型与劳动者技能培训：域外视野与现实镜鉴［J］. 中国远程教育，2022（1）：27-36，92-93.
③ 姬玉明. 关于我国高职教育国际化现状的思考［J］. 教育与职业，2015（10）：107-109.

依靠政府财政拨款和学费收入，在有限的资金预算下，学校往往优先保障基础教学设施建设和日常教学运行，对国际化教育资源的投入较少。当前职业教育国际化人才培养所需资金多由合作企业和参与的职业院校垫付①，一旦校企合作双方因利益冲突导致企业中途退场，资金链就会面临断裂风险，教育教学活动可能难以为继，这使得学校在引进国外优质教育资源、开展国际交流合作项目以及支持教师海外进修等方面受到资金的制约，阻滞本科层次职业教育国际化战略的实施和国际竞争力的提升。尽管国家和地方政府出台了一系列鼓励高等职业教育国际化发展的政策，但在具体实施过程中，相关政策的配套措施不够完善，政策的落实情况参差不齐，部分地区和部门对本科层次职业学校国际化发展的重视程度不够，未能给予足够的资源倾斜。为此，政府应加大并落实对职业教育国际化人才培养的政策支持，设立专项支持以建立稳定的经费保障机制。2014 年，国务院印发的《关于加快发展现代职业教育的决定》提出，要"探索发展股份制、混合所有制职业院校，允许以资本、知识、技术、管理等要素参与办学并享有相应权利"②。以股份制、混合所有制的办学模式鼓励、吸引民间资本等参与职业教育国际化办学，学校、企业、民间组织不再是单一的合作关系，而是具有典型的混合所有制特征，共同的利益确保了资金链的稳定和可持续，激发本科层次职业教育国际化办学活力。

具备国际化视野、专业素养过硬且拥有丰富实践经验的师资队伍是本科层次职业教育国际化的核心驱动力，直接决定了教育教学的质量。然而，当前本科层次职业学校在国际化师资方面存在一些亟待解决的问题，一方面，本科层次职业学校中真正具有海外学习、工作经历，能熟练运用外语进行教学，深入了解国际职业教育理念与标准的教师数量严重不足，在课程设置与教学过程中难以精准对接国际技能需求，易导致学生无法接受高质量的国际化教育内容；另一方面，国际化办学过程中不可避免地要派遣教师前往海外教学，从物质层面来看，外派教师在海外工作期间往往面临生活成本的大幅提升，包括住房、饮食、交通等费用。但由于现有的激励政策力度不够，未充分考虑外派教师的实际需求，与国内同等工作强度相比，薪酬待遇、职称评聘、岗位晋升没有体现出足够的吸引力，降低了教师参与外派工作的积极

① 陈明."一带一路"倡议下本土化技术技能人才培养的现实审视与实践进路［J］. 教育与职业，2024（16）：20-25.

② 国务院关于加快发展现代职业教育的决定［EB/OL］.［2024-10-07］. https://www. gov. cn/zhengce/zhengceku/2014-06/22/content _ 8901. htm.

性。政府亟须完善职教教师参与海外教育教学工作的相关激励政策，从物质与精神、短期与长期等多维度制定全面且有效的激励体系，为本科层次职业教育国际化提供坚实的师资保障。

设备是本科层次职业教育国际化赖以开展的物质基础。职业教育的办学性质决定了实践设备在教育教学活动中的重要性，也决定了职业教育办学的高成本。我国职业教育的设备更新换代滞后，部分院校的设备更是多年未进行更新，与国际职业教育技术标准和技术工艺难以匹配。特别是在智能制造领域，国内一些职业院校仍在使用老旧的数控设备，学生难以接触到行业最新技术。设备资源匮乏固然是本科层次职业教育国际化进行中亟待解决的问题，但值得注意的是，设备资源的使用所暴露出的问题也同样不可忽视。一是设备配套不完善。开展国际化教育不仅需要专业的教学设备，还需要配备相应的软件、耗材以及维护团队。但实际情况是，不少院校只注重设备的采购，忽视了后续的配套支持，使得设备无法发挥最大效能。二是教师设备操作能力欠缺。部分院校引入先进的国际化教学设备后，未对教师开展系统的培训，导致许多教师尤其是新教师面对新设备时，操作生疏，有的院校甚至使高价设备沦为摆设。本科层次职业学校在国际化的过程中要杜绝这种现象，要买好更要用好、维护好设备，为国际教育教学活动筑牢根基。

本科层次职业教育是我国目前最高层次的职业教育，其国际化水平代表我国职业教育的水平，在国际化进程的推进中既要警惕教育资源供给不足，也要防范人才培养路径依赖。创新往往源自异质要素的碰撞，而国际化的核心理念则在于构建多元主体充分参与的竞争合作生态。竞争激发创新与提高效率，促使主体不断超越自我，合作则通过资源共享和优势互补实现更广泛的协同效应。正是竞争与合作之间的交替张力，推动着国际职业教育创新生态的不断演进。然而，良性的竞争与合作必须建立在实力对等的基础上。本科层次职业教育国际合作之初，各方教育水平并不等同，教育水平高的一方容易陷入自满的状态，误以为自己的教育模式是"万能解药"，机械地将改革经验套用在不同的合作情境中，反而忽略了合作方独特的社会文化背景、本土需求以及既有教育体系的内在逻辑。这种单一化移植易使职业教育陷入结构性僵化。大卫·保罗的路径依赖理论强调，历史的选择和既定模式对未来发展具有强大的约束力①，一旦某种模式被确立并开始发展，就会因为惯性、

---

① David P. Clio and the economics of QWERTY [J]. American Economic Review, 1985 (75): 2-10.

成本锁定、制度性约束等原因，限制其他可能的选择。这种现象在教育领域表现为：过去的教育体系、模式或资源分配结构会影响当前和未来的发展路径，使其难以突破传统框架。

对应于本科层次职业教育的国际化战略，人才培养路径依赖也分为"引进来"和"走出去"。本科层次职业教育"引进来"要摒弃"拿来主义"，职业教育发达国家和地区的发展经验只是阶段性的借鉴蓝本，而非一成不变的圭臬。以中国特色学徒制为例，要通过其话语体系、政策体系、实践体系等维度的建设，实现中国特色职业教育人才培养模式从外部引进走向自主建设。① 本科层次职业教育"走出去"也要避免"生搬硬套"，特别是对"一带一路"沿线教育基础较为薄弱的国家，不能将国内模式不加变通地套用于国外，要传递我国职业教育的核心教育思想，助力其立足本国国情，构建适配自身发展的职业教育体系。

三、防范本科层次职业学校国际化合作企业利益冲突，厘清产教融合知识产权问题

罗纳德·科斯认为企业的任何交易活动都存在着交易成本，并将交易成本定义为获得准确的市场信息所需要付出的费用以及谈判和经常性契约的费用②，即除生产成本之外的额外成本。交易成本对本科层次职业教育的国际化合作具有约束作用。就交易主体而言，学校和企业在商讨国际化合作协议时，因目标分歧和权力不对等可能造成谈判成本显著增加，延缓合作进程；在合作过程中，学校需要监督企业是否履行资源投入和技术共享的承诺，但监督过程常因信息不对称而导致效率低下；一旦合作双方因利益冲突或契约不明确而发生纠纷，解决争议的执行成本可能远超预期，严重影响合作的稳定性。具体来说，在本科层次职业学校与国际企业的合作中，学校通常关注教育价值和社会效益，而企业更注重短期经济收益，这种目标错位导致显著的利益冲突，具体涉及以下方面。一是资源投入期望差异。企业想要减少教育资源投入，而学校希望增加资源支持以提升国际化水平。二是利益分配不均。由于企业掌握更多技术和市场信息，学校通常在利益分配和话语权上处于弱势。

① 张成涛，林欢，陈良. 制度变迁理论视角下中国特色学徒制吸引力提升的逻辑依据、现实问题与优化策略 [J]. 中国职业技术教育，2024（19）：65-73.

② Coase R H. The problem of social cost [J]. The Journal of Law and Economics，1960（3）：1-44.

三是知识产权纠纷。知识产权的归属问题因缺乏规则而成为合作中的矛盾核心。特别是在国际化背景下，不同文化场域、法律体系和管理模式的碰撞，使得知识产权的问题尤为突出，需要防范因不完全契约、机会主义和法律支持不足而引发利益争夺的风险。国际化合作的复杂性和不确定性使得契约难以覆盖所有潜在情境，导致知识产权归属模糊，部分企业可能利用信息优势和谈判优势，在技术成果转化或资源分配中偏向自身利益，从而损害学校权益。学校通常缺乏与企业抗衡的法律资源和专业知识，这进一步加剧了知识产权归属的不平衡。

威廉姆森提出，匹配的治理结构可以降低交易成本。[①] 产教融合是职业教育的本质特征，也是当前职业教育发展的普遍形式，交易成本贯穿产教融合的各个环节。防范本科层次职业学校国际化过程中合作企业因交易成本发生利益冲突，首先要考虑本科层次职业教育的特点，厘清其产教融合中的知识产权问题，制定合理的治理规范，并加以法律固化。在本科层次职业教育的国际合作中，知识产权问题的本质是产权的界定与保护不明确。国际项目涉及异国院校与企业共同开发课程、技术和资源，不同主体对知识产权的理解和期望各异，容易导致产权不清和利益分配失衡。结合威廉姆森的合同治理结构理论，通过治理结构的优化，可保障双方利益平衡，提高合作的可持续性。第一，制定针对产教融合知识产权的专项法规，明确不同合作形式下的产权归属原则，避免因法律空白引发纠纷。在法律规定的框架下，无论是校企间的技术开发合作，还是课程设计、资源共享项目，都能够有清晰的产权划分和保护机制。第二，成立独立的知识产权管理与仲裁机构作为校企合作的"中介"，负责审核合作协议、监测项目进展，并协调解决知识产权纠纷。第三方机构可提供专业的法律咨询和仲裁服务，通过纠纷解决机制减少校企双方因交易成本导致的冲突，为国际合作项目提供更权威的产权保障。第三，打造国际化知识产权合作示范区，在政策法规、技术支持和人才培养方面探索适用于国际合作的知识产权治理模式，以区域试点推动国际化合作的经验积累和模式推广。

作为职业教育的高层次形态，本科层次职业教育与企业合作的范围更广、嵌入更深，涉及的知识产权问题呈现出更高的复杂性和系统性。若治理机制缺失或执行不力，不仅会削弱合作的可持续发展能力，还可能对我国本科层

---

① ［美］奥利弗·E. 威廉姆森. 资本主义经济制度：企业、市场和关系合同［M］. 孙经纬，译. 上海：上海财经大学出版社，2017.

次职业教育国际化进程的战略推进形成制约。知识产权治理不仅需要法律的保障，还需要政策协同和机制创新。一是加强政府、院校、行业、企业四方协同，以产教融合为核心制定知识产权治理政策。政府发挥顶层设计的作用，明确知识产权归属、共享及使用的基本原则，出台针对产教融合的知识产权政策指导文件，确保政策具有可操作性和覆盖广度；作为知识产权的重要创生主体，企业和院校应主动参与知识产权治理政策的制定与实践，在政策框架下明确合作过程中技术输入与成果输出的边界，完善内部知识产权管理机制，减少潜在的知识产权纠纷；行业协会通过制定行业规范、推动技术标准化建设，为校企合作中的知识产权保护提供行业层面的支持。二是校企双方在项目启动前可引入多方协商机制及定量分析方法，通过合同约定可以将技术成果、课程内容和教学资源的产权明确划分为"独占型产权""共享型产权""开放型产权"三种类型，并根据合作企业和院校的贡献比例来设定产权归属，明确知识产权收益的分配比例，同时构建动态调整机制，根据项目成果和绩效情况实时优化分配规则。三是通过专题培训、案例分析等形式，加深院校教师和企业人员对知识产权法律和国际惯例的理解，增强校企双方的知识产权保护意识，形成尊重知识产权、规范合作的文化氛围。四是推动数字化技术在知识产权管理中的应用，通过在校企合作中引入区块链技术，可以将知识产权的创生、流转和授权过程记录在链，确保相关数据的真实性和可靠性，减少因信息不对称或数据不透明引发的争议。数字化手段的全面嵌入可以降低知识产权治理的成本，提升治理效率，为本科层次职业教育国际化提供技术保障。

对外开放是本科层次职业教育"扬帆出海"的必由之路。本科层次职业教育国际化应遵循"引进来"与"走出去"并重原则。一方面，要秉持"合作、包容、共赢"理念，广纳国际先进理念、剖析国际经典模式、借鉴国际多元制度，促进本科层次职业教育的内涵式发展；另一方面，要坚持标准引领、提供中国方案、加强跨国管理，构建中国特色职业教育国际化范式，助力本科层次职业教育国际竞争力的提升。马克思主义哲学认为，矛盾是普遍存在的，是事物联系的实质内容和事物发展的根本动力。问题是矛盾的表现形式，本科层次职业教育的国际化进程中伴随着政策适应性风险、教育资源供给不足、国际化合作企业利益冲突等问题的产生，我们要用发展的眼光看待发展中的问题，锚定高质量发展的主要矛盾，深化政府、院校、行业、企业四方联动，推动本科层次职业教育国际化稳步迈向新高度。

第七章

比较与借鉴：本科层次职业教育
国别化发展的"形"与"式"

　　创办本科层次职业学校，开展本科层次职业教育，在职业教育发达国家已有先例。为了缓解高层次技术技能人才培养与需求的矛盾，以"双元制"人才培养模式饮誉全球的德国，于 2009 年就开始了"双元制"大学的建设。"双元制"大学通过校企合作的方式培养理实一体化人才，其自身政策逻辑的双元性、运行机制的完整性都充分展现了该类学校发展的生机和活力。日本为了增强专业与产业的适应性，于 2019 年正式开办专门职业大学，该类新型本科层次职业学校在人才培养模式、实践性课程、结构化师资建设等方面都进行了系统设计和优化。借鉴职业教育发达国家创办本科层次职业学校的成功经验，对我国加强现代职业教育体系建设，提升本科层次职业学校治理水平，提高本科层次职业教育办学质量具有积极意义。

第一节　德国"双元制"大学的运行逻辑、机制与启示[①]

　　随着公众对职业教育与培训要求的不断提升，德国传统"双元制"人才培养模式也在逐渐发生变化。自 20 世纪 60 年代中期实施教育改革以来，德国公民受教育程度不断提高，"双元制"人才培养已由中等职业教育向高等职业教育转变，直至出现"双元制"大学。2009 年 3 月 1 日正式成立的巴登-符腾堡州立"双元制"大学（Duale Hochschule Baden-Württemberg，DHBW）

---

　　① 李梦卿，余静. 德国"双元制"大学的运行逻辑、机制与启示［J］. 教育与职业，2021（17）：26-33.

是德国第一所"双元制"大学，现在已发展至9所分校。德国"双元制"大学的出现在一定程度上缓解了结构性失业问题，为德国构建国际化高等职业教育体系起到推动作用。"双元制"大学探索出一条将职业教育与高等教育衔接沟通的路线，这种具有创新性的应用型人才培养方式不仅对促进德国经济社会发展意义重大，对我国职业教育与高等教育发展也具有一定的参考和借鉴意义。

一、"双元制"大学的内涵与演进

德国社会发展的复杂性造就了德国教育发展模式的多样性。"双元制"大学产生于特定的社会背景下，承载着改变德国教育困境的希望，力图冲破传统职业教育发展模式的禁锢。以巴登-符腾堡州立"双元制"大学为例，其从中等职业学院逐步发展演变为本科层次职业学校，主要基于校企合作的办学理念进行内涵建设，以期在凸显"双元"特色的前提下，培养更高层次的"双元"人才。

（一）"双元制"大学的内涵

德国"双元制"大学的形成旨在将"传统的德国双重职业教育与培训体系迁移到高等教育领域"[①]。尤其是职业培训，主要依赖于行业企业，学校处于从属地位，参与的学校也多以传统的"双元制"中等职业学校居多，"与普通教育机构隔离的现象较普遍"[②]。而"双元制"大学作为一种新型办学形式，将职业教育与培训和普通高等教育有效融合，更好地契合了经济社会发展需求，满足了劳动力市场对高素质应用型人才的需要。由此可见，"双元制"大学的内涵中应含有产业与高等教育两个主体内容，即从概念上看，"双元制"指的是学习者需要在企业和学校两个不同的场所进行技能培训和专业学习。"按照字面意思用英文可以翻译成'German dual system'，但'双元制'大学的内涵更应有校企合作的深层意义，德国学者更愿意将其定义为'German Cooperative Education'，即合作教育。"[③] 合作教育不仅是表象上的企业与学校之间的合作，更是校企联合培养掌握专业理论与实际技能的双元学习者，

① Göhringer A. University of cooperative education – karlsruhe: The dual system of higher education in Germany [J]. Asia-Pacific Journal of Cooperative Education，2002（2）：54，55.
② 刘晓，陈志新. 英、法、德三国职业教育与培训体系的发展演变与历史逻辑——一个历史制度主义视角的分析 [J]. 外国教育研究，2018（5）：104-116.
③ 季靖，李玉珠. 德国"双元制"大学应用型人才培养模式特点及启示 [J]. 职教论坛，2017（22）：75-80.

双方拥有共同的利益, 这是合作的前提和动力。"双元制" 大学作为一种新型的人才培养模式, 改变了高等教育、企业与劳动力市场之间的分离状态, 以一种黏合剂的形式将各个主体相关联, 助推产业链与教育链相衔接、职业教育与高等教育相融合。

(二)"双元制" 大学的演进

德国前总理科尔在《德国统一的双重力量》中提出:"经过良好职业培训的年轻人是我们国家最大的资本, 也是我们经济稳定的保证。"[1] 德国 "双元制"制度由来已久, 其卓越的职业教育体系享誉全球, 而 "双元制" 大学的建立距今却只有十余年的历史。传统的 "双元制" 职业教育与培训主要是面向中学毕业的年轻人传授职业知识和技能, 但这种学习模式难以满足经济社会日益发达背景下产业发展对高素质应用型人才的需求,"双元制" 大学即在此基础上产生并成长起来。巴登-符腾堡州立职业学院被称为德国 "双元制"大学的先驱, 它最初被称为职业学校, 是由以戴姆勒奔驰股份有限公司、罗伯特博世有限公司和洛伦兹标准电子股份有限公司三家全球企业为主导与州政府联合创办的, 学校规定学生每周有三四天时间在企业工作, 有两三天时间在学校学习。这种办学模式是对传统大学的颠覆与变革, 促使学生将自己获得的专业知识运用到实际工作中, 缓解劳动力市场对技能人才的需求。2009 年, 巴登-符腾堡州立职业学院正式更名为巴登-符腾堡州立 "双元制"大学, 据该校官网介绍, 该校拥有 9 个校区和 3 个分支校园, 与 10000 多家企业建立了合作伙伴关系, 包括西门子、奔驰、保时捷、IBM、大众汽车、德意志银行等众多大型企业和开放性的中小企业。经过十余年的发展,"双元制" 大学已得到公众普遍认可, 其发展也受到社会持续关注。

二、"双元制" 大学的运行逻辑

"双元制" 大学以培养理实一体化高素质应用型人才为目标, 以校企合作的人才培养模式为基础, 以坚持企业员工与学生双重身份为立足点, 呈现出了本科层次职业学校的运行逻辑与办学特色。其培养目标的双元性、办学主体的双元性、学习者身份的双元性与 "双元制" 大学的内涵相耦合, 凸显了新型本科层次职业院校建设的社会价值。

---

① Chen J. Enlightenment of German Education of Dual System on Foreign Language Education in China's Applied Universities [C] //3rd International Conference on Culture, Education and Economic Development of Modern Society. Atlantis Press, 2019: 1441.

（一）培养目标的双元性——培养理实一体化高素质应用型人才

教育领域越来越趋向于"学术化"，大多数人倾向于选择接受高等教育获得本科学历。然而，"只拥有低级职业资格证书或只拥有一定学历而不具备较强工作能力的低技能者们无法长久适应劳动力市场，从而导致失业率和临时就业率频频上升"[①]。"双元制"大学产生于高技能人才短缺的背景下，摒弃了过去单一培养职业性人才或学术性人才的传统，在培养目标上主张打破常规思维，深度剖析市场需求，将职业培训纳入高等教育范畴，构建"生产与教育、理论与实践、知识与技能"一体化的人才培养模式。

2008 年国际金融危机爆发后，德国从经济衰微的困境中脱离的速度比其他经济体更快，这部分得益于德国高度专业化和灵活的中型企业（中型企业占据了德国绝大多数的市场份额）。人力资本的供应对于中型企业本身起着关键性的作用，而当时"双元制"职业教育为企业的人力资源提供了有效的补充作用，尤其是缓解了制造业与工程行业人力资本存量不足的问题。[②] 企业平稳发展需要高素质技能人才与成熟的创新科研团队，仅通过简单的职业培训难以实现。然而，在"双元制"模式下，企业可以对员工进行早期培养，提升员工的生产技能与团队合作等核心素质，增加员工对企业的信任度和归属感。同时，"双元制"大学聘请行业领域的专家，让他们为学生提供前沿的专业知识与实践经验，确保学生接受高水平的专业与实践教学。"双元制"大学将学术、专业与职业相结合，易于培养出更加适应经济社会发展需要的理实一体化的高素质应用型人才。

（二）办学主体的双元性——校企合作共同传授专业知识与实践技能

"德国传统的人才培养组织主要由学术高等教育系统和非学术职业培训系统组成，这两个部分被严格分开，互不干扰。"[③] 而"双元制"大学打破了高等教育与职业培训之间的高度分离状态，坚持办学主体的双元性，人才培养

---

① Potapova E，Ivannikov N. Migration and Dual Education System as Major Countermeasures for Problems on Labor Market in Federal Republic of Germany and Russian Federation [C] // Proceedings of Topical Issues in International Political Geography. Berlin：Springer，2020：24.

② Schenkenhofer J，Wilhelm D. Fuelling Germany's Mittelstand with complementary human capital：The case of the Cooperative State University Baden-Württemberg [J]. European Journal of Higher Education，2020 (1)：73.

③ Wolter A，Kerst C. The "academization" of the German qualification system：Recent developments in the relationships between vocational training and higher education in Germany [J]. Research in Comparative and International Education，2015 (4)：510，511.

由学校和企业共同承担，学校负责为学生提供专业理论知识学习，企业确保培训课程包含工作场所所需的知识和技能，二者地位平等、共同对学习与培训内容进行整合与联结。

学校与企业之间建立了友好合作伙伴关系，无论是具有全球影响力的大规模企业，还是中小型企业，只要能为学生提供某些课程与学科的相关实践经验，不管企业的规模与范围如何，都能够与该大学合作，构建工作与学习一体化课程。"双元制"大学的毕业生就业率在85％以上，这展现出了校企合作的优越性，其特有的人才培养模式更能契合市场的需要。正因如此，"双元制"大学得到企业的一致支持与认可，毕业生既获得了相关专业理论知识，也掌握了与该行业相关的实践技能，促进其更好更快地适应工作岗位，减轻企业进行入职培训的负担。

（三）学习者身份的双元性——拥有企业员工与学生的双重身份

在"双元制"大学中，学习者不再是单一的学生身份，而是拥有企业员工和学校学生的双重身份，这是有别于普通本科高校的显著特点。就读于"双元制"大学的学生必须满足两个条件：一是通过德国高中毕业考试；二是与"双元制"大学的合作企业签订就业合同。由于"合作企业需要为学习者提供三年课程薪酬（企业可以根据公司惯例规定三年薪资与假期），因此企业会提高筛选标准与准入门槛，以保证自身投资利益的最大化"[①]。这种通过企业为学生学习支付费用的形式能够给学生提供资金保障，学生可以免去生活费用的负担，集中精力学习。不同课程持续学习时间与轮换时长会根据专业的不同发生改变，实习实践会占据总课程的二分之一，学习者也需要在不同的角色之间达到平衡。

与传统职业院校不同，"双元制"大学的学生不是以学徒的身份去进行操作技能的培训和简单职业知识的学习，而是在学校以学生的身份学习理论知识，在企业中以员工的身份将学习的内容加以运用与实践。与普通本科院校学生相比，他们不仅进行了理论素质的培养与思维的训练，还能够更快地适应工作岗位，达到企业对求职者的要求，因此更具市场竞争力。根据现有研究数据可知，相比于应用科学大学与学术型大学毕业生，"双元制"大学毕业生的就业前景和职业发展更好，"招聘'双元制'大学毕业生的公司大都表示

① Reinhard K，Wynder M，Kim W S. Developing Best Practice for Cooperative and Work-Integrated Education：Lessons from Germany，Australia and South Korea [J]. International Journal of Work-Integrated Learning，2020（2）：184.

不再需要组织培训课程，这类学生的工作效率更高，并且在毕业的三到五年内，职业竞升的可能性更大"[1]。"双元制"大学因其"双元"特性显著，学生能够获得更优质的学习资源及实践条件，更好地提升专业理论水平和技术技能水平。

三、"双元制"大学的运行机制

"双元制"大学在学校、企业、行业协会、政府等多方支持下，办学模式不断走向规范化与法治化，逐步形成了良好的运行机制。"双元制"大学有着打破传统、面向现代化的更高站位，通过建立人才培养机制、管理评估机制、专业建设机制与教师准入机制，构建产教融合育人新模式，完善应用型高校课程设置，打造高水平教师队伍，形成多元高等职业教育体系。

（一）坚持"双元"人才培养机制，构建产教融合育人模式

建立"双元"人才培养机制是"双元制"大学得以平稳运行的关键，也是保证人才培养质量的前提。与德国传统的人才培养模式相比，"双元制"大学最突出的特点在于将人才培养融入企业生产中去，构建了产教融合的育人模式。"双元制"大学在课程结构与课程内容上会根据社会的需求统筹安排，为学生量身定制专业学习与职业发展方向，搭建理论与技能并重的人才培养体系。同时，"双元制"大学还在考核评估、教学计划、教师安排上遵循"双元性"，将学科知识与应用型技能知识相结合，将理论考试与实践操作相统一，将专职教师与企业培训师相对接，保证人才培养的方向性与一致性，从而为德国现代化发展提供充足的高质量人才资源。

"双元制"大学通过校企合作打造产教融合育人模式，获取来自院校、企业、社会机构、政府部门等多方面的优质资源，在育人的过程中为学生的发展创造良好的条件，为人才培养质量提供充分保障。产教融合模式，关键在于拒绝单一的知识形态。无论是课程设置，教学设计，还是教师的选择，职业院校都应与企业达成共识，"将更多切实的岗位标准、企业技术和产业文化融入教学中，确保人才培养的方向性与针对性"[2]。市场的多元化发展与新兴行业的兴起对人才的适配性提出了更高要求，人才的培养目标也应具备多元化特征。为践行产教融合的理念，"双元制"大学充分挖掘学生个性特点，降

① Göhringer A. University of cooperative education – karlsruhe: The dual system of higher education in Germany [J]. Asia-Pacific Journal of Cooperative Education，2002（2）：54，55.

② 周彦兵. 产教融合视域下德国"双元制"模式分析及借鉴 [J]. 教育与职业，2020（12）：65-70.

低个人职业可替代性，针对行业企业发展需要，培养出更加符合劳动力市场需求的高素质应用型人才。

（二）建立"立体式"管理评估机制，设置高效多元高等职业教育体系

美国学者琼·玛格丽塔认为"无法评估，就无法管理"，评估与管理往往是一脉相承的。学校的管理是否完善合理会直接影响到学校的生存与发展，评估为管理提供路径与方向。德国职业教育的成熟性为"双元制"大学的管理与评估机制提供了借鉴，现代职业教育受到学校、行业协会、企业、政府等多方面影响，形成了多元化相互关联的网络体系，"双元制"大学在这种背景下不断成长壮大。

构建立体式网络管理评估机制，政府、行业协会、企业、学校各方权责明晰，协同发展。德国政府专门成立职业教育研究所（BIBB），"牵头规范各类职业标准，制定培训大纲，为'双元制'教育提供政策支持与法律保障"[①]。德国《联邦职业教育法》规定，"学生在企业实习、职业技能资格考试和证书颁发以及就业等都需要得到行业协会的认可"，"行会的存在为企业主体的职业教育提供了制度与质量的坚实保障"[②]。此外，"行会在'双元制'管理机制中也担任着重要的角色，不仅需要代表企业参与实训大纲的制定，还需监督考核培训质量"[③]。而企业在"双元制"大学管理中主导招生评估，只有通过企业面试、与企业签订双元协议的学生才有到"双元制"大学接受教育与培训的资格，同时企业也需要参与教学大纲和培训计划的制定，立体式的管理模式对"双元制"大学的平稳运行起到重要作用。"双元制"大学明确发展定位，构建了高效多元的高等职业教育体系。"双元制"大学创新教育管理模式，利用高等院校与职业院校各自的特点与优势，在专业设置、课程选择、教师遴选、教学活动、企业实践等方面进行有效分配与安排，通过发挥高校与企业合作、政府与组织机构监管的协同作用，建立了定位准确、权责统一、高效多元的高等职业教育体系。

---

① Wieland C. Germany's dual vocational-training system：Possibilities for and limitations to transferability [J]. Local Economy, 2015（5）：577-583.

② 徐纯, 谢莉花. 以企业为主体的职业教育在德国何以存在——基于欧洲若干国家的比较与分析 [J]. 职业技术教育, 2021（1）：72-79.

③ 任晓霏, 戴研, 莱因霍尔德·盖尔斯德费尔. 德国"双元制"大学创新驱动产学研合作之路——巴登-符腾堡州州立双元制大学总校长盖尔斯德费尔教授访谈录 [J]. 高校教育管理, 2015（5）：5-8.

（三）创新"多维度"专业建设机制，完善应用型高校课程设置

根据 2016 年德国联邦职业教育研究所（BIBB）所下的定义，"'双元制'大学的课程是一种高等教育课程与职业教育课程相整合的课程模式，企业中的实践环节为其显著特征"①。以 DHBW 为例，其专业设置主要包括社会学、工学、经济学三大类别，各个类别的下属专业课程都是按照本州企业与社会的实际需要所开办的。例如，在工科领域设有建筑经济、电子技术、木材加工、信息技术等专业，根据企业需求定向培养人才，培养的人才也可以直接对接企业。院校还配备了最先进的技术工具和设施，为学生提供了进行工程生产与操作的丰富设备。DHBW 在海登海姆、海尔布隆、卡尔斯鲁厄、罗拉赫、曼海姆、莫斯巴赫、拉芬斯堡、斯图加特和维林根-施维宁根这九个校区设有学士学位与专业硕士学位的课程，根据地区设置相对应的专业，建立企业与专业高度匹配的建设机制，将工作领域与学习领域相对接。

"双元制"大学比较注重完善课程模式与分类标准，"其课程有三种不同模式即职业教育整合型（适用于没有就业经验的高中毕业生）、企业实践整合型（适用于继续教育的企业员工和高中毕业生）、职业整合性（仅适用于继续教育的企业员工）"②，根据不同类型的学生进行不同课程的分类，更能适应学生的个性特征，符合学生能力需求。"双元制"大学课程为高等教育与职业教育之间搭建了连通的平台，是完善"双元制"大学专业设置的重要元素，需要在职业教育课程与高等教育课程之间达到衔接、沟通与平衡状态，打造良性课程生态圈。

（四）建设"高标准"教师准入机制，打造有特色高水平教师队伍

高水平大学建设的起点与发展基石是高水平教师队伍的建设，没有高水平教师队伍的院校无法进一步发展。培养符合市场需求的高质量人才，保障人才培养质量都得益于教师自身的高素质与丰富的知识和技能储备。"双元制"大学重视教师准入机制的建设，招聘教师类型不限于全职教师，也聘请校外兼职讲师以及合作公司和社会机构的专业领域专家。在教师聘用上体现了理论与实践相结合的理念，"许多教师都是行业中的精专人士，他们将行业

---

① 蔡跃，祝孟琪，张建荣. 德国"双元制大学"模式发展现状及趋势研究［J］. 高等工程教育研究，2019（6）：180-185，200.

② 蔡跃，祝孟琪，张建荣. 德国"双元制大学"模式发展现状及趋势研究［J］. 高等工程教育研究，2019（6）：180-185，200.

中的专业知识带入课堂，为学生提供了满足行业要求的培训，也提供了当前与行业发展密切相关的指导"①。在实践教学中，兼职教师的数量远远多于专职教师，特别是在实践课程上更多是由兼职教师进行授课，这些教师大多来自企业，他们不仅能向学生传授专业的理论知识与实践经验，还能将公司现代化的生产管理方法融入教学之中。

"双元制"大学对于教师聘用的条件比较严格。在全职教师的聘用上，首先明确应聘者须具有博士学位，拥有深厚的理论知识；其次，需要具备五年以上的企业经历，掌握丰富的实践经验并具有一定的管理能力；最后，还需要具备较好的教学能力与技能，能将理论知识与实践知识巧妙结合并传授给学生。从企业聘请兼职教师的条件同样严格，"他们可能选自企业的一线员工，或是高级工程师，不仅需要拥有丰富的履历与工作经验，也需要掌握正确适当的经验传授手段"②。学生专业能力与教师专业水平是息息相关的，打造高质量的教师团队也是学校建设中必不可少的部分。"双元制"大学不断深化校企合作，聘请资深企业专家、建设高质量名师团队，为学生提供高水准专业指导，有利于促进其专业发展，也为学生参与研究项目与课题提供更多机会。除此之外，德国政府还制定了教师队伍建设相关制度，对教师的职前培养、职后培训等进行全面严格的规定，有效地保障了师资培养的质量。构建完善的法律体系，能够为高质量教师团队建设提供保障；建立符合"双元制"特征的教师准入标准和教师聘用管理办法，为"双元制"大学打造特色化高水平教师团队奠定了坚实的基础。

四、"双元制"大学建设对我国本科层次职业教育发展的启示

"双元制"大学促使德国教育事业步入了一个崭新阶段，经历从教育到社会、从传统到现代、从国内到国际的发展，教育领域不断扩大，教育内涵逐步深化，在人才培养上探索出一条独特的道路，成为德国高水平高等教育的代表。基于此，审思与借鉴德国"双元制"大学建设的道路与模式，能够为我国发展本科层次职业教育、培养高素质应用型人才提供有益参考。

---

① Reinhard K，Pogrzeba A，Townsend R，et al. A comparative study of cooperative education and work-integrated learning in Germany，South Africa，and Namibia ［J］. Asia-Pacific Journal of Cooperative Education，2016，17（3）：249-263.

② Yu L N. Research on the "Cooperative Education" Model Cultivating in Higher Vocational Education ［J］. Education and Management Engineering，2012，1：35-41.

（一）优化人才培养类型结构，推进创新驱动产学研合作

"双元制"大学创生于就业系统中高素质应用型人才供应不足与高技能人才缺乏的背景，形成了高等院校与企业合作办学的现代高等职业教育模式。该类学校的主要目标是培养高素质应用型人才，缓解市场人才供应的矛盾。它主动融入市场，培养紧缺型人才，融合行业企业与高等教育学校，优化人才培养的类型与结构，进一步创新了产学研合作的新型本科层次职业院校的发展形态。目前，我国仍存在人才培养类型与市场需求不匹配、紧缺人才供应不足以及企业对人才培养参与性不足等诸多问题。

德国"双元制"大学培养了大批杰出人才，其中不乏百强企业高管与政府官员，它具备独特的竞争优势，毕业生对其专业与办学模式的满意度不断提升，高中生也将其作为升学的首要选择。借鉴德国"双元制"大学的成功经验，我国在稳步发展本科层次职业教育的过程中，需要进一步优化人才招培模式，加强与企业之间的合作，实现校企双元主体协同办学。要根据区域特殊性设置相关专业，培养区域内急需的专门人才，积极支持与助力经济社会发展；要建立特色学科专业，改善教育教学方式，以创新驱动产学研合作项目为依托，激发学生的创新精神，培养创新应用型人才。只有这样，培养出来的毕业生才能具备更强的社会服务精神，拥有更多的科学研究潜力，更善于立足实践、运用创新型思维解决问题。

（二）打破职业教育与高等教育之间的发展壁垒，深度打造多元主体合作共融关系

随着市场需求的变化与传统职业资格制度的落后，"德国职业教育与培训在某种程度上已经失去了对公众的吸引力，越来越多的人选择进入到高等教育领域"[①]。当前，企业对毕业生的聘用标准都证实了劳动力市场对高等教育的需求与参与程度不断上升，高等教育的普及化趋势难以避免，但这逐渐促使教育重心转向了学术化领域，破坏了德国原有的教育体制结构。为了在满足公众对高等教育期望的基础上让职业教育重新回归市场需求，增加职业教育和高等教育之间的联结与渗透成为现在及未来的关键任务。

"职业教育与高等教育之间的明显分离体现在四个方面：第一是不同的教

---

① Baethge M，Wolter A. The German skill formation model in transition：From dual system of VET to higher education? [J]. Journal for Labour Market Research，2015（2）：97-112.

育路径指向不同的教育子系统；第二是职业教育与普通教育学校之间渗透程度低；第三是与职业教育和高等教育相关的就业与工作结构差距明显；第四是职业教育与高等教育分属两个不同的治理制度和监管程序。"①"双元制"大学的产生与发展已经在潜移默化地打破职业教育与高等教育之间严格分割的局面，在路径上，将职业教育延伸至高等教育领域，合并二者未来的就业发展路径；在治理与监管程序上，学校与企业建立一体化管理机制，由两个系统共同管理、各司其职。在现代社会，学历证书对求职者在社会分配中的地位起着至关重要的作用，而德国传统的职业培训制度造成教育选择与劳动力市场需求的不匹配情况日益严重，"双元制"大学改变了过度学术化的传统道路，融合了职业培训理念，使企业与学校之间对于人才培养与应用之间的矛盾得到了缓解。与之相比，我国高职院校与普通高校之间仍呈现明显割裂状态，这导致了高职教育的市场认可度与公众认可度较低、校企间协同进行人才培养的矛盾突出等一系列问题。因此，我国高职院校亟须实现转型升级，打破职业教育与高等教育之间的壁垒，既要保证学生对理论知识的摄取，又要强化实用技能，使学生更适应企业工作岗位的专业要求，实现校企间人才培养的一致性，深度打造多元主体合作共融关系。

（三）发挥安全网的作用，改善结构性失业状况

德国职业培训体系是由政府、企业及行业协会组织共同构建，这有助于培训者获得职场所需的知识与技能，使得职业培训具有高度针对性，规范与提升了培训标准。但只进行职业培训是远远不够的，随着生产力与新技术的快速发展，劳动力市场对于人才的需求不再止步于技能操作能力，而是更加侧重认知学习能力、人际沟通能力、发现与解决问题的能力等综合素质，"双元制"大学较好地满足了这两方面的能力和素质，为毕业生高质量就业提供了保障。德国传统的市场经济主要依靠社会福利体系对失业者或患病无力工作者提供失业保障补贴，但是受到金融危机等因素的影响，德国的社会保障体系已然负重累累。而在这样的背景下，"双元制"大学在缓解德国社会保障压力、帮助经济恢复方面发挥了重要作用。有研究者发现，不同教育阶层的工作者面临不同的失业风险。在就业前景好的市场状态下，经过职业培训与没有经过职业培训的人都面临较低的失业风险；在经济不稳定的市场状态下，

---

① Wolter A，Kerst C. The "academization" of the German qualification system：Recent developments in the relationships between vocational training and higher education in Germany［J］. Research in Comparative and International Education，2015（4）：510，511.

无职业培训经验者失业率高于有职业培训经验的毕业生（特指双元职业培训者），"经过职业培训的毕业生失业率高于高等教育毕业生，而'双元制'大学毕业生则面临最低的失业风险"①。德国摆脱高失业率状况，成为欧洲失业率最低的国家之一，"双元制"教育模式功不可没。

改善结构性失业状况同样也是我国职业教育现当下肩负的重要使命。青年失业问题是各国政府急需解决的问题，毕业生的社会经验不足且就业信息获取有限的现状，难以满足日趋多元的市场需求。"双元制"大学为我国建设本科层次职业院校提供了一个有益思路，即让学生在校园中接受所需要的教育，并在企业与其专业相匹配的岗位上进行相应的实践培训，帮助学生掌握适应企业用人需求的能力，为就业发挥安全网的作用。

（四）增强国际交流与合作，推动职业教育国际化发展

加拿大教育家简·奈特认为，"高等教育国际化是将国际跨文化维度整合到高校的教学、科研和社会服务之中的过程"②。发展高等职业教育是高等教育国际化建设的重要一环，"双元制"大学将高等教育纳入职业教育理念，整合了有关跨文化内涵的要素与信息，构建了符合自身发展需要的国际化高等职业教育体系。德国为高等教育国际化的发展提供了良好的政策支持，通过签署《博罗尼亚宣言》消除了欧洲国家学生流动的障碍，增加了各国之间学生的交流与沟通，为欧洲各国的高等教育搭建了合作交流平台。"双元制"大学抓住了政策机遇，发挥其特色性办学优势，广泛吸引国际学生。此外，"双元制"大学在人才培养上也极具国际化特色，在课程设置上紧跟国际导向，培养多元化人才，并且为学生提供出国交流的机会，开阔学生的国际视野。

德国的"双元制"大学与国际上多所高校有着密切合作，"学生可通过向德国学术交流中心、德国国际继续教育与发展协会以及巴登-符腾堡基金申请奖学金出国学习"③，也可在跨国企业进行实习，除了完成实习学分任务之外，也能增加语言交流与国际工作经验。特别是近年来国家间教育壁垒逐渐瓦解，"双元制"大学的办学经验引起了世界各国的广泛关注，也成为我国高等职业教育发展参考与借鉴的重要办学形式。例如，由德国巴登-符腾堡州立"双元

---

① Ebner C. Labour market developments and their significance for VET in Germany： An overview [J]. Research in Comparative and International Education，2015，10（4）：576-592.

② 李梦卿，邢晓. 德、美、日高等职业教育国际化发展现状及其启示 [J]. 中国职业技术教育，2019（18）：89-96.

③ 逯长春. 从"职业学院"到"双元制"大学——德国巴符州职业学院发展轨迹及启示 [J]. 高校教育管理，2014（4）：104-108.

制"大学和太仓欧商投资协会合作开展的太仓"双元制"本科项目，其由中德两国共同参与，旨在为太仓地区的德资企业培养兼具应用与管理能力的高水平复合型人才。① 我国要更好地发展高等职业教育，应深入剖析德国"双元制"大学的发展模式，充分借鉴其有益经验并与我国具体实际相结合，进一步增强国际交流与合作，推动职业教育国际化体系的完善与发展。

第二节　日本专门职业大学的人才培养及启示②

面对社会经济发展与产业结构转型升级对应用型人才的更高需求，日本政府加快完善现代职业教育体系的步伐，经过多次会议探讨决定创设专门职业大学（専門職大学），比较典型的有高知康复专门职业大学（高知リハビリテーション専門職大学）、东京国际工科专门职业大学（東京国際工科専門職大学）、东京保健医疗专门职业大学（東京保健医療専門職大学）和名古屋国际工科专门职业大学（名古屋国際工科専門職大学），这些专门职业大学以培养具有高度实践力、高度创造力的专门职业人才为目标，为经济社会发展提供应用型人才支撑。

一、日本经济社会的发展现实为创设本科层次职业学校提供可能

经济的发展推动了产业结构的转型升级，新兴技术的应用加快了产业信息化、智能化的发展，进一步促进了雇佣环境的技术化、能力化。与此同时，持续已久的少子老龄化问题直接影响经济、教育的发展，导致日本经济长期低迷、高职院校生源竞争激烈、人才培养质量良莠不齐等问题。日本职业教育亟须回应经济社会发展需求，建立与大学具有同等地位的高等职业教育机构，培养专门职业人才以满足经济发展需要，促进日本经济发展迈向新阶段。

（一）产业结构加快转型升级，人才培养模式亟须革新

第二次世界大战后，日本经济经历了经济复兴期（1946—1955 年）、快速

---

① 严红霞. 东南大学成贤学院首届中德合作双元制本科学生毕业典礼在太仓隆重举行 [EB/OL]. [2024-05-23]. http：//cxxy. seu. edu. cn/2020/0619/c116a30060/page. htm.

② 李梦卿，陈竹萍. 日本专门职业大学的人才培养及启示 [J]. 教育与职业，2022（2）：52-59.

发展期（1955—1973 年）、稳定增长期（1973—1987 年）、泡沫经济期（1987—1991 年）、失去的 20 年（1991—2010 年）等阶段。[①] "在经济快速发展时期，产业结构也得到了改善，第一产业比重有所下降，而第二、第三产业比重有所增加，验证了'配第-克拉克定理'，即经济的发展会影响产业结构的转型升级，伴随经济的发展，产业结构由第一产业向第二产业转移，当人均国民收入水平进一步提升时，产业结构则出现向第三产业转移的趋势。"[②] 自 20 世纪 90 年代"泡沫经济"发生后，日本经济陷入连续 20 年的停滞状态，呈现长期低迷的态势。尽管日本政府采取改变货币政策等措施，但其经济仍不能恢复到以往的繁荣局面。与此同时，第三产业的人均收入高于第一、第二产业，使得求职者大量涌入第三产业以寻求更高的薪资，劳动力重心转移至第三产业，第三产业所占比重进一步增大。当第四次产业革命来临时，物联网（IoT）、大数据（BD）、人工智能（AI）、机器人技术的广泛应用，加速了产业技术更新，推进产业朝数字化、智能化、信息化方向发展。根据日本经济产业省的推测，第四次产业革命背景下，人工智能与机器人的投放使用将会减少 735 万个低技能劳动岗位，而技术革新又将创造 574 万个新的工作岗位。[③] 这在一定程度上对劳动力市场产生了冲击与影响，行业企业对劳动者的能力、素质等方面提出了更高条件，雇佣环境的技术化、能力化要求也越来越普遍。20 世纪 80 年代，美国经济学家保罗·罗默与罗伯特·卢卡斯创立的内生经济发展理论认为，经济增长的内生变量是知识与技术，技术革新需要受过严格教育和培训的人力支撑。[④] 日本政府将第四次产业革命视为经济增长新引擎，颁布了《新产业结构蓝图》《未来投资战略 2018》《教育振兴基本计划》等一系列政策文件，针对经济、教育发展问题提出相关建议，强调人才培养的重要性。培养符合市场需求的劳动者不仅是高校的任务，还需要行业协会、企业等社会力量的参与。日本政府通过《产业活力再生特别措施法》《产业技术力强化法》等政策，加强校企合作，鼓励多元主体参与学校办学。

---

① 李梦卿，安培. 雇佣环境变化背景下日本高等职业教育发展研究 [J]. 中国高教研究，2015（3）：103-107.

② 崔健，肖美伊. 战后劳动力短缺对日本经济发展的影响分析 [J]. 日本学刊，2017（5）：84-104.

③ 日経ビジネス. 成長戦略に盛り込む「第 4 次産業革命」の破壊度 [EB/OL]. [2024-03-31]. https：//business. nikkei. com/atcl/report/15/238117/052600024/.

④ 沈卫. 解读高职教育与区域经济的依存共生关系 [J]. 职教论坛，2006（7）：21-24.

（二）少子老龄化引发社会危机，专科层次高职院校发展陷入困境

人口的数量、结构在一定程度上会影响职业教育的发展规模、教学质量。少子老龄化指的是出生人口减少，老龄人口比重增大。少子老龄化问题最直接的社会影响是劳动人口的减少，导致经济发展缺少足够的人力支撑，这对与市场经济最为密切的职业教育提出了较为严峻的挑战，主要表现为：须针对老龄人口的人力资源再开发来提供职业教育和培训，以弥补劳动力不足的问题。同时须提升劳动力的综合素质，通过质量的提升弥补数量的减少。根据世界卫生组织与联合国的定义，超过7％的老龄化率（65岁及以上的老年人口占总人口的比例称为老龄化率）为老龄化社会，超过21％的老龄化率为超老龄化社会。日本老龄化率2007年达到21.5％，2013年达到25.1％，已经进入超老龄化社会，预测到2060年，平均每2.5个人中有一位65岁的老年人，平均每4个人中有一位75岁的老年人。① 日益严重的少子老龄化问题使得日本劳动力人口逐渐减少，导致政府养老负担加剧，制约日本经济社会持续发展。"安倍政府曾于2015年10月提出'构建一亿总活跃社会'的目标，并出台新'三支箭'政策，即孕育希望的强劲经济、成就梦想的育儿支援、安心的社会保障。"② 少子老龄化问题也直接影响了教育界，生源的急剧减少给高职院校发展带来了巨大的压力，各院校采取多种措施吸引学生报考以谋求院校生存与发展，从而导致了高职院校之间的激烈竞争，也出现了培养质量良莠不齐等问题，尤其是高等专门学校招收初中毕业生入学，招生来源渠道的单一化使得高职院校陷入发展困境。

（三）职业教育遭遇发展瓶颈，顶层设计亟须完善

在专门职业大学设立之前，日本的高职院校主要有高等专门学校、专修学校，这些类型学校因应时代需求而设立，定位、发展方向各不相同，曾在促进日本经济发展、推动高等教育大众化等方面发挥了重要作用。"'二战'前，日本高等教育院校主要为大学与专门学校两种类型的院校，'二战'后，日本根据《教育基本法》《学校教育法》等法律政策文件开始建立起'六三三四'单线学制，进行学制改革，将不具备升格条件的农业、工业、商业等专门学校改为短期大学，此后，20世纪60年代，短期大学作为大学的一种类型

---

① 内阁府. 平成26年版高龄社会白書（全体版）——第1章 高齢化の状況 [EB/OL]. [2024-04-02]. https：//www8. cao. go. jp/kourei/whitepaper/w-2014/zenbun/s1_1_1. html.

② 刘瑞. 后安倍时代日本经济政策举措与展望 [J]. 人民论坛，2020（30）：138-141.

被制度化"①，在后期发展过程中，短期大学呈现女性化特点，入学生源女性偏多，专业设置以家政、保健、教育等专业为主。1961 年，日本在"技术立国""教育立国"的基本国策下，建立高等专门学校制度，以满足第二产业发展对应用型人才的急切需求，高等专门学校多为理工科专业，入学生源男性较多，招收初中毕业生，实行五年一贯制，高等专门学校主要接收初中毕业生入学，无法大规模招收高中毕业生及社会人员并对其进行职业教育训练。1976 年，日本专修学校制度建立，为灵活适应第三产业发展需求，设置基准较为宽松，办学形式多样。"短期大学大多建在地方，具有地方性特色，修业年限为两年制，为'二分之一'大学。"② 专修学校设置基准宽松，自由度高，呈现更大的多样性、开放性、多功能性特征，但其教育质量评估工作落实不到位，缺乏系统完善的适切性、规范化的第三方评价机制。③ 鉴于如此种种现状，亟须完善职业教育顶层设计，打破职业教育的天花板，提高职业教育办学层次，重新规划职业教育发展方向。2014 年 10 月 7 日，日本文部科学省接受采纳了教育再生实行会议提出的第五次建议，召开相关会议并于 2017 年 3 月 10 日颁布了关于创设专门职业大学的法案。④

二、日本专门职业大学的人才培养特点

专门职业大学于 2019 年开始招生⑤，根据需要开设农业、信息、医疗卫生等专业，以培养高度的实践力与创造力为目标。在人才培养主体、培养过程等方面更加凸显多元化、实践性特征，突出实践性的课程设置强化了学生从事某种专门性职业的实践应用能力；结构优化的师资队伍保障了人才培养质量的提升；同时，专门职业大学除接受政府、社会机构的认证评估外，还积极接受领域内企业的专业评估，多元、规范的认证评价体系促进了办学水平的提高。

---

① 天野郁夫，陈武元. 日本短期大学的危机 [J]. 大学教育科学，2013（6）：30-39.
② 天野郁夫，陈武元. 日本短期大学的危机 [J]. 大学教育科学，2013（6）：30-39.
③ 教育再生实行会议. 今后の学制等の在り方について（第五次提言）[EB/OL]. [2024-12-25]. http：//www. kantei. go. jp/jp/singi/kyouikusaisei/pdf/dai5 _ 1. pdf.
④ 稲毛文惠. 専門職大学及び専門職短期大学の創設 [EB/OL]. [2024-12-25]. https：//www. sangiin. go. jp/japanese/annai/chousa/rippou _ chousa/backnumber/2017pdf/20170908021. pdf.
⑤ 文部科学省. 専門職大学等の設置構想のポイント [EB/OL]. [2024-12-25]. https：//www. mext. go. jp/component/a _ menu/education/detail/ _ _ icsFiles/afieldfile/2019/01/11/1410450. 001. pdf.

（一）彰显应用型特色的培养模式

修订的《学校教育法》于 2017 年 5 月 24 日在日本参议院全体会议上获得通过，"第 83 条第 2 项规定，专门职业大学是教授学生研究高深的专门学艺，培养学生从事某种专门性职业的实践能力、应用能力为目标的本科层次职业大学"①。由此可见，专门职业教育虽打破了职业教育的办学层次，但本质上仍归属于职业教育，坚持应用型特色的人才培养模式是其办学基本原则。第一，注重多元化的人才培养主体。与短期大学、高等专门学校、专修学校不同，专门职业大学的生源呈现多元化趋势，其不仅招收职业高中毕业生入学，还为社会人士提供继续教育与再深造的机会。面对生源多元及招生规模扩大的情况，如果延续以往的人才培养模式，可能会产生"同质化"办学倾向、人才培养质量下降等问题。为应对上述问题，专门职业大学与地方政府、企业积极寻求合作，协同育人，以保证多元主体参与办学，实现优质资源互补，共建开放共享的校企合作平台，提升应用型人才培养质量。如东京国际工科专门职业大学不仅与富士通、雅虎、GMO 和日立等多个日本国内公司建立了合作关系，还积极与日本国外产业界寻求合作，开展"海外实习"，以便于学生学习前沿技术知识，提升应用型人才培养质量。第二，关注应用性的人才培养过程。"日本高中生希望升学的理由排在第一位的是'想学习对将来有用的专业知识和技术'。"② 专门职业大学分析未来产业发展趋势与需求，增加实践性课程比重，并与行业企业合作开展超长期的企业内实习，提供真实的工作环境，以项目为载体，教授学生与专业相关的职业理论知识与实践技能。如高知康复专门职业大学以培养学生的实践技能为中心开展教学工作，校内共开设 22 个培训室（约 1800 平方米），同时与医疗机构合作为学生提供校外实习机会。第三，强调复合应用能力的培养。日本政府曾做过一项调查，"有 68.3% 的企业认为高校毕业生缺乏创造力，66.4% 的企业认为毕业生对于产业技术的理解能力不足，同时有 58.1% 的企业认为毕业生沟通交流能力不足。"③ 传统高校学科设置、专业划分十分细致，专业融合程度较低，而专门

---

① 学校教育法（昭和二十二年法律第二十六号）［EB/OL］．［2024-04-01］. https：//elaws. e-gov. go. jp/document? lawid＝322AC0000000026.

② 文部科学省. 専門職大学等の設置構想のポイント［EB/OL］．［2024-12-25］. https：//www. mext. go. jp/component/a＿menu/education/detail/＿＿icsFiles/afieldfile/2019/01/11/1410450. 001. pdf.

③ 日本経済団体連合会. 産業界の求める人材像と大学教育への期待に関するアンケート結果［EB/OL］．［2024-04-01］. http：//www. keidanren. or. jp/policy/2011/005honbun. pdf.

职业大学打破各学科、专业间的界限，关注各学科之间的联系，强化专业横向联系，促进跨界领域融合，革新课程教学模式，以培养学生的复合能力，不仅传授专业内容，还注重让学生学习专业相关领域内容，增强学生的复合应用能力。如东京保健医疗专门职业大学的理疗专业课程内容不仅包含康复医学、理疗概论、理疗实习等专业内容，还涉及职业伦理、心理学、经营管理等相关领域内容，以培养学生的复合应用能力。

（二）突出实践性的课程设置

"2016 年日本中央教育审议会上对新的高等教育机构进行了制度设计，指出'高度专门化（専門高度化）''强化实践能力（実践力強化）''精通多领域（分野全般の精通）''强化综合能力（総合力強化）''培育学士力（学士力育成）'是新教育机构的人才培养目标。"① 高校对于人才的培养，更多体现在课程设置方面，课程设置的职业化水平高低、分类是否精细对是否能够培育出社会市场所需要的职业型人才有重要影响。现代社会，高校已不是纯粹的"象牙塔"，尤其是职业教育，为社会培育各类人才是其重要任务，而课程是育人的重要载体，课程设置是影响人才培养质量的重要因素。因此，专门职业大学从设立时就致力于打破学科界限，注重跨学科交叉融合，强化专业横向联系，选取符合学生发展需求、产业发展前沿的课程知识，突出实践性的课程设置，教授学生研究高深的专门学艺，培养学生从事某种专门性职业的实践应用能力。"专门职业大学主要开设如下四类课程：一是基础课程，培养学生基础知识技能，提高自身素质，要求学生修得 20 个以上学分，主要开设数学、英语等基础科目。二是职业专门课程，培养与专业相关的特定职业所必需的理论性、实践性的能力，以及该职业的整个领域所必备的能力，要求学生修得 60 个以上学分。三是延展课程，学习与专业相关的其他领域的知识技能，打破学科和专业界限，进行跨学科学习，培养学生的发散思维与创新能力，要求学生修得 20 个以上学分。四是综合课程，提高学生综合素质，使其符合专业性职业岗位要求，要求学生修得 4 个以上学分。"② 如东京国际工科专门职业大学将数学、物理学等基础科目与编程训练等实习相结

---

① 文部科学省. 個人の能力と可能性を開花させ、全員参加による課題解決社会を実現するための教育の多様化と質保証在り方について関連資料 [EB/OL]. [2024-12-25]. https：//www. mext. go. jp/component/b _ menu/shingi/toushin/ _ _ icsFiles/afieldfile/2016/06/13/1371833 _ 2 _ 1. pdf.

② 文部科学省. 専門職大学等の設置構想のポイント [EB/OL]. [2024-12-25]. https：//www. mext. go. jp/component/a _ menu/education/detail/ _ _ icsFiles/afieldfile/2019/01/11/1410450. 001. pdf.

合，开设职业实践专门课程，同时开设培养应用能力的延展课程，为学生提供实习实践机会。职业专门课程的学分占比最大，注重培养学生的实践能力，强化专业技能与岗位适应能力，注重实践性教育的开展，三分之一以上的课程是实习实践课程，以促进学生掌握丰富的实践经验，培养学生的职业实践能力。此外，专门职业大学还与产业界合作开发课程，出版和使用具有标准化、前沿性、规范性的教材，根据实际需求动态更新教材内容，并不断对课程进行修订。课程设置呈现多样性、实践性、灵活性和开放性等特征，专门职业大学通过课程教学培养学生的综合应用能力，为日本经济发展与产业转型升级提供人才保障。如名古屋国际工科专门职业大学与众多知名企业以及名古屋市政府合作开发课程，以促进课程体系的完善。

（三）注重科学规范的认证评价机制

日本教育学者寺崎昌男认为，"大学评价目的不在于行政统治和财政资源分配，而在于促进大学对教育和研究进行自主创新"①。从 2004 年开始，由文部科学大臣认证的评价机构每 7 年对所有的大学、短期大学、高等专门学校进行评估，对高校教育研究、组织运营、宿舍设备等综合状况进行评价，指出缺陷与不足，推动高校加强管理以提高办学质量。日本政府导入第三方评价，对高职院校发展起到一定的助推作用，目前来看，"短期大学、高等专门学校的评价机制运行较为良好，但仍存在科学性、规范性不足等问题；专修学校的认证评价机制则存在诸多问题，如教育质量评估工作不到位、第三方评价机制不健全、信息公开工作落实不力等"②。完善的认证评价机制是高校教育质量的重要保障，因此专门职业大学总结上述三所高职院校进行认证评价的经验与教训，积极完善认证评价制度，根据认证评价反馈加强学校管理，针对不足之处加以改进。第一，多元化主体参与。与短期大学、高等专门学校、专修学校不同的是，专门职业大学除接受政府、机构的认证评估外，还积极接受领域内企业的专业评估，加强与第三方评价机构的合作，重视多元化主体参与院校认证评价过程，强化高校自评意识，探索学生参与认证评价过程的路径，深化评价机构之间的交流合作，保证认证结果的科学性、有效性。第二，标准化的操作程序。通过严谨的规划设计、细致的调研分析、严格的认证评价，对专门职业大学的整体办学水平进行评估，将高校目标、教

---

① 寺崎昌男. 大学自らの総合力——理念とFDそしてSD［M］. 东京：东信堂，2010.
② 教育再生実行会議. 今後の学制等の在り方について（第五次提言）［EB/OL］.［2024-12-25］. http：//www. kantei. go. jp/jp/singi/kyouikusaisei/pdf/dai5_1. pdf.

员组织、招生政策、教学内容及方法、教育成果、学生就业等多种情况纳入考查范围。第三，及时的认证评价反馈。定期更新修订认证标准、评价手册等，回访评价对象，保证评价结果的实效性，推动认证评价机制改进与发展，为专门职业大学发展提供精准有效、具有可操作性的认证评价反馈结果。如高知康复专门职业大学通过机构评估与自我评价等多种评价方式，对课程教学、教师队伍、教学设施、经营管理、财务等情况进行评估打分，具体评价结果在第一届毕业生（2019 年入学）毕业后公开。

三、日本专门职业大学人才培养的实践策略

专业职业大学的最大特色在于理论与实践并重，肩负着提升职业教育办学层次，培育社会所需的高水平应用型人才的重要任务。通过设立"教育课程协议会"，加强企业内实习、完善教师聘任与培训机制，提高学生实际应用能力与综合素质，同时，十分重视社会人士再教育问题，建立公正性与灵活性并存的生涯职业教育体系。

（一）以应用能力为核心，引领专业理论素养培养

理论与实践并重是专门职业大学的最大特色，专门职业大学以培养高度的实践能力与创造力为人才培养目标，融合了大学、短期大学与专修学校的各自优势，在培养学生实践技能的同时重视专业理论知识的教授，开展实践性职业教育的同时也传授"实践理论"，架构起理论与实践的桥梁。在师资方面，聘请精通理论的研究者和具有丰富实操经验的实践者共同教授课程。其中实务家教师（实务家教员）占总体教师的 40％，一半以上的实务家教师需要有研究能力，研究员教师占总体教师的 60％，开展小班教学，班级人数不超过 40 人。① 从而保证高质量的授课，动态跟踪学生知识技能掌握情况，以及时调整课程教学进度与策略。如东京保健医疗专门职业大学的实务家教师占比超过 40％，原则上开展不超过 40 人的班级教学，班主任针对学生情况进行一对一的谈话并提出学习建议。在课程设置方面，主要开设基础课程、职业专门课程、延展课程、综合课程四个层面的课程，确保课程设置的均衡化、合理化，其中 1/3 以上的课程是实习实训课程，促进学生掌握丰富的实践经验，培养学生的职业实践力。在开展实习方面，创设与职业直接相联系的实

---

① 文部科学省. 専門職大学等の設置構想のポイント［EB/OL］. ［2024-12-25］. https：//www. mext. go. jp/component/a _ menu/education/detail/ _ _ icsFiles/afieldfile/2019/01/11/1410450. 001. pdf.

践的教育环境，实施超长期的企业内实习，4 年制学生的毕业要求是总计必须修得 124 学分以上，实习实训学分必须修到 40 个，占总学分的 1/3，其中要求企业现场实习不得少于 20 个学分。① 以东京国际工科专门职业大学为例，该校尤其重视实习实训，不仅开展超过 600 小时的超长期企业内实习，还为学生提供海外实习的机会。实习流程严格按照《专门职业大学现场实务实习手册》进行，制订详细完备的实习计划，根据学生数量配置相应的实习指导教师，一个实习指导教师仅教授指导一个或几个学生，以保障教师教学能够兼顾全班学生，确保每个学生都能够掌握所学知识技能。专门职业大学通过师资、课程设置、实习教学等强化学生的实践能力，提升学生的理论素养，提高学生的综合能力，以应用能力为核心，引领其专业理论素养培养。

（二）以协同育人为抓手，推进校企合作方式升级

日本经济学家高桥龟吉认为，战后"日本多数企业和经营者所选择的根本方向，都不在于利润第一，而在于扩大发展事业。在经营者的头脑中不断闪烁的传统信念，就是求取事业的扩大和发展，同时也是为国家和社会服务"②。企业经营理念的转变为开展校企合作奠定了坚实的基础。"2003 年文部科学省在《迈向产学官合作的新时代》文件中提出产学官合作在知识时代具有重要意义，今后需加强产学官合作，促进研究成果的转化推广，加强人才培养、活用。"③ 专门职业大学除采取开展合作研究（きょうどうけんきゅう）、委托研究（じゅたくけんきゅう）、技术咨询（ぎじゅつそうだん）和技术转让（ぎじゅついてん）等合作方式之外，还根据社会化经济发展形势与实际需求，强化产学合作，推进校企合作方式升级。第一，与产业界合作，更新开发教育课程。专门职业大学设立"教育课程协议会"，协议会成员主要由校长指定的教师、职业领域内具有丰富工作经验的人、政府官员、企业人员等组成，通过课程协议会保障与产业界在教材编制和课程实施方面的合作，系统化编制课程教材，课程内容紧跟行业产业动态并不断更新，不仅重视教授学生丰富的知识，还强调专业领域前沿知识的传授。如东京保健医疗专门职业大学与日本最大的化妆品、美容综合网站 cosme 开展合作，联合开发与

---

① 文部科学省. 専門職大学等の設置構想のポイント [EB/OL]. [2024-12-25]. https：//www. mext. go. jp/component/a＿menu/education/detail/＿＿icsFiles/afieldfile/2019/01/11/1410450. 001. pdf.

② ［日］高桥龟吉. 战后日本经济跃进的根本原因 [M]. 宋绍英，伊文成，董璠舆，等译. 沈阳：辽宁人民出版社，1984.

③ 文部科学省. 新時代の産学官連携の構築に向けて（審議のまとめ）[EB/OL]. [2024-12-25]. https：//www. mext. go. jp/b＿menu/shingi/gijyutu/gijyutu8/toushin/03042801. htm.

美容护理相关课程，规划课程整体结构，设计教学内容。第二，实施超长期企业内实习。在企业内或其他类似场所，进行现场实务实习，提供真实的工作环境，开展项目式学习（PBL），着力提高学生自觉的课题发现能力与自主的问题解决能力，加强实践技能锻炼。除此之外，还与行业企业共同制订教育计划，配备实习指导教师，规范实施流程，分析评价实习过程中的缺陷与不足，并采取措施完善实习制度，确保实习指导的规范性、有效性。如名古屋国际工科专门职业大学不仅开展 16 周以上的企业内实习，还配备实习指导教师，通过了解工作流程、实际操作等过程提高学生发现问题与解决问题的能力。第三，聘任实务家教师。德国哲学家卡尔·雅斯贝尔斯认为，"只有真正参与到科学研究中的人才有教育好学生的能力"；"只有自己从事研究的教师才有东西教授给学生，而一般的教书匠只能传授僵硬的知识"。[①] 专门职业大学选聘具有 5 年以上工作经验、具备实践能力的教师，不仅对教师的学历、知识、经验等做出要求，更注重教师的实践能力。确保实务家教师数量须占专任教师的 40％以上，其中一半以上的实务家教师须具备研究能力，要求有高校教师经历，拥有硕士以上学位，或者有相关研究业绩。[②] 通过聘任具有实践经验与研究能力的教师以保证授课水平与人才培养质量的提升。如东京国际工科专门职业大学、名古屋国际工科专门职业大学的教师都具备工作经验与优秀的研究能力，强大的师资力量以保证专门职业大学培育出符合社会需求的专门职业人才。

（三）以师资队伍为支撑，保障人才培养质量提升

高水平的师资队伍是提升职业院校人才培养质量水平的关键。2017 年，日本政府根据《学校教育法》设置了《专门职业大学设置基准》，对教师聘任标准做出明确规定，为专门职业大学选聘教师提供了参考标准，从而更规范地开展选聘优质教师、定期培训等工作，加强教师队伍建设。专门职业大学教师队伍建设主要有以下特征：第一，合理的教师组合结构。专门职业大学共有实务家教师、研究员教师、有研究能力的实务家教师及专任教师四种类型的教师，实务家教师占总体教师的 40％，一半以上的实务家教师需要有研究能力，研究员教师占总体教师的 60％。根据所持资格证书、实务业绩等判

---

① 卡尔·雅斯贝尔斯. 大学之理念 [M]. 邱立波，译. 上海：上海人民出版社，2007.

② 文部科学省. 専門職大学等の設置構想のポイント [EB/OL]. [2024-12-25]. https：//www. mext. go. jp/component/a _ menu/education/detail/ _ _ icsFiles/afieldfile/2019/01/11/1410450. 001. pdf.

断实务家教师的实务能力是否达到专业岗位要求，而研究能力的判断标准为有无著书、发表论文、获取专利等各种形式的证明。① 第二，严格的教师聘任标准。《专门职业大学设置基准》对各职称的教师学历、知识、工作经验、实践技能做出严格规定。如教授聘任标准为：①获得博士学位，有研究业绩；②具有与博士学位获得者同等的研究业绩；③获得专业硕士学位，有实际业绩；④有在大学担任教授、副教授或专任教师的经历；⑤在艺术、体育等领域有优秀的特殊技能与卓越的实践经验、技术；⑥在专业领域有特别出色的知识、经验。② 第三，全面细致的教师审查制度。主要从教师的学历、实务业绩、科目适合性等方面进行审查，判断该教师是否符合岗位要求。审查应聘教师的业务实绩时，主要审查该教师是否有专业领域资格证书或竞赛、表彰等获奖证明，是否参与过现场指导、监督，是否担任过专业领域团体的管理人员、委员等。第四，完善的教师培训制度。新教师入职后，通过校内、校外研修提高教学能力、组织能力、管理能力，如采用观摩教学活动、实践技能讲习班、短期培训等形式培养新教师的进修兴趣，提高实践技能。在职教师则定期参与组织进修活动，更新教学知识、技能、观念，灵活采用多种培训进修形式以确保终身学习、持续成长，提升综合素质。专门职业大学通过强化师资队伍建设，以推进课程教学模式革新，保障人才培养质量提升。高知康复专门职业大学、东京国际工科专门职业大学、东京保健医疗专门职业大学和名古屋国际工科专门职业大学四所大学的实务家教师占比都超过了40％，教师的学历、获奖证明、工作经历等详细信息公布在学校官网，以便接受公众监督。学校为教师提供研究经费支持与完善的培训体系以保证教师专业化成长。

四、借鉴与启示

专门职业大学的创立是日本政府对高等职业教育的一次重大改革，专门职业大学在分析产业变革发展、经济变化要求的基础上，明确院校办学定位，设立适切的人才培养目标，重构人才培养方案，实施精准有效的人才培养策略，培育符合劳动岗位需求的专门职业人才，为日本经济社会发展"赋能增

① 文部科学省. 専門職大学等の設置構想のポイント［EB/OL］.［2024-12-25］. https：//www. mext. go. jp/component/a_menu/education/detail/__icsFiles/afieldfile/2019/01/11/1410450. 001. pdf.

② 文部科学省. 専門職大学設置基準［EB/OL］.［2024-12-25］. https：//elaws. e-gov. go. jp/document? lawid＝429M60000080033.

效"。日本专门职业大学的办学经验对我国本科层次职业教育具有较大的借鉴意义和参考价值，我国本科层次职业教育亟须厘清自身属性，明确办学定位，遵循教育规律开展教学工作，以培养更多高素质应用型人才，提升职业教育办学质量，服务经济社会发展。

（一）明确办学定位，建立系统完善的法律法规体系

日本专门职业大学以培养具有高度创造力与实践力的人才为目标，为促进专门职业大学规范运行，日本政府多次召开会议，修订《学校教育法》并颁布《专门职业大学设置基准》《专门职业大学现场实务实习手册》等一系列政策文件，从法律层面对专门职业大学办学目标、课程设置、招生规模、教师队伍、学位授予等多方面进行了详细规定，明确了专门职业大学的办学定位。2014 年，我国国务院印发的《关于加快发展现代职业教育的决定》明确指出，要"采取试点推动、示范引领等方式，引导一批普通本科高等学校向应用技术类型高等学校转型，重点举办本科职业教育"。"在政策推动下，教育部自 2019 年以来分三批批准了 22 所学校开展本科层次职业教育试点。"①由此，打破了职业教育的"天花板"。本科层次职业教育不是职业教育的加长版，也不是本科教育的复制版，本科层次职业教育须明确自身办学定位，要对自身属性有清楚的认知，在厘清其教育属性、职业属性、本科属性的基础上，遵循教育规律开展人才培养工作。本科层次职业学校要坚持职业教育类型办学，以培养国家战略需要、产业发展需求的高层次应用型人才为目标；要坚持产教融合、校企合作的人才培养模式；要借鉴国外办学经验，也要总结现代学徒制和企业新型学徒制试点经验，以学生为中心，促进学生德、智、体、美、劳全面发展；同时要根据产业发展要求科学设置学科专业，推动专业设置与产业需求对接，课程内容与职业标准对接，教学过程与生产过程对接。为保障本科层次职业教育学校的工作推进，国家要健全相应法律法规，虽然教育部办公厅于 2021 年 1 月印发了《本科层次职业教育专业设置管理办法（试行）》，本科层次职业教育办学有了基本的政策引导，但教育行政部门仍须尽快出台关于本科层次职业教育的师资队伍建设、课程教学标准、认证评估指标等方面的配套政策和文件，使我国本科层次职业院校办学有法可循、有法可依。

---

① 教育部介绍"十三五"期间职业教育改革发展情况［EB/OL］．［2024-01-07］．http：//www. moe. gov. cn/fbh/live/2020/52735/mtbd/202012/t20201209＿504300. html.

（二）深化产教融合，培养产业需求的高素质应用型人才

"1926年黄炎培先生提出'大职业教育主义'办学方针，主张办好职业教育须联结职业界与教育界，参与全社会的活动与发展，从而衍生'职业教育产教融合'的思想主张。"[①] 产教融合是提升高校办学质量的重要载体。日本专门职业大学重视校企合作，在课程、教学等方面加强与行业、企业合作，设置"教育课程协议会"以保证企业参与课程编制过程，课程教学内容融入产业前沿新知识、新技术，实施企业内实习，开展实践性职业教育。近年来，我国政府先后出台了《职业学校校企合作促进办法》《建设产教融合型企业实施办法》等一系列政策文件，强调深化产教融合的重要性，但在实践过程中存在合作流于形式、校热企冷等问题，校企合作常态化体制机制仍须进一步完善。2021年，教育部办公厅印发的《本科层次职业教育专业设置管理办法（试行）》明确指出，"应与相关领域产教融合型企业等优质企业建立稳定合作关系"。本科层次职业教育亟须突破职业教育发展瓶颈，坚持职业教育办学特色，深化产教融合、校企合作，构建产学一体化办学格局。同时，政府应积极统筹协调，完善本科层次职业教育院校与行业、企业合作的体制机制，厚植企业承担职业教育责任的社会环境，推动校企命运共同体的形成；企业亦应积极与本科层次职业院校开展合作，共建共享实训基地，实现高素质应用型人才的共育共享；本科层次职业教育学校更应主动与企业合作，与企业共同研究制定人才培养方案，与企业共建共享课程资源、教学资源等，积极主动推进校企合作常态化，为培养产业需求的高素质应用型人才服务。

（三）加强师资队伍建设，突出打造高水平结构化的"双师型"特色

日本专门职业大学通过严格的选聘审查、完善的职前职后教师培养培训，打造高水平、结构化的教师队伍，保证实务家教师、研究员教师、有研究能力的实务家教师及专任教师四种类型的教师各自占比合理化，为专门职业大学改革创新教学模式、探寻特色人才培养模式、培养高素质应用型人才提供了保障。俄国教育家康斯坦丁·乌申斯基认为："教师对学生的影响是任何学

[①] 孙善学. 产教融合的理论内涵与实践要点 [J]. 中国职业技术教育，2017（34）：90-94.

校任何规章和大纲、任何组织都不可能代替的一种教育力量。"① 哈佛大学商学院教授迈克尔·波特提出的钻石理论模型认为，"要通过生产要素建立起强大而又持久的竞争优势，必须发展高级生产要素"②。"双师型"教师队伍在本科层次职业教育增大竞争优势的过程中属于一种重要的高级生产要素。我国职业教育历来重视师资队伍建设，尤其是近年来，加大对"双师型"教师队伍建设力度，教育部等相关部门相继出台了《全国职业院校教师教学创新团队建设方案》《深化新时代职业教育"双师型"教师队伍建设改革实施方案》等一系列政策文件，强调教师队伍建设的重要性。2021 年，教育部印发的《本科层次职业教育专业设置管理办法（试行）》明确指出：本专业的专任教师中，"双师型"教师占比不低于 50%，来自行业企业一线的兼职教师占一定比例并有实质性专业教学任务。本科层次职业教育试点院校须通过职前严格选聘、职后系统培训双重措施提升教师综合素质，强化教师队伍建设，使教师能够真正具备"双师型"教师的素质和能力，做到"明师德、善育人；讲理论、能科研；精教学、强技能；通市场、懂行业"③。本科层次职业教育试点院校须完善教师选聘制度，畅通高层次、高技能人才的选聘渠道，积极引进和培育高水平教师教学（科研）创新团队、教学名师、高层次人才，完善教师队伍的供给结构、专业结构、学历结构、年龄结构。本科层次职业教育试点院校还须完善教师培训制度，以"双师型"教师培养培训基地、职业技术师范院校为依托，定期开展教师全员培训，确保教师培训的常态化、规范化，定期选派优秀教师赴职业教育发达国家交流学习，以期提高"双师"素质，服务于应用型人才培养工作。

日本专门职业大学在面对经济社会发展与产业结构转型升级对应用型人才的更高需求的情况下，肩负起提升职业教育办学层次，培育社会所需的高水平应用型人才的任务，为日本经济社会发展提供重要人才支撑。几乎与此同时，我国也提出了发展本科层次职业教育。我国本科层次职业教育发展，须完善相应的法律法规，明确办学定位，进一步深化产教融合、校企合作，突出打造高水平结构化的"双师型"教师队伍，坚持职教特色，提升应用型人才培养质量，为经济社会发展服务。

---

① 巴拉诺夫，沃莉科娃，斯拉斯捷宁，等. 教育学 [M]. 李子卓，赵玮，韩玉梅，等译. 北京：人民教育出版社，1983.

② [美] 迈克尔·波特. 国家竞争优势 [M]. 李明轩，邱如美，译. 北京：华夏出版社，2002.

③ 谢永华. 本科职业教育亟须教师素质能力提升 [N]. 中国教育报，2020-05-19.

第三节　本科层次职业教育发展的基本逻辑、 他国经验及本土化路径选择①

2019年1月，《国家职业教育改革实施方案》首次明确提出要"开展本科层次职业教育试点"工作；2021年4月，习近平总书记对职业教育工作作出重要指示，强调要"稳步发展职业本科教育"，"加快构建现代职业教育体系，培养更多高素质技术技能人才"；2022年5月修订并实施的《中华人民共和国职业教育法》规定，要实施本科层次职业教育。发展本科层次职业教育已然成为推进职业教育高质量发展的重要内容。为了更好地开展本科层次职业教育实践探索，须基于本科层次职业教育发展的基本逻辑，探析影响本科层次职业教育办学的内外因素，廓清本科层次职业教育的内涵与目标定位，参考职业教育发达国家本科层次职业教育的建设经验，探寻并坚持走出一条中国特色的本科层次职业教育的高质量发展道路。

一、基本逻辑：本科层次职业教育发展的基本理路

逻辑阐释是对本科层次职业教育建设方向的客观把握。从需求应对、体系建构和技能提升等视角厘清本科层次职业教育建设的基本逻辑，是把握本科层次职业教育发展内涵与建设目标的基本前提，有利于明确本科层次职业人才培养定位，提升本科层次职业学校办学质量，加速本科层次职业教育的发展进程。

（一）产业逻辑：面向社会分工体系深化的积极回应

马克思认为"社会分工"可被划分为社会内部分工与工厂内部分工两种类型，其将社会内部分工定义为"社会内部的、似乎未受他人作用而产生的这些生产部门本身的分工"②，即劳动力市场自发形成的一种分工形式。社会

---

① 李梦卿，余静. 本科层次职业教育发展的基本逻辑、他国经验及本土化路径选择 [J]. 现代教育管理，2023（4）：87-96.

② 马克思，恩格斯. 马克思恩格斯全集（第四十六卷下）[M]. 中共中央马克思恩格斯列宁斯大林著作编译局，译. 北京：人民出版社，1980.

分工起因于商品交换与市场经济的发展，是提升劳动生产力水平的关键因素。亚当·斯密在《国民财富的性质和原因的研究》一书中指出："劳动生产力上的最大的增进，以及运用劳动时所表现的更大的熟练、技巧和判断力，似乎都是分工的结果。"[①] 社会分工与社会生产间的内在耦合关系催生了人力资本供需结构变革的新态势，社会分工体系的日益深化、市场需求与就业岗位的变动与调整也对劳动力市场人才的能力素质提出了更高要求。在我国产业结构逐渐由劳动密集型向技术密集型转变的过程中，一线生产岗位的操作型技能劳动者的职业生存空间逐渐萎缩，市场迫切需要大量更高水平的、能够参与复杂劳动生产工作的复合型技术技能人才。因而，专科层次的高等职业教育难以完全负载新形势下劳动力市场对技能型人力资本的培养需要，实现高等职业教育专科层次向本科层次的上升与延伸是应对劳动力需求结构变动的必然回应。一方面，社会分工的精细化与社会生产的复杂化特征决定了技能人才的专业化水平与综合能力必须得到相应提高，新兴产业行业、新产品种类的出现带来了社会生产结构的整体调整，劳动力市场要求实现人力资本的最优供给。为此，本科层次职业教育须致力于培养拥有面向高新技术行业、解决专业操作难题、参与技术革新与生产实践的专业能力，以及及时发现问题、分析与解决复杂性难题的综合应用能力和岗位适应能力的高层次职业人才，激发人力资本结构的禀赋优势以应对社会分工日益深化条件下的效率需求。另一方面，社会分工的扩展与深入要求技能人才在分工的基础上实现高效协作。马克思深刻探讨了分工与协作二者间的对立统一关系，指出"分工是一种特别的、有专业划分的、进一步发展的协作形式"。[②] 在社会分工越来越发达、越来越精细的现代化生产背景下，协作本身需要契合分工系统运作，从而创造出新的生产力。本科层次职业教育作为优化劳动力需求结构的重要责任主体，应强调"分工合作、协同配合"职业精神的有效塑造，在实现专业技能、综合职业能力提升的同时，促进学生形成自觉在分工中寻求协作、在协作中形成合力的职业品质，培养出适切新形势下劳动力市场迫切需要的高水平技术技能人才。

① 亚当·斯密. 国民财富的性质和原因的研究（上卷）[M]. 郭大力，王亚南，译. 北京：商务印书馆，1972.

② 马克思，恩格斯. 马克思恩格斯全集（第三十二卷）[M]. 2 版. 中共中央马克思恩格斯列宁斯大林著作编译局，译. 北京：人民出版社，1998.

（二）教育逻辑：现代职业教育体系建构的关键环节

第二次世界大战之后，美国社会学家塔尔科特·帕森斯和罗伯特·默顿等人提出的结构功能主义理论在西方社会得到广泛应用。面临战后动荡不安的社会局势，西方各国政府迫切需要重构稳定和谐的社会系统。为此，帕森斯在孔德的社会结构主义、斯宾塞的功能主义等理论基础上构建了结构功能主义理论，他将行为系统视为一个由承载各自功能的子系统组成的关系网络，各子系统不同功能的释放与互动会影响行为系统整体效能的发挥。[①] 如果将现代职业教育体系看作一个行为系统，那么本科层次职业教育则是行为系统内部具备独特功能的子系统，在现代职业教育体系构建过程中，协调本科层次职业教育等各个子系统彼此的功能优势是确保系统整体平稳运行的关键举措。根据帕森斯搭建的"AGIL"功能分析框架，构建高效平衡的现代职业教育体系，必须满足适应（adoption）、目标达成（goal attainment）、整合（integration）和潜在模式维持（latency pattern maintenance）四大功能要求。[②] 一是行为系统要依据外部社会环境变化做出及时调整，现代职业教育体系的构建理应适应经济发展方式转变与产业结构调整需求，推动本科层次职业教育的产生即是应对环境变化发展的实然结果；二是行为系统需要统筹系统内各子系统的目标确立并调动子系统发展活力的目标导向功能，培养技术技能人才是现代职业教育体系下各个子系统的共同目标，深化职业教育发展层次即是提升技能人才培养水平、增强职业教育办学活力的有效举措；三是行为系统要加强内部的协调性与连贯性，增强中等、专科以及本科层次职业教育之间的内在衔接性是现代职业教育体系的基本特征，延伸职业教育上升渠道，打通中等、专科、本科层次职业教育横向融通的技能人才培养通道，对完善现代职业教育体系、促进职业教育高质量发展具有重要意义；四是行为系统要维持自身系统运行模式与价值文化观念的稳定性，终身教育理念是现代职业教育体系构建的价值遵循，打破本科层次职业教育断层的结构壁垒，将职业教育贯穿于个人学业发展的全过程，是彰显现代职业教育体系自身价值特色的必然要求。因此，推进本科层次职业教育建设是构建现代职业教育

---

① 吕童. 网格化治理结构优化路径探讨——以结构功能主义为视角 [J]. 北京社会科学，2021（4）：106-115.

② [美] 塔尔科特·帕森斯，尼尔·斯梅尔瑟. 经济与社会：对经济与社会的理论统一的研究 [M]. 刘进，林午，李新，等译. 北京：华夏出版社，1989.

体系的关键环节，亟须发挥本科层次职业教育在现代职业教育体系中的功能优势，整合系统发展要素，以构建整体结构优化、动态平衡发展的现代职业教育体系。

（三）发展逻辑：增强技术技能人才职业胜任力的必要举措

20 世纪 90 年代，美国心理学家罗伯特·斯滕伯格在批判传统智力理论的基础上提出了成功智力理论，他将"成功智力"定义为为实现个人目标去适应环境、塑造环境、选择环境的能力①，由此打破了传统智力的定义方式，将智力定义的范围由学业领域延伸至现实社会。"成功智力"包括分析性智力、创造性智力和实践性智力三种基本成分，分析性智力用于分析问题、解决问题以及判定思维结果的质量；创造性智力帮助个体从一开始就形成好的问题和看法；实践性智力则是在日常生活中以一种行之有效的方法将想法及分析结果加以落实。② 斯滕伯格认为，拥有成功智力的关键因素在于具备明确个人目标，能够利用个体力量发挥自身优势、弥补不足，以及实现分析、创造和实践智力三种智力平衡与协调的能力。③ 本科层次职业教育的建设在一定程度上与成功智力理论相契合。在总体目标上，本科层次职业教育旨在培养适应市场环境变化和面向生产、服务、管理部门的高层次技术技能人才，这就要求本科层次职业学校加强与社会文化环境的紧密联结，以此提高学生的主观能动性、岗位适应性和职业胜任力。在人才培养方向上，本科层次职业教育致力于培养具备技术理论知识、技术实践能力以及一定科研创新实力的复合型人才，通过培养学生的分析性智力，强化学生对技术理论知识的分析、理解与内化，促进其在面临职业问题时能够从认知层面发现问题、进行思维判断、做出有效决策，并且能够促进学生深入认识自我，依据自身发展优势明确未来职业生涯规划，确保发挥个体职业的价值最大化；通过培养学生的创造性智力，树立学生的创造意识、唤醒学生参与科研创造的热情、激发创造潜力、培养创新思维，促使学生能以独特新颖视角看待职业问题、开拓问题的解决思路，能基于已有深厚的技术知识实现

---

① Sternberg R J. The Theory of Successful Intelligence [J]. Review of General Psychology, 1999 (4)：292-316.

② 斯腾伯格. 成功智力 [M]. 吴国宏，钱文，译. 上海：华东师范大学出版社，1999.

③ Sternberg R J. Successful intelligence：Finding a balance [J]. Trends in Cognitive Sciences，1999 (11)：436-442.

创新成果转化，开发新产品新技术；通过培养学生的实践性智力，丰富学生在企业行业中的技术技能实践经验，助推学生运用已学知识解决生产、生活实践中的实际问题。总之，通过本科层次职业教育人才培养，引导学生实现分析性智力、创造性智力和实践性智力在职业活动中的综合运用与统筹协调，有利于切实提升学生的环境适应性与职业胜任力，获得职业生涯的发展。

二、他国经验：职业教育典型发达国家本科层次职业教育的办学实践

20世纪中后期，职业教育层次提升逐渐成为世界各发达国家职业教育建设的发展趋势，自此呈现出多样化本科层次职业教育办学形式，如日本专门职业大学、德国应用科学大学、英国多科技术学院等。为更好地推进我国本科层次职业教育发展，须探究国外典型本科层次职业教育办学模式，借鉴这些本科层次职业教育院校特色化的实践形态，为我国本科层次职业教育建设提供开拓性思路。

（一）日本专门职业大学：坚持以"实践性"为核心的发展导向

20世纪80年代末泡沫经济的破灭，使得创造战后"增长奇迹"的日本陷入了长期的经济停滞之中。直至21世纪第四次工业革命的到来，大数据、人工智能、物联网等新技术新产业的迅速发展加速了产业结构的优化与升级，也催生了日本雇佣环境与就业结构的变化，据日本经济产业省预估，低技能、操作型工人逐渐被人工智能与机器人取代，如果不对该现状加以控制，制造业领域将会减少735万个工作岗位，但积极利用新兴技术进行改造与转型则会创造出574万个新的就业岗位。[①] 日本将"第四次工业革命"纳入经济增长战略，致力于在新一轮的产业结构变革中实现经济的重大转变，其关键就在于培养适应技术创新形势需要的、具有实践应用能力的高水平专门职业人才，因而，创设实践型高等职业教育机构成为日本开发人力资源以支撑经济发展的当务之急。基于此，2017年日本参议院全体会议通过了《学校教育法》的修订法案，明确了专门职业大学的办学类型及其目标定位，其中规定"专门

---

① 日経ビジネス. 成長戦略に盛り込む「第4次産業革命」の破壊度 [EB/OL]. [2024-06-01]. https://isoyant.hatenablog.com/entry/20160527/1464323138.

职业大学是以教授和深入研究专业艺术与科学，以及培养从事专业化职业所需的实践能力和应用能力为目的的大学"。①

短短几年，日本已建成 15 所专门职业大学，这类实施实践性职业教育的高等教育机构以市场需求为导向，以实践应用能力为核心，采取灵活多样的办学方式，它们是推进日本职业教育制度化变革，完善本科层次职业教育实践体系的关键力量。英国学者迈克尔·吉本斯在《知识的新生产》一书中提出，在新的时代背景下需要新的知识生产模式，强调理应在应用型语境下生产知识，将技术性知识、实践性知识等纳入已有知识体系。② 随着产业革命背景下日本终身雇佣制度的逐渐瓦解，由企业全权承担人才实践性能力培养的责任逐渐弱化，高等职业学校将技能实践知识纳入职业教育知识体系之中，肩负起强化实践技能培训以发展"即战性"人才（毕业生无须企业重新进行职业培训，可即时适应岗位需求）的责任是高校适应日本经济建设需要的必然抉择。日本专门职业大学重视与产业界的密切合作，通过开设面向市场发展、富含地方特色的专业，发挥企业、区域组织等利益主体的协同作用开发实践性课程，从而实现与劳动力市场人才培养需求的紧密对接。此外，日本专门职业大学强调实践类课程须占总课程的 1/3，要求学生参加企业实习实训时间在 600 课时以上，使得学生在长期实习过程中提升实践能力，增加实训技能以及获得实际问题解决与反思的能力。同时，专门职业大学采用了不超过 40 人的小班授课方式，并安排具有丰富实践经历的实务家教师与研究型教师进行授课、指导③，促进学生对理论知识与实践经验的积极内化，在发展实践技能的同时实现创新思维的发展。

（二）德国应用科学大学：把握以"双元"模式为贯通的办学逻辑

随着经济发展方式转变与工业化进程的不断推进，德国长期以来单一化的高等教育体系难以满足市场用人的多样化需求与高等教育大众化发展需求。20 世纪 60 年，代皮西特关于"教育灾难"即将引发经济性危机的讨论逐渐进入了公众的视野，为此，加快德国教育体制改革，建立多种类型的高等教育机构成为当时势在必行之举。1968 年 10 月，德国各州政府审议通过了《联邦

---

① 学校教育法（昭和二十二年法律第二十六号）[EB/OL].[2024-05-29]. https：//elaws. e-gov. go. jp/document? lawid=322AC0000000026.

② Michael Gibbons. The New Production of Knowledge [M]. London：SAGE Publications，1994.

③ 李梦卿，陈竹萍. 日本专门职业大学的人才培养及启示 [J]. 教育与职业，2022（2）：52-59.

共和国各州统一应用科学大学协定》，其中指出应用科学大学
（Fachhochschule，FH）是实施高等教育的机构，提供文化教育部长联席会议
认可的学科教育，该类型学校传授以科学原理为基础的教育，使学生有能力
参与国家统一考试并有资格独立从事职业活动。① 德国应用科学大学培养目
标的复合性、课程建设的双元性、师资力量的综合性等特征使其成为德国
劳动力市场的主要人力资源输出主体，据德国联邦职业教育研究所（BIBB）
发布的职业教育和培训数据可知，按高等教育机构类型划分，截至 2021 年
2 月，应用科学大学和无权授予博士学位的大学的学生数占总学生数的 60.5%，
有权授予博士学位的大学和学院的学生数占比为 38.9%，艺术与音乐学院的
学生数占比为 0.6%。② 德国应用科学大学不仅是平衡德国高等教育结构的重
要分支，也是振兴德国经济的关键力量。

"双元制"是德国职业教育的主流人才培养模式，技能培训与理论知识相
结合渗透于德国各类职业教育院校之中。致力于打造把理论知识转化为实践
能力的"桥梁式职业人才"③ 的德国应用科学大学始终坚持以"双元"模式为
贯通的办学逻辑，在学校培养目标、课程设置、师资建设上彰显"双元"特
色，以期培养出适切区域经济发展需求的高素质人才。如德国安哈尔特应用
科学大学的数据科学专业培养目标不仅在于向学生传授数据科学技能知识，
帮助其了解有关数据分析、管理的常用方法，还注重发展学生的数据素养，
帮助其掌握必备的计算机科学技能以及开发实践项目的能力。④ 在课程设置
上，强调理论教学与实践培训课程相衔接，自 2009 年起，部分德国应用科学
大学尝试开设"双元制"课程，迄今为止其已成为德国"双元制"课程开设
最多的学校类型。学校与企业等育人主体以实践活动为依托，以科研创新能
力为发展重点，共同构建开发"双元制"课程模块，紧密联系理论课程与实
习实训教学课程，促进学生在专业课程学习的基础上发展问题解决能力以及
科学研究能力。在师资建设上，强调教师学术水平、教学能力与实践经验并

① KMK 1968. Abkommen zwischen den Ländern der Bundesrepublik zur Vereinheitlichung auf
dem Gebiet des Fachhochschulwesens ［EB/OL］. ［2024-05-29］. https：//recht. nrw. de/lmi/owa/br
_ bes _ text? anw _ nr=1&bes _ id=2477&aufgehoben=N.

② BIBB. Datenreport zum Berufsbildungsbericht 2021 ［EB/OL］. ［2024-05-29］. https：//www.
bibb. de/dokumente/pdf/bibb-datenreport-2021. pdf.

③ 张有龙，赵爱荣. 德国应用科技大学办学特色分析 ［J］. 中国职业技术教育，2007（5）：58-
59.

④ Anhalt University of AppliedSciences ［EB/OL］. ［2024-05-29］. https：//www. hs-anhalt.
de/nc/studieren/orientierung/studienangebot/detail/data-science-ma-master-of-science. html.

重。《高等学校框架法》第 44 条规定，应用科学大学教师必须具有博士学位且具备至少五年企业工作经验，其中三年须是从事除普通高校外的与专业领域相关的工作经验。[①] 拥有丰富实践经验的高层次教师更有能力引导学生实现理论知识向实践应用转化、向科研成果转化。

（三）英国多科技术学院：呈现"一核多元"高校治理格局

面对多年来以"精英教育"为主导的"一元制"英国高等教育体系难以满足第二次世界大战结束后经济重建与恢复对应用型技术技能人才的迫切需要，传统研究型大学的"垄断式"发展对英国经济社会建设与高等教育的大众化发展形成掣肘。1966 年，英国教育与科学部颁布了《多科技术学院与其他学院计划》白皮书，提出将 90 多所独立学院合并组建为 30 所与传统大学地位相当的多科技术学院，开启了英国高等教育体系"二元制"时代。德国社会学家马克斯·韦伯认为，一个组织无论是单纯追求商业价值还是致力于拯救人类灵魂，都需要通过一套有效合理的治理结构去实现所追求的目标[②]，有序完善的高校治理结构正是英国多科技术学院的发展特色所在。英国多科技术学院形成以地方政府为主导，充分调动学术委员会、理事会等多元组织力量融合共治的治理样态，政府为学校平稳有序运行提供目标导向与物质支持，在地方当局的引导下，学校明确了发掘地方特色、助推区域经济发展的办学定位，旨在培养契合岗位需求的应用型人才，同时政府教育部门对高校的运转及事务安排负最终责任，包括其财政事务及治理问题、风险评估、学术发展等非财政事务[③]；学术委员会能够为学校教育提供有效质量监控，旨在对学院生源质量、师资力量、课程安排、教学情况、学生考试等开展全方位质量评估工作；理事会作为学院的管理机构，由地方教育部门工作人员、行业企业等社会组织机构代表、学校管理人员、学生等组成，负责对学院基本管理事务做出决定，并联合其他利益相关者共同制定学院发展战略，确保学院的可持续化发展。

---

① HRG-Hochschulrahmengesetz [EB/OL]. [2024-05-29]. https：//www. gesetze-im-internet. de/hrg/BJNR001850976. html♯BJNR001850976BJNG000802310.

② [英] 马克斯·韦伯. 经济、诸社会领域及权力（第 2 卷）[M]. 李强，译. 北京：生活·读书·新知三联书店，1998.

③ Ntim Collins G，Soobaroyen Teeroovenand，Broad Martin J. Governance Structures，Voluntary Disclosures and Public Accountability [J]. Accounting，Auditing&Accountability Journal，2017，30（1）：65-118.

多元权责分配的英国多科技术学院至 20 世纪 80 年代末在公众认可程度与发展规模上已可与传统大学相媲美，但以政府为主导的管理制度的弊端也日渐暴露。学术委员会、理事会等组织机构皆受到政府直接或间接管理，政府对学院各项事务的过度干预严重挤压了学院的自我发展空间，使得英国多科技术学院强烈要求摆脱地方政府的控制，获得与研究型大学同等充分的自主自治权。1988 年，《教育改革法》的发布促使多科技术学院从地方政府辖制下独立出来，由中央政府统一管理；1992 年，英国政府出台的《继续和高等教育法》标志着"二元制"时代向"一元制"时代的回归，34 所多科技术学院由此升格为"大学"。多科技术学院在高校治理结构构建中具有鲜明发展特色，其内外部多元组织协同治理结构的形成、地方与学校紧密联系、良性互动关系的塑造以及高校学生参与治理平台的搭建等有效治理方案能够为我国高等职业教育治理结构改革与完善提供一定的参考和借鉴。

三、路径选择：我国本科层次职业教育发展的本土化建构

着力推进我国本科层次职业教育高质量发展，要发掘典型国家本科层次职业教育的实践特征，以他国多样化、特色化、实效化的建设经验为参考，基于我国职业教育发展现状，着力强化技术赋能、推进产教协同、构建话语体系，在逻辑诠释与实践借鉴过程中发掘新要素，走出一条中国特色的本科层次职业教育发展之路。

（一）强化技术赋能，筑牢职业教育内生式发展根基

日本社会学家鹤见和子基于农村多元发展思想系统提出了内生式发展理论，其将"内生式发展"定义为以地方资源、文化和技术为基础，以区域内组织群体和居民为开发主体的区域发展模式。[①] 该模式强调由内而外获取的可持续性发展的内生动力是推动区域经济社会发展的关键所在，其中技术要素是影响区域经济增长的决定性因素。本科层次职业教育的内生式发展与区域经济发展模式相契合，强调要合理利用地方产业资源，把握地方技术动态，以院校为责任主体，明确服务国家与区域经济产业发展的办学定位，打造高层次技术技能人才的培养定位，在厘清本科层次职业教育建设逻辑起点的基

---

① 鶴見和子. 内発の発展論の系譜［M］//鶴見和子，川田侃. 内発の発展論. 東京：東京大学出版会，1989.

础上增强职业教育内在驱动力，强化技术赋能，进而筑牢职业教育内生式发展根基。强化技术赋能是本科层次职业学校培养区别于高职院校、普通本科院校人才培养目标的显著标志，是驱动职业教育高质量发展的核心要义，在新一轮技术变革与产业变革过程中，新业态、新模式、新产业、新技术的出现加速了人才培养结构的调整与转变，面对日益多元化的产业领域、复杂化的技术分工，本科层次职业教育理应最大化技术服务效能，增强学生的岗位适应性、技术应用性和自主创新性，促进学生综合职业能力生成以实现产业需求侧与人才培养供给侧有效对接。

为此，发展本科层次职业教育须遵循技术赋能的三重逻辑。一是要构建以技术知识为主导的专业课程体系，创设真实知识传递情境。技术知识并非按照严格内在逻辑结构生成的知识体系，它既包括技术理论、行为规范等具有普遍性的知识，也包括工作原理、技术方案、操作流程、操作规则以及技能诀窍等[1]专业性较强的知识，这些形成与运用于具体的工作情境之中。具有实践性、复合性、结构化特征的技术知识构成了本科层次职业教育专业课程体系的重要组成部分，学校须创设良好的知识传递环境，促进学生在实践活动之中实现对技术知识的掌握与内化。二是要加强专业技术技能的培养，注重发展技术迁移与转换能力。实践活动是技术知识向技术应用转化的有效载体，在实践实训过程中本科层次职业学校加强学生对专业技术技能的培养与获得，不是仅局限于某个特定的工作岗位、具体的操作技能，而是在综合掌握专业领域技术应用能力的基础上，把握技术运用的总体特征，提升学生的技术学习能力、岗位适应能力以及可持续发展能力。三是要鼓励学生参与企业生产实践与应用技术研发工作，发掘学生的自主创新潜能。有能力对技术进行创造性应用与开发是本科层次职业教育"高层次"人才培养的核心诉求，学校要重视培养学生的创新素养，激发学生应对技术革新趋势的自我发展意识，引导学生在实际生产中引进新方法、改良新技术，打通学生参与技术研发项目的通道，搭建学生科研创新能力培养的发展平台。

（二）打破场域框架，建构产教协同办学生态空间

法国社会学家皮埃尔·布迪厄将"场域"定义为在各个位置上存在客观

---

① 邓波，贺凯. 试论科学知识、技术知识与工程知识［J］. 自然辩证法研究，2007（10）：41-46.

联系的关系网络，或是一个构型。场域关系网络的界线划分是依据场域作用范围自主决定的，继而存在明确限制框架的有限生产场域，以及摆脱场域边界限制的、受外界多方社会力量影响的开放型生产场域。在有限的职业教育场域内，职业学校、教师、学生、企业之间构成的特定关系网络仅为场域内利益相关者服务，范围化参与主体的目标定位与职能分工在一定程度上限制了职业教育场域的发展空间与作用功能。如果校企合作旨在满足职业院校的专业发展诉求，抑或是旨在满足企业特定岗位的人才需求，那么将会造成生产场域边界固化，致使职业教育的社会服务职能难以发挥。因而，本科层次职业教育须打破特定场域框架，强化社会服务意识，开拓生产场域发展空间，凝聚社会多元主体参与办学合力，以利于构建协同创新的产教融合生态系统，助力教育链、人才链、产业链和创新链有机融合①，实现职业教育部门与地方产业之间的有效衔接，打造产教协同办学新生态。

产教协同办学生态空间的建构包括实现专业与产业的对接、学校与企业的有效合作以及教学与生产实践的紧密结合。加强专业与产业对接是本科层次职业学校加强与其他社会场域联结的关键举措，是打造人才培养高地以服务经济社会的必要前提。本科层次职业学校须积极主动对接区域产业发展需求，基于地方资源优势与特色支柱产业，明确学校专业建设思路，开发并形成具有地方特色的高水平专业群，以便为区域产业发展提供适切专业人才支撑。校企合作办学模式的探索与实施是本科层次职业教育深化产教融合、创新育人生态的重要内容，不是停留在资源共享环节的协同，而是要在人才培养、师资建设、课程设置、院校治理的办学全环节中发挥学校与企业的双主体优势，联合多元主体共同推进培养方案制定、构建 "专职＋兼职" 的理论实践一体的结构化师资队伍、设计开发理论知识与实践技能并重的综合课程体系、搭建学生生产性实训基地以及打造校企高效协同的治理格局。教学与生产实践紧密结合是产教协同办学的具体落实环节，本科层次职业学校培养实践性技术技能人才须改变单一课堂授课形式，合理分配教学、实践实训类课时比例，依据课堂授课内容及时安排技能强化训练，优化课程授课与生产实习相结合的教学方法，切实提升教学效果与育人质量。

---

① 李梦卿，余静. 生态学视域下本科层次职业院校产教融合发展研究 [J]. 教育发展研究，2022 (17)：59-66.

（三）加强制度设计，构建本科层次职业教育话语体系

2013 年 8 月，习近平总书记在全国宣传思想工作会议上的讲话中提出，要"加强话语体系建设，着力打造融通中外的新概念新范畴新表述，讲好中国故事，传播好中国声音，增强在国际上的话语权"。话语体系是思维的外衣，是在人类交往过程中以语言符号为中介构建的多重认知关系，是呈现一个民族国家特有实践形态、价值文化、思想观念的复杂系统。① 本科层次职业教育是遵循教育发展规律、应对经济社会发展需求的产物，是基于职业教育历史沿革与发展现状所做出的回应，探求本科层次职业教育建设路径亟须立足高等职业教育发展实践，以学校办学定位及现实诉求为依托，以制度构建为中心，构建了具有独特发展理念、实践价值、制度特征的本科层次职业教育话语体系，以此增强我国本科层次职业教育的国际话语权与国际影响力。搭建制度框架是本科层次职业教育话语体系构成的核心环节，故发展本科层次职业教育要以制度先行，加强贯通教育和生产、理论与实践全环节的制度设计以保障本科层次职业教育的高质量发展。

本科层次职业教育制度设计，强调制度框架构建的完整性以及办学相关者权责分配的合理性。在制度框架的建构上，要注重制度建设的整体性与全面性，须从本科层次职业教育的招生就业、人才培养等方面进行全面统筹与设计。一是需要完善职教高考制度，明确本科层次职业学校的招生对象与准入门槛，通过建立与普通高考制度相平行的职业技能型招生考核制度，细化与专科层次职业学校相区分的招生标准，畅通本科层次职业学校招生通道，完善中职、高职专科、高职本科学校相贯通的现代职业教育体系；二是需要丰富本科层次职业学校人才培养制度，如全面推广中国特色现代学徒制，实现教育制度与用人制度紧密结合，深度推进校企协同育人新模式；三是需要加快推进符合本科层次职业教育特点的学位制度建设，学位授予是对毕业生掌握职业技能与学科知识的认可与肯定，是提高本科层次职业教育社会认可度的重要标志，学校须为毕业生提供有效的能力证明依据。

在制度相关者的权责分配上，要凝聚多元组织协同参与合力，确保权责科学合理分配。在制度制定环节，须明确本科层次职业教育的"职业性"本

---

① 李渊，曹琦. 从理念到构建：中国话语体系的文化基因与提升策略［J］. 新闻爱好者，2022（2）：103-105.

质属性，增强学校的办学自主权以及行业企业等社会力量的制度参与话语权，增强本科层次职业教育制度建设活力；在制度推行环节，须以学校师生、管理人员为执行主体，发挥行业企业等第三方机构的组织、监督与评估作用，确保制度的切实落实与有效推行。

职业教育是我国教育体系的重要组成部分，建设本科层次职业教育既是建设教育强国、人力资源强国和技能型社会的现实要求，也是提高劳动者素质和技术技能水平、促进就业创业的有效途径。[①] 我国本科层次职业学校的构建尚处于探索阶段，须深刻把握本科层次职业教育的建设规律与办学内涵，探索典型国家在本科层次职业教育实践过程中的有效育人、管理和办学经验，以逻辑为导向，以他国经验为参考，以我国职业教育发展现状为前提，开拓出符合我国国情的本科层次职业教育发展路径，以确保本科层次职业教育在类型化道路上高质量发展。

---

① 李梦卿. 本科层次职业学校要解决好三个"元问题"[N]. 中国教育报，2022-08-30（5）.

附录 A

建设高职本科　谁是可依靠的力量

（此文原刊于《中国教育报》2013 年 12 月 10 日第 5 版）

在网上搜索关键词"高职学院本科"，可以很容易找到这样的新闻：辽宁高职院校率先在全国开展本科教育试点，江苏试点高职院校招收本科生，福建学生可到高职院校读应用型本科等。高职学院开办本科专业或与普通本科高校联合开展本科层次的人才培养工作，在一些省份已经真正开始实施了，本科层次的职业教育如何办的问题，成为教育界尤其是职业教育界议论较多的话题。

经济社会的发展，需要更高层次的技能型人才。我们既不能一刀切地不允许办高职本科院校，也不能一哄而上地办很多高职本科院校。建设高职本科，要遵循教育规律，切合经济社会发展的现实需要，把握适度、适量的原则。笔者认为，具体建设路径有三条：一是改民办本科院校为高职本科院校，二是改部分普通本科院校为高职本科院校，三是将现有的示范高职学院中办学质量优秀的部分学校建设成为高职本科院校，即"两改一建"的高职本科院校建设路径。

改民办本科为高职本科，可引而不可期

我国现有的民办本科院校有两类，一类是独立设置的民办本科院校，一类是大学的独立学院。大多数独立设置的民办本科院校按照学科体系培养学科型、学术型和研究型人才。独立学院因其是依附于普通高校的办学实体，他们的人才培养模式与母体院校的人才培养模式基本一致，而与职业教育人才培养模式不在同一个类型体系上。

可以通过给予一定政策进行引导，吸引民办本科学校办成高职本科院校。但由于民办本科院校的培养目标、办学规模、办学层次、办学形式受我国

《民办教育促进法》保护，他们可以选择学科型人才培养体系，也可以选择应用型人才培养体系。

要把这类学校办成高职本科院校，在理论上可行，但实际操作比较困难，尤其在职业教育吸引力还不强的现实环境下，如果没有更优惠的办学政策和刺激机制，将民办本科院校转型成高职本科，可能只是一厢情愿的事情，很难通过这条路径达到预想的效果。

改部分普通本科为高职本科，可导而不可盼

教育规划纲要提出，高等教育要建立高校分类体系，实行分类管理。要引导高校合理定位，克服同质化倾向，形成各自的办学理念和风格，在不同层次、不同领域办出特色，争创一流。从这个意义上讲，部分普通本科院校，尤其是省地市属的地方本科院校，根据区域经济发展状况，确立培养符合地方经济社会需要的应用型人才的培养目标是比较合理的。

在政府的强力推动下，引导部分省地市属普通本科院校转型成高职本科院校，具有一定的可行性，但就这类学校自身而言，积极性、主动性和能动性不高。对他们而言，办高职本科可能会被其视之为一种政策上的"惩罚"和人才培养上的"降格"，而没有内驱力，即使转型也是迫于政策和行政力量主导下的无奈。他们想得更多的是如何把学科型的本科教育办得更好，办成教学研究型甚至研究型大学。

这类高校转型为高职本科院校，若办出质量，需要经过漫长的观念转变过程，与当前高职本科教育的迫切需求难相适应。这类普通本科院校转型办高职本科，其转型时间、转型效果都是不可寄予过多期盼的，毕竟传统思想的影响不可能在一夜之间彻底改变。

建高职专科为高职本科，可行而不可泛

专科层次的高等职业教育经过十多年引导性发展，已经具有一定规模和质量，也为我国高等教育发展做出了巨大贡献。目前，在1200多所高职（专科）院校中，有国家示范高职学校100所，它们引领我国职业教育人才培养的方向，坚守职业教育的阵地，为推动经济社会发展培养了大批高技能应用型人才。其中一大批学校具有最强烈的、最迫切的愿望，希望开展高职本科层次的人才培养工作，当然也更希望跨进高职本科院校行列。

虽然国家近些年来一再重申，高职专科不允许升格办本科，但他们的诉求几乎一天也没有停止过。这从目前很多学校申办试点本科专业以及与普通

本科高校联办本科专业的积极劲头就可见一斑。

从引导的角度看，建设高职本科，目前能一呼百应的只有高职专科院校，它们一定会成为最热情的呼应者、最积极的推动者和最忠实的执行者。在它们的基础上建设高职本科，最有可能延续技能型人才培养的目标和产教融合、校企合作人才培养模式。

而如何将部分高职专科院校建设成为高职本科将会涉及院校的遴选问题，可在总体上把握"数量适度、质量优先、产业需要、标准从严"的原则进行高起点规划、高标准建设，防止数量过多过泛。如果说 100 所国家示范高职学校是职业教育中的"211"，那么，这些遴选出来建设高职本科教育的院校就是职业教育中的"985"了。因此，"标准从严"是教育行政主管部门必须把握的原则。

"两改一建"的高职本科院校建设路径，笔者认为须"以建为主"，即将一定数量的高职专科院校建设成高职本科作为主渠道。而对于高职本科院校的管理，不宜与普通本科院校的管理相合并，而应按类型归并到职业院校的管理中。唯其如此，才能保证高职本科院校在职业教育的道路上高水平特色化健康持续发展。

附录 B

本科层次职业学校要解决好三个"元问题"

（此文原刊于《中国教育报》2022 年 8 月 30 日第 5 版）

发展本科及以上层次职业教育，是打破职业教育"天花板"，构建我国现代职业教育体系的重要举措。本科层次职业学校如何建？建成什么样？需要教育行政部门尽快出台指导性政策。笔者认为，本科层次职业学校如何定名、如何定位、如何定性，这三个"元问题"解决好，才能科学、规范、有序地推进本科层次职业学校的建设与发展。

以开放的思想为本科层次职业学校定名

目前，由高职学校升格建设的本科职业学校，在名称上基本是用"大学"一词替换"学院"二字，32 所本科层次职业学校的名称要么是"职业技术大学"后缀，要么是"职业大学"后缀。是不是本科层次职业学校只能以"职业技术大学"或"职业大学"定名？这是建设本科层次职业学校首先要面对并应明确的问题。

政府相关部门在思考并推进本科层次职业学校建设工作时，应秉持习近平总书记提出的"功成不必在我"的精神境界和"功成必定有我"的历史担当。在引导以"职业技术大学"或"职业大学"定名的同时，不刻意强调甚至是用"一刀切"的行政手段以"职业技术大学"或"职业大学"定名，可以考虑在名称上只以"技术大学"定名，即"地名＋专业领域名＋技术大学"，或"地名＋技术大学"，"技术"一词前也可加"应用"两个字。如此，可将本科层次职业学校统称为"应用技术型高校"，一方面可避免因传统原因将该类学校"矮化"，避免大众由于名称产生错觉；另一方面，既然已经是本科高校，就应允许在其保持学校类型特色和人才培养目标定位不变的前提下有创新性作为和自主性举措，至少在定名上，不宜非要用一个固化的名称将其束缚住。

以"类"定名，在"类"下多样化发展，具有"包容性"，应倡导；以"名"归类，过于呆板和固化，是"标签化"，不可取。以"类"多样化定名比以"名"机械化归类更符合当前对本科层次职业学校建设的引导和提质。

以科学的态度为本科层次职业学校定位

本科层次职业教育与普通高等教育同等重要，它们都是培养多样化人才的重要途径。建设本科层次职业学校，是我国现代职业教育体系建设的重大教育创新和发展，其打破了长期以来人们对职业教育的固化思维，是职业教育创新发展带来的"政策红利"。如何科学设计其办学定位对现代职业教育体系建设而言意义重大，将直接影响中、高、本各层次职业学校的办学定位、人才培养规格及服务社会效果。

通过高职学校升格建设的本科职业学校，其办学定位不能片面追求高、大、上，动辄"服务高端产业"或者"产业高端"，而必须以科学的态度、求是的精神来对待。我们必须正视有很多从事一般性生产经营的中小微企业，需要大量的技术技能人才，职业院校的毕业生是这些企业的主力军。我们办职业教育，无论是中职还是高职，都必须服务于所在区域经济社会需要，服务于所在区域产业发展，服务于所在区域教育需求，这也应是本科层次职业学校的办学定位。

近五年"中国县域综合实力百强榜"显示，江苏、浙江、山东三个省份一直是我国县域综合实力百强榜的优佳省份，这三个省份也都是职业教育强省。无论是"双高计划"学校数量，还是职业院校教师教学创新团队数量，抑或是技能大赛和教学成果的获奖数量与等级，这三个省份都具有绝对优势。职业教育办学定位准确了，人才培养质量也就上来了，服务于区域经济社会发展的能力和水平自然也就提高了，苏、浙、鲁三地职业教育的发展既是明证，也是示范。

以发展的眼光为本科层次职业学校定性

建设本科层次职业学校的初衷，一方面是让职业教育人才培养有更顺畅的上升通道，另一方面是为了满足经济社会发展对更高水平应用技术型人才的需要。根据帕累托最优法则，能同时满足这两个条件的最好选择就是高水平高职学校直接升格建设本科层次职业学校。

本科层次职业学校与地方应用型普通高校都属于应用技术型大学，而应用技术型大学无一例外都要为产业和经济发展服务，都必须秉持产教融合、校企合作原则进行人才培养。产教融合、校企合作是本科层次职业学校必须坚持的重要原则，也是将其建设成为应用技术型大学的重要保证。

我们可以做这样的预测性分析：现在升格的本科层次职业学校，基本上会遵循这样一个规律——将地方应用型普通本科高校的发展路径再走一遍，即先取得本科层次职业学校的申办权，然后申请学士学位授予权，在不久的将来再申请硕士学位授予权，待条件成熟申请博士学位授予权……其过程可能会短一些，因为有地方应用型普通本科的办学经验可以借鉴。我们要用发展的眼光看待这个规律，这非但不会影响本科层次职业学校成为高水平应用技术型大学，而且有利于这些学校继续高举职业教育大旗，继续坚持产教融合、校企合作，坚持面向市场、促进就业，坚持面向实践、强化能力，走出一条中国特色的高水平的立德树人、德技并修的高级应用技术型人才培养的道路。

职业教育是我国教育体系的重要组成部分，建设本科层次职业学校是我国现代职业教育创新发展的具体体现，是政策智慧和教育规律的统一，是建设教育强国、人力资源强国和技能型社会的现实要求，也是提高劳动者素质和技术技能水平、促进就业创业的有效途径。在推进本科层次职业学校建设过程中，务必规避"急躁冒进"带来的"低质发展"风险，避免"急于求升"带来的"一哄而上"现象，力求在引导各地高职学校升格建设本科层次职业学校上不搞"一刀切"，但在规模控制上一定要"切一刀"，即须坚持"数量适度、质量优先、产业需要、标准从严"的原则进行高起点规划、高标准建设、高质量发展。

附录 C

本科层次职业学校要夯实三个着力点

（此文原刊于《中国教育报》2023 年 7 月 11 日第 5 版）

本科层次职业学校是开展更高层次职业教育的学校，既与中职和专科层次职业学校有紧密的逻辑相关性，也须符合本科学校建设的内在要求，须从人才培养模式、学科建设范式和教师队伍建设机制三个着力点出发强化内涵、提升质量。只有针对性地解决好这些问题，才能更好地引导和推动本科层次职业学校建设持续向好发展。

坚持类型特色，深化职业教育人才培养模式

不论何种层次的职业教育学校，都是开展以技术技能为表征的应用技术型人才培养的具体形态，都具有职业教育的类型特色。新中国成立以来，我们在职业教育人才培养模式上的实践与创新一直没有停止过，借鉴学习过德国的"双元制"、美国的产学合作、澳大利亚的 CBET 等多种模式，也经历过半工半读、工学结合、顶岗实习、订单式培养等多种人才培养模式的探索。2017 年 10 月，党的十九大明确指出，要"完善职业教育和培训体系，深化产教融合、校企合作"。自此，"产教融合、校企合作"成为我国职业教育人才培养的基本模式。

本科层次职业学校要深化产教融合、校企合作，进一步凸显企业在实施职业教育中的重要办学主体作用和地位，旨在厚植企业承担职业教育责任的社会环境，促进教育链、人才链与产业链、创新链有机衔接。须开展实质性运行的产教融合、校企合作项目，共同制定专业人才培养方案，课程内容对接职业标准，教学过程对接生产过程，将职业文化、企业文化和产业文化融入高水平技术技能人才培养的全过程。

本科层次职业学校是我国提高技术技能人才培养规格的制度设计和教育实践，并不因培养层次的提高而改变其职业教育的类型属性，继续深化产教融合、校企合作人才培养模式的改革与创新，将是我国本科层次职业学校未来发展必须长期坚守的方向和原则。

融入本科阵营，探索职业教育学科建设范式

本科层次职业学校要不要开展学科建设？答案无疑是肯定的。20 世纪 70 年代，美国学者迈克尔·汉南和约翰·弗里曼在组织生态理论中探讨了组织类型与环境依附之间的关系。本科层次职业学校跨入本科高校阵营，即已融入了高等教育组织与环境之中，学科建设是本科及以上层次高等学校人才培养的基本要求。国际上，本科及以上层次人才培养的高等教育机构都以学科为基础开展教学与科研，我国本科层次职业学校当然也不例外。我国较早出现"学科"一词的国家文件是 1985 年 5 月印发的《中共中央关于教育体制改革的决定》，该文件提出要在高等学校有计划地建设一批学科，引导重点学科比较集中的学校，自然形成既是教育中心又是科学研究中心的发展导向。本科层次职业学校具有职业教育和高等教育的双重属性，无疑也需要加强学科建设，形成一批既是教育中心又是科学研究中心的应用技术型高校。

2022 年 1 月，教育部、财政部和国家发改委联合印发的《关于深入推进世界一流大学和一流学科建设的若干意见》，明确在新一轮"双一流"建设中选择若干高水平大学，全面赋予其自主设置建设学科、评价周期等权限，鼓励探索办学新模式。本科层次职业学校进入试点的举办和探索发展阶段，刚刚从专科序列跨入本科阵营，虽还没有自主设置建设学科的权限，但须有建一流应用技术型大学与一流职业教育学科的愿景和追求，将学科建设置于学校建设与发展的重要位置，为未来以学科建设为基础申办学士、硕士和博士学位授权点奠定基础。

教育部在《关于深化本科教育教学改革全面提高人才培养质量的意见》中提出，要建成一批对区域和产业发展具有较强支撑作用的高水平应用型高等学校。本科层次职业学校理应包含其中，其学科建设应紧跟时代发展，科学调整布局现有专业，增设新兴专业，坚持高起点、高标准、高质量原则，建设一批具有职业教育特色的学科门类，构建与普通本科高校差异化发展、特色化定位的学科生态。本科层次职业学校应积极探索职业教育学科发展范式，以"双高"专业（群）为基础，全面融入新工科、新医科、新农科和新文科建设，引领学校内涵提升。

强化"双师"素质，健全教师队伍建设机制

教师是影响本科层次职业学校人才培养质量的关键要素。教育部对设置本科层次职业教育专业的教师的学历学位、"双师型"教师占比等都有明确规定，这些规定凸显出本科层次职业学校教师应具有高水平共性和实践性特征。

高水平、实践性是国际上对本科层次职业学校教师的共性要求。如日本专门职业大学规定，新入职的教师须具有 5 年以上专业领域的工作经验，且具备高水平实务能力。2017 年，日本文部科学省印发的《专门职业大学设置基准》制定了特色化、规范化的师资培训标准，针对不同阶段的教师设置了差异化的培训课程、培训方式和培训目标，以提高师资培养的层次性、针对性、实效性。德国本科层次职业学校巴登-符腾堡州立"双元制"大学对于教师聘用的条件同样非常严格，其要求应聘者具有博士学位及深厚的理论知识，且须具备 5 年以上的企业经历并具有一定的管理能力，同时还须具备较好的教学能力。从国际经验看，本科层次职业学校对师资的要求普遍较高，研究性、企业经历、教学能力等都是必备的条件。

本科层次职业学校毕竟不同于高职专科学校，作为技术技能人才培养的更高一级教育形态，对教师的要求不仅要具有企业背景，还须具有更高的学术水平和科学研究能力。要达到这些要求，须从培养培训上下功夫。教育主管部门应鼓励、引导高水平工科大学和职业技术师范院校加强对"双师型"博士生的培养，目前只有天津职业技术师范大学一所高校具有"双师型"博士研究生培养资格，博士点建设应适当向这些高校布点。2021 年 10 月，中共中央办公厅、国务院办公厅印发的《关于推动现代职业教育高质量发展的意见》提出，到 2025 年，职业本科教育招生规模不低于高等职业教育招生规模总量的 10％。而目前我国高职院校具有博士学位的教师占专任教师总数的比例只有 2％左右，离 15％的博士占比要求还有非常大的差距，且从学生占比 10％的招生规模看，我国"双师型"博士研究生的数量缺口还很大，须加大对在建和拟建本科层次职业学校的在职教师进行学历学位提升教育和企业实践锻炼力度，以培养培训更多高水平师资来保障本科层次职业教育人才培养质量。

人才培养模式、学科发展范式、教师队伍建设机制是我国本科层次职业学校建设的三个重要问题，也是三个重要着力点，必须从本科层次职业学校建设之初即抓紧不放，这样才能进一步巩固职业教育类型定位，更好地担负起立德树人的责任和使命，为培养大批高级应用技术型人才、促进经济社会高质量发展服务。

附录 D

教育部办公厅关于印发《本科层次职业教育专业设置管理办法（试行）》 的通知

教职成厅〔2021〕1 号

各省、自治区、直辖市教育厅（教委），新疆生产建设兵团教育局：

为贯彻落实《国家职业教育改革实施方案》（国发〔2019〕4 号），进一步规范和完善本科层次职业教育专业设置管理，引导高校依法依规设置专业，我部制定了《本科层次职业教育专业设置管理办法（试行）》，现印发给你们，请认真执行。

教育部办公厅

2021 年 1 月 22 日

本科层次职业教育专业设置管理办法（试行）

第一章　总则

第一条　为做好本科层次职业教育专业设置管理，根据《中华人民共和国教育法》《中华人民共和国职业教育法》《中华人民共和国学位条例》《中华人民共和国高等教育法》和《国家职业教育改革实施方案》等规定，制定本办法。

第二条　本科层次职业教育专业设置应牢固树立新发展理念，坚持需求导向、服务发展，顺应新一轮科技革命和产业变革，主动服务于产业基础高级化、产业链现代化，服务建设现代化经济体系和实现更高质量更充分就业需要，遵循职业教育规律和人才成长规律，适应学生全面可持续发展的需要。

第三条　本科层次职业教育专业设置应体现职业教育类型特点，坚持高层次技术技能人才培养定位，进行系统设计，促进中等职业教育、专科层次职业教育、本科层次职业教育纵向贯通、有机衔接，促进普职融通。

第四条　教育部负责全国本科层次职业教育专业设置的管理和指导，坚持试点先行，按照更高标准，严格规范程序，积极稳慎推进。

第五条 省级教育行政部门根据教育部有关规定，做好本行政区域内高校本科层次职业教育专业建设规划，优化资源配置和专业结构。

第六条 教育部制订并发布本科层次职业教育专业目录，每年动态增补，五年调整一次。高校依照相关规定，在专业目录内设置专业。

第七条 本科层次职业教育专业目录是设置与调整本科层次职业教育专业、实施人才培养、组织招生、授予学位、指导就业、开展教育统计和人才需求预测等工作的重要依据，是学生选择就读本科层次职业教育专业、社会用人单位选用毕业生的重要参考。

第二章 专业设置条件与要求

第八条 高校设置本科层次职业教育专业应紧紧围绕国家和区域经济社会产业发展重点领域，服务产业新业态、新模式，对接新职业，聚焦确需长学制培养的相关专业。原则上应符合第九条至第十四条规定的条件和要求。

第九条 设置本科层次职业教育专业需有详实的专业设置可行性报告。可行性报告包括对行业企业的调研分析，对自身办学基础和专业特色的分析，对培养目标和培养规格的论证，有保障开设本专业可持续发展的规划和相关制度等。拟设置的本科层次职业教育专业需与学校办学特色相契合，所依托专业应是省级及以上重点（特色）专业。

第十条 设置本科层次职业教育专业须有完成专业人才培养所必需的教师队伍，具体应具备以下条件：

（一）全校师生比不低于1：18；所依托专业专任教师与该专业全日制在校生人数之比不低于1：20，高级职称专任教师比例不低于30％，具有研究生学位专任教师比例不低于50％，具有博士研究生学位专任教师比例不低于15％。

（二）本专业的专任教师中，"双师型"教师占比不低于50％。来自行业企业一线的兼职教师占一定比例并有实质性专业教学任务，其所承担的专业课教学任务授课课时一般不少于专业课总课时的20％。

（三）有省级及以上教育行政部门等认定的高水平教师教学（科研）创新团队，或省级及以上教学名师、高层次人才担任专业带头人，或专业教师获省级及以上教学领域有关奖励两项以上。

第十一条 设置本科层次职业教育专业需有科学规范的专业人才培养方案，具体应具备以下条件：

（一）培养方案应校企共同制订，需遵循技术技能人才成长规律，突出知识与技能的高层次，使毕业生能够从事科技成果、实验成果转化，生产加工中高端产品、提供中高端服务，能够解决较复杂问题和进行较复杂操作。

（二）实践教学课时占总课时的比例不低于50％，实验实训项目（任务）开出率达到100％。

第十二条　设置本科层次职业教育专业需具备开办专业所必需的合作企业、经费、校舍、仪器设备、实习实训场所等办学条件：

（一）应与相关领域产教融合型企业等优质企业建立稳定合作关系。积极探索现代学徒制等培养模式，促进学历证书与职业技能等级证书互通衔接。

（二）有稳定的、可持续使用的专业建设经费并逐年增长。专业生均教学科研仪器设备值原则上不低于1万元。

（三）有稳定的、数量够用的实训基地，满足师生实习实训（培训）需求。

第十三条　设置本科层次职业教育专业需在技术研发与社会服务上有较好的工作基础，具体应具备以下条件：

（一）有省级及以上技术研发推广平台（工程研究中心、协同创新中心、重点实验室或技术技能大师工作室、实验实训基地等）。

（二）能够面向区域、行业企业开展科研、技术研发、社会服务等项目，并产生明显的经济和社会效益。

（三）专业面向行业企业和社会开展职业培训人次每年不少于本专业在校生人数的2倍。

第十四条　设置本科层次职业教育专业需有较高的培养质量基础和良好的社会声誉，具体应具备以下条件：

（一）所依托专业招生计划完成率一般不低于90％，新生报到率一般不低于85％。

（二）所依托专业应届毕业生就业率不低于本省域内高校平均水平。

第三章　专业设置程序

第十五条　专业设置和调整，每年集中通过专门信息平台进行管理。

第十六条　高校设置本科层次职业教育专业应以专业目录为基本依据，符合专业设置基本条件，并遵循以下基本程序：

（一）开展行业、企业、就业市场调研，做好人才需求分析和预测。

（二）在充分考虑区域产业发展需求的基础上，结合学校办学实际，进行专业设置必要性和可行性论证。符合条件的高等职业学校（专科）设置本科层次职业教育专业总数不超过学校专业总数的30％，本科层次职业教育专业学生总数不超过学校在校生总数的30％。

（三）根据国家有关规定，提交相关论证材料，包括学校和专业基本情况、拟设置专业论证报告、人才培养方案、专业办学条件、相关教学文件等。

（四）专业设置论证材料经学校官网公示后报省级教育行政部门。

（五）省级教育行政部门在符合条件的高校范畴内组织论证提出拟设专业，并报备教育部，教育部公布相关结果。

第四章　专业设置指导与监督

第十七条　教育部负责协调国家行业主管部门、行业组织定期发布行业人才需求以及专业设置指导建议等信息，负责建立健全专业设置评议专家组织，加强对本科层次职业教育专业设置的宏观管理。

第十八条　省级教育行政部门通过统筹规划、信息服务、专家指导等措施，指导区域内高校设置专业。

高校定期对专业设置情况进行自我评议，评议结果列入高校质量年度报告。

第十九条　教育行政部门应建立健全专业设置的预警和动态调整机制，把招生、办学、就业、生均经费投入等情况评价结果作为优化专业布局、调整专业结构的基本依据。

第二十条　教育行政部门对本科层次职业教育专业组织阶段性评价和周期性评估监测，高校所开设专业出现办学条件严重不足、教学质量低下、就业率过低等情形的，应调减该专业招生计划，直至停止招生。连续 3 年不招生的，原则上应及时撤销该专业点。

第五章　附则

第二十一条　本办法自发布之日起实施，由教育部职业教育与成人教育司负责解释。

附录 E

教育部关于印发《本科层次职业学校设置标准（试行）》的通知

教发〔2021〕1号

各省、自治区、直辖市教育厅（教委），新疆生产建设兵团教育局：

为贯彻落实《国家职业教育改革实施方案》，完善现代职业教育体系，推进职业教育治理体系和治理能力现代化，依据有关法律法规和政策文件精神，结合各地职业教育的办学实际，教育部研究制定了《本科层次职业学校设置标准（试行）》，现印发给你们，请遵照执行。

教育部

2021 年 1 月 27 日

本科层次职业学校设置标准（试行）

为规范本科层次职业学校设置工作，完善现代职业教育体系，根据相关法律法规，制定本标准。

第一条　办学定位

坚持党的全面领导，贯彻党的教育方针，落实立德树人根本任务。贯彻落实《中华人民共和国高等教育法》《中华人民共和国职业教育法》及有关法律法规，坚持面向市场、服务发展、促进就业的办学方向，坚定职业教育定位、属性和特色，培养国家和区域经济社会发展需要的高层次技术技能人才。

第二条　治理水平

学校建立以章程为核心的现代大学制度，内部组织机构健全、质量保证体系完善，行业企业深度参与办学。学校领导必须符合国家高等学校领导任职条件要求，具有较高政治素质和管理能力，熟悉职业教育原理和规律，了解学校主要专业领域相关的产业或行业。

第三条　办学规模

学校全日制在校生规模应在 8000 人以上。艺术、体育及其他特殊科类或有特殊需要的学校，经教育部批准，办学规模可以不受此限。

第四条　专业设置

对接国家和区域主导产业、支柱产业和战略性新兴产业设置专业，有 3 个以上专业群，原则上每个专业群含 3—5 个专业，建有专业随产业发展动态调整机制，专业（群）结构总体合理。

第五条　师资队伍

（一）应具有较强的教学、科研力量，配备专、兼职结合的教师队伍，专任教师总数应满足生师比不高于 18∶1 的标准。来自行业企业一线的兼职教师占比不低于专任教师总数的 25％，承担专业课教学任务授课课时占学校专业课总课时的 20％以上。

（二）专任教师总数不少于 450 人，具有硕士及以上学位的教师数占专任教师总数的比例应不低于 50％，具有高级专业技术职务的专任教师人数一般应不低于专任教师总数的 30％，其中具有正高级专业技术职务的专任教师应不少于 30 人。专任专业课教师中，具有三年以上企业工作经历，或近五年累计不低于 6 个月到企业或生产服务一线实践经历的"双师型"教师比例不低于 50％。

（三）近五年内在职在岗教师（教师团队）获得国家级奖励或荣誉 1 项以上（包括中央组织部、教育部、人力资源社会保障部主导的人才工程、竞赛项目或荣誉标准）。

第六条　人才培养

（一）校企合作共同制定专业人才培养方案，课程内容对接职业标准、教学过程对接生产过程，将新技术、新工艺、新规范纳入教学标准和教学内容，实践性教学课时占总课时的 50％以上，顶岗实习时间不少于 6 个月。

（二）与行业企业开展深度合作，有 2 个及以上实质性运行的产教融合、校企合作项目（包括职业教育集团、现代学徒制、产业学院）。拟开展本科教育专业有合作稳定的规模以上企业。

（三）在近两届教学成果奖评选中获得过国家级二等奖以上或省级最高奖奖励。

第七条　科研与社会服务

（一）近五年累计立项厅级及以上科研项目 20 项以上。

（二）服务企业的技术研发和产品升级，解决生产一线技术或工艺实际问题，形成技术技能特色优势，近5年横向技术服务与培训年均到账经费1000万元以上（文科专业为主的学校500万元以上）。

（三）落实学历教育与培训并举的法定职责，近5年年均非学历培训人次数不低于全日制在校生数的2倍。

第八条　基础设施

（一）土地。校园占地面积应不低于800亩，生均占地面积应不低于60平方米。

（二）建筑面积。学校设置时总建筑面积应不低于24万平方米，生均校舍建筑面积应不低于30平方米；生均教学科研行政用房面积，综合、理工、农林、医药和师范类院校应不低于20平方米，文科类院校应不低于15平方米，体育、艺术类院校应不低于30平方米。

（三）仪器设备。生均教学科研仪器设备值，综合、理工、农林、医药和师范类院校应不低于10000元，文科类院校应不低于7000元，体育、艺术类院校应不低于8000元。

（四）图书。生均图书不低于100册，可包括电子图书。

（五）实训和实习场所。学校必须拥有职业教育办学所必需的产教融合实践平台、教学实训场所和顶岗实习基地，能够支撑各专业的基础技能训练、技术技能实训和顶岗实习需要。综合、理工、农林类院校应当有必需的校内理实一体化教学场所、生产（经营）性实训基地和校外相对稳定的顶岗实习基地；师范类院校应当有附属的实验学校或固定的实习学校；医药类院校至少应当有一所直属附属医院和适用需要的教学医院。

第九条　办学经费

学校所需基本建设投资和教育事业费，须有稳定、可靠的来源和切实的保证。

第十条　少数民族地区、西部地区、服务国家战略和特殊类别的学校，在设置时，其办学规模及其相应办学条件可以适当放宽要求。

第十一条　本标准自发布之日起实施。

附录 F

教育部办公厅关于印发《本科层次职业学校本科教学工作合格评估指标和基本要求（试行）》的通知

教督厅函〔2021〕1 号

各省、自治区、直辖市教育厅（教委），新疆生产建设兵团教育局：

为深入贯彻习近平新时代中国特色社会主义思想和全国教育大会精神，落实《深化新时代教育评价改革总体方案》《关于深化新时代教育督导体制机制改革的意见》《国家职业教育改革实施方案》《关于推动现代职业教育高质量发展的意见》有关要求，探索构建本科院校分类评估体系，引导高校合理定位、办出水平、办出特色，全面提高人才培养能力，稳步发展职业本科教育，我部研究制定了《本科层次职业学校本科教学工作合格评估指标和基本要求（试行）》，用于本科层次职业学校的本科教学工作合格评估。具体评估工作参照《普通高等学校本科教学工作合格评估实施办法》（教高厅〔2011〕2 号）实施。

现印发给你们，请遵照执行。

教育部办公厅
2021 年 11 月 15 日

本科层次职业学校本科教学工作合格评估指标和基本要求(试行)

一级指标	二级指标	观测点	基本要求
1.党的领导与办学定位	1.1 党的领导	1.1.1 党的建设	• 坚持和加强党的全面领导,贯彻落实党的教育方针,落实立德树人根本任务。增强"四个意识",坚定"四个自信",做到"两个维护"。 • 认真执行党委领导下的校长负责制(民办学校要充分发挥党组织的政治核心作用),坚持全面从严治党,以党的政治建设为统领,全面加强基层党建工作,大力提升学校思想政治工作质量,为学校改革发展和人才培养提供有力保障
		1.1.2 学校治理	• 学校领导必须符合关于国家高等学校领导任职条件要求,具有较高政治素质和管理能力,熟悉本科层次职业教育原理和规律;坚持依法治校,学校党政决策议事规则清晰,机制运行顺畅,学校章程依法核准并有效实施,教学、教材、科研、人事、财务、资产等管理制度健全有效,重大决策履行合法性审查等程序。 • 教职工代表大会、学生代表大会、学术委员会等机构健全,教职工、学生参与学校治理渠道通畅,师生合法权益有效维护,学术治理体系健全。建立学校理事会(董事会),社会参与监督机制健全,产教融合、校企合作深入开展
	1.2 办学定位	1.2.1 学校定位与规划	• 围绕区域经济社会发展需要,坚持面向市场、服务发展、促进就业的办学方向;坚持内涵式发展,专业结构合理,学生规模适当,全日制在校生规模符合教育部规定;办学定位准确,发展目标清晰。 • 学校事业发展规划科学合理,符合学校发展实际需要。 • 响应国家"一带一路"倡议;服务乡村振兴国家战略有举措、有成效
		1.2.2 办学特色	• 学校注重类型办学特色培育,坚持高标准、高起点、高质量,坚持职业教育办学方向不变、培养模式不变、特色发展不变,有一套比较科学的支撑学校特色发展的制度

一级指标	二级指标	观测点	基本要求
1.党的领导与办学定位	1.3 人才培养定位	1.3.1 人才培养目标	·适应区域高端产业和产业高端需求,主动服务产业基础高级化、产业链现代化,面向现代生产、建设、管理、服务一线岗位,培养德智体美劳全面发展,系统掌握专业基本知识、掌握较高的技术技能且能熟练应用,具有较强创新精神和实践能力的高层次技术技能人才
		1.3.2 人才培养思路	·落实立德树人根本任务,坚持育人为本,德育为先,能力为重,全面发展。 ·坚持职业教育属性和定位,突出高层次技术技能人才培养,产教融合校企"双元"育人思路清晰、措施有效。 ·构建理论和实践高度融合的教学体系、教材体系,坚持"三全育人",全面实施素质教育,培育学生的实践能力、劳动精神、工匠精神与创新创业精神,职业技能和职业精神培养高度融合,关注学生不同特点和个性差异,注重因材施教、多元发展
		1.3.3 人才培养中心地位	·有以提高人才培养质量为核心、落实人才培养中心地位的制度与措施。学校领导重视人才培养工作,各部门责任明确、服务人才培养意识强,师生满意
2.专业、课程与教材建设	2.1 专业建设	2.1.1 专业设置与结构调整	·围绕国家和区域经济社会产业发展重点领域,按照教育部《本科层次职业教育专业设置管理办法(试行)》规定设置本科层次职业教育专业,有明确的专业设置标准和合理的建设规划,并有动态调整、自我完善的专业建设发展机制,专业(群)结构总体合理,不断增强职业教育适应性。 ·注重培育优势特色专业和新兴专业,打造高水平专业(群)
		2.1.2 人才培养方案	·依据国家专业教学标准和《教育部关于职业院校专业人才培养方案制订与实施工作的指导意见》,制定人才培养方案,目标明确,内容科学,实施规范。 ·推进"岗课赛证"综合育人,实践教学课时占总课时的比例不低于50%,推进职业技能等级证书标准融入专业人才培养,促进书证融通。 ·建立人才培养方案持续改进机制,运行有效

续表

一级指标	二级指标	观测点	基本要求
2. 专业、课程与教材建设	2.2 课程与教学	2.2.1 课程资源建设	• 开发配套信息化资源。 • 加强课程思政建设,促进各类课程与思想政治理论课同向同行,努力实现职业技能和职业精神培养高度融合。 • 教学标准规范完备,教学内容紧密联系生产实际和社会实践,将新技术、新工艺、新规范等产业先进元素及时纳入教学内容,充实更新教材,突出应用性和实践性。 • 能够提供比较充足的课程供选修,学生选修课程的累计学时符合教育部要求
		2.2.2 教学方法与学习评价	• 有鼓励教师积极参与教学、课程改革和教材建设研究的制度和措施。利用信息化手段改革教学方式方法,实施启发式、参与式、项目化教学,开展线上、线下混合教学,促进自主、泛在、个性化学习,效果较好。 • 课堂教学以学生能力培养为中心,注重工匠精神的培育和传承,注重创新创业精神和能力培养。 • 课程考核方式和学生学习评价方式科学多样
	2.3 实践教学	2.3.1 实验实训	• 开设数量充足的实验实训课程,本科专业实验实训项目(任务)开出率100%。 • 建有相应的专项、综合实验实训室和产教融合型实训基地,安全达标、管理规范。开放时间和经费投入有保障,实验实训教学效果好
		2.3.2 专业实习	• 能够结合专业特点和人才培养目标,与行业企业合作开展认知实习、岗位实习。学生岗位实习时间一般不少于6个月(可根据专业实际情况合理调整),有实习标准,实习教学安排合理、过程管理规范,指导到位、考核科学、效果较好。 • 综合、理工、农林类院校有必需的校内理实一体化教学场所、生产(经营)性实训基地和校外相对稳定的岗位实习基地;师范类院校有附属的实验学校或固定的实习学校;医药类院校至少有1所直属附属医院和适用需要的教学医院。 • 建立实习运行保障制度,每个专业建有稳定的实习基地,实习经费有保证。 • 把社会实践纳入学校人才培养方案,规定学时学分,对学生参加社会实践提出时间和任务要求

续表

一级指标	二级指标	观测点	基本要求
2.专业、课程与教材建设	2.3实践教学	2.3.3 毕业设计(论文)	·毕业设计(论文)选题紧密结合生产和社会实际,难度、工作量适当,体现专业综合训练要求。 ·毕业设计(论文)50%以上的内容需通过实验、实习、工程实践和社会调查等社会实践完成。 ·有行业企业专家参与毕业设计(论文)的指导和考核,教师指导学生人数比例适当,指导规范,毕业设计(论文)质量较好
	2.4教材建设	2.4.1 教材选用与质量	·落实《职业院校教材管理办法》《学校选用境外教材管理办法》等,有专门的教材管理机构和人员,有科学的教材选用和质量监管制度。 ·优先选用职业教育国家优秀教材、国家和省级规划教材,有一定数量的新型活页式、工作手册式教材;按要求使用国家统编的思想政治理论课教材、马克思主义理论研究和建设工程重点教材
		2.4.2 教材编写与保障	·建立教材编写审核机制,教材编写团队符合要求,有一定数量的具有专业特色的自编教材。 ·有支持和鼓励教师积极参与教材建设、开展教材研究的激励机制和一定的经费保障
	2.5校企"双元"育人	2.5.1 校企"双元"育人	·校企合作共同制定并实施"双元"育人的人才培养方案、开发数字化教学资源、提升教师实践能力,与先进企业共建稳定的专业化产教融合实训基地。 ·与行业企业深度合作,每个本科教育专业有2个及以上实质性运行的产教融合、校企合作项目,积极探索中国特色高层次学徒制,有合作稳定的规模以上企业
3.师资队伍	3.1 数量与结构	3.1.1 教师数量和生师比	·全校师生比不低于1:18,专任教师总数不少于450人;本科专业专任教师与该专业全日制在校生人数之比不低于1:20。 ·合理控制班级授课规模,有足够数量的教师参与学生学习辅导

续表

一级指标	二级指标	观测点	基本要求
3.师资队伍	3.1 数量与结构	3.1.2 队伍结构	• 教师队伍年龄、学历、专业技术职务、专兼职比例等结构合理,整体素质能满足学校办学定位和人才培养目标的要求。 • 来自行业企业一线的兼职教师占专兼职教师总数的比例不低于25%(公办学校占比为25%左右,民办学校占比不超过50%),其所承担的专业课教学任务授课课时一般不少于专业课总课时的20%。 • 全校和各本科专业具有硕士及以上学位的教师数占专任教师总数的比例应不低于50%,其中:本科专业具有博士学位教师占比不低于15%。 • 全校和各本科专业具有高级专业技术职务的专任教师人数一般不低于专任教师总数的30%,其中全校具有正高级专业技术职务的专任教师应不少于30人。 • 专任专业课教师中,具有3年以上企业工作经历,或近5年累计不低于6个月到企业或生产一线实践经历的"双师型"教师比例不低于50%。 • 相关专业教师原则上从具有3年以上企业工作经历并具有高职(专科)以上学历的人员中公开招聘
		3.1.3 专业带头人与团队建设	• 建有高水平、结构化教师教学团队。 • 专业带头人原则上由省级以上教学名师、或专业教师获省级及以上教学领域有关奖励两项以上等高层次人才担任
	3.2 教育教学水平	3.2.1 师德师风	• 建立教师思想政治工作体系和师德师风建设长效机制,在教师年度考核、职称评聘、推优评先、表彰奖励等工作中进行师德考核,实行师德失范行为"一票否决"。制定具体的教师职业行为负面清单及失范行为处理办法。 • 完善师德规范,引导广大教师以德立身、以德立学、以德施教、以德育德,争做"四有"好教师,推动教师成为先进思想文化的传播者、党执政的坚定支持者、学生健康成长的指导者

一级指标	二级指标	观测点	基本要求
3.师资队伍	3.2 教育教学水平	3.2.2 教学水平	• 教师具有较高的专业水平,拥有满足执教需要的教学能力、信息技术应用能力、资源整合能力和职业发展能力,积极推行教师分工协作的模块化教学,教师、教材、教法改革有实效。 • 教师积极参与教(科)研,以研促教、以研促学能力强。课堂教学、实践指导、咨询服务能满足人才培养的要求,学生基本满意
	3.3 培养培训	3.3.1 培养培训	• 制定学校教师队伍建设专项规划,适应现代技术和产业发展需求,有针对教学创新团队、专业带头人、骨干教师、青年教师等各种培养培训项目或计划,有针对性开展兼职教师的教学能力培训,经费保障到位、支持措施有力。 • 落实教师 5 年一周期的全员轮训制度,落实专业课教师(含实习指导教师)每 5 年累计不少于 6 个月到企业或生产服务一线实践制度,思政课专职教师每 3 年至少接受一次专业培训;将教师参加培养培训与职称评审、晋升奖励等挂钩。 • 建有教师发展中心,制度健全,运行良好。党政工团相关职能部门和院(系)支持服务教师发展形成合力,有效提升教师职业归属感、荣誉感、幸福感
4.教学条件与利用	4.1 教学基本条件	4.1.1 校舍、运动场所、活动场所	• 校园占地面积、生均占地面积、总建筑面积、生均校舍建筑面积、生均教学科研行政用房等符合教育部规定。 • 教室、实验室、实习实训场所和附属用房面积以及其他相关校舍基本满足人才培养的需要,利用率较高。 • 运动场、学生活动中心及相关设施满足人才培养需要
		4.1.2 教学科研设施设备	• 学校生均教学科研仪器设备值符合教育部规定;本科专业生均教学科研仪器设备值原则上不低于 1 万元,年新增教学科研仪器设备值所占比例不低于 10%。 • 能够根据真实生产、服务的技术和工艺流程设计实践教学环境,实习实训条件能满足教学基本要求,利用率较高

续表

一级指标	二级指标	观测点	基本要求
4.教学条件与利用	4.1 教学基本条件	4.1.3 图书资料	·生均图书和生均年进书量符合教育部规定。 ·建有现代电子图书管理系统和计算机网络服务体系。 ·图书资料(含电子类图书)能满足教学基本要求,利用率高
		4.1.4 信息化	·重视数字校园建设,适应"互联网+教育"发展需求,建设智慧课堂和网络学习空间等,建设和使用专业教学资源库和在线精品课程,有促进泛在、移动、个性化学习的措施。 ·推动信息技术和智能技术深度融入学校管理服务全过程,保证网络安全,提升管理效能和服务水平
	4.2 经费保障	4.2.1 教学经费投入	·教学经费投入满足人才培养需要,其中教学日常运行支出占经常性预算内教育事业费拨款(205类教育拨款扣除专项拨款)与学费收入之和的比例≥13%。生均年教学日常运行支出≥1200元人民币,且随着教育事业经费的增长而逐步增长
5.质量管理	5.1 教学管理队伍	5.1.1 结构与素质	·教学管理队伍结构较为合理,人员基本稳定,服务意识较强。注重教学管理队伍建设与培训,积极开展教学管理研究,有一定数量的研究或实践成果
	5.2 质量监控与保障	5.2.1 规章制度	·教学管理制度规范、完备,规范人才培养全过程,各主要教学环节有明确的质量标准,执行较好,教学运行平稳有序
		5.2.2 质量监控	·完善行业、企业和学校共同参与的质量评价机制。 ·开展教学诊断与改进工作,持续提升教学质量。 ·利用信息化手段对教学质量进行常态监控。 ·建立质量年度报告制度,每年向社会发布

续表

一级指标	二级指标	观测点	基本要求
6.学风建设与学生指导	6.1 学风建设	6.1.1 制度与措施	• 建立健全教育宣传,制度建设,不端行为查处等工作体系完整,完善弘扬优良学风的长效机制。 • 有吸引适合生源和提高学生学习积极性的制度与措施,并开展了行之有效的学风建设活动
		6.1.2 学习氛围	• 营造良好的职业教育学习氛围。学生学习主动、奋发向上,自觉遵守校纪校规,考风考纪良好,遵守企业实习纪律、爱岗敬业,企业评价较好
		6.1.3 校园文化	• 校园文化建设能体现地域性产业和职业文化特色,融入中华优秀传统文化、革命文化和社会主义先进文化。 • 积极开展校园文化活动,搭建学生课外科技及文体活动平台,指导学生社团建设与发展,措施具体,学生参与面广,对提高学生综合素质起到积极作用,学生评价较好
	6.2 指导与服务	6.2.1 组织保障	• 每个班级配有兼职班主任或指导教师。 • 按师生比不低于1∶200设置一线专职辅导员岗位。 • 专职就业指导教师和专职就业工作人员与应届毕业生的比例不低于1∶500。按师生比不低于1∶4000配备专职从事心理健康教育的教师且不少于2名,并设置了相关工作机构。 • 有调动教师参与学生指导工作的政策与措施,形成教师与学生交流沟通机制
		6.2.2 学生服务	• 开展大学生学业指导、职业生涯规划指导、创业教育指导、就业指导与服务、家庭经济困难学生资助、心理健康咨询等服务,学生满意度较高。按要求开齐开足职业发展与就业指导课程。 • 有对学生学习表现跟踪与评估,对毕业生发展情况跟踪调查的制度和措施

一级指标	二级指标	观测点	基本要求
7.职业培训与技术技能积累	7.1 职业培训	7.1.1 职业技能培训	• 落实学历教育与培训并举的法定职责,按照育训结合、长短结合、内外结合的要求,面向社会成员开展职业培训,效果良好。培训体系和人才培养体系关联度高,有效促进育训结合、书证融通。 • 建立培训成果学分积累与转换机制,积极探索学历教育和非学历继续教育沟通与衔接的制度。 • 近5年横向技术服务与培训年均到账经费1000万元以上(文科专业为主的学校500万元以上)。 • 学校近5年年均非学历培训人次数不低于全日制在校生数2倍,本科各专业每年面向行业企业和社会开展职业培训人次不少于本专业在校生人数2倍
	7.2 技术技能积累	7.2.1 技术技能积累	• 校企共建"集人才培养、团队建设、技术服务于一体"的技术创新服务平台,推动产、学、研、用融合发展,重点服务企业特别是中小微企业的技术研发和产品升级,解决生产一线技术或工艺实际问题,形成技术技能特色优势,取得一定成绩。 • 将创客空间、技能大赛、双创案例、优质专利、科研和技术研发成果等转化成教学内容,激发学生专业学习兴趣,注重培养学生创新能力。 • 本科各专业能够面向区域、行业企业开展科研、技术研发、社会服务等项目,并产生明显的经济和社会效益
8.教学质量	8.1 德育	8.1.1 思想政治教育	• 加强党对思政课建设的全面领导,全面推动习近平新时代中国特色社会主义思想进教材、进课堂、进头脑。 • 建设政治强、情怀深、思维新、视野广、自律严、人格正的思政课教师队伍,按照师生比不低于1∶350配备专职思政课教师。 • 建好马克思主义学院,按照有关规定设置课程,不断增强思政课的思想性、理论性和亲和力、针对性,思政课质量和水平高。 • 充分发挥课程、科研、实践、文化、网络、心理、管理、服务、资助、组织等方面工作的育人功能,切实构建"十大"育人体系,系统推进全员全过程全方位育人,努力培养担当民族复兴大任的时代新人。

一级指标	二级指标	观测点	基本要求
8.教学质量	8.1 德育	8.1.1 思想政治教育	• 深度挖掘专业课蕴含的思想政治教育元素,开展课程思政,使各类课程与思政课同向同行,形成协同效应。 • 根据全日制在校生总数,按照每生每年不低于 40 元的标准安排专项经费,用于保障思政课教师学术交流、实践研修等;按照在校生总数每生每年不低于 30 元的标准设立网络思政专项工作经费;按照在校生总数每生每年不低于 20 元的标准设立思想政治工作和党务工作队伍建设专项经费
		8.1.2 思想品德	• 学生具有良好的思想政治素质和工匠精神,践行社会主义核心价值观,展现出服务国家和服务人民的社会责任感和公民意识;具有诚实守信、遵纪守法、严谨专注、敬业专业、精益求精和追求卓越的品质,能够积极参与志愿服务等公益活动。扎实开展爱国主义教育、国家安全教育和国防教育。依托校内相关科研机构,开设国家安全教育公共基础课,不少于 1 学分;开展国家安全专题教育,每学年不少于 1 次,每次不少于 2 课时。 • 培养学生职业认同感,树立面向基层服务的理念,下得去、用得上、留得住
	8.2 专业能力和技术技能	8.2.1 专业能力	• 毕业生掌握本专业领域所需的基本知识、较高的专业技术技能,达到本专业毕业条件要求和人才培养目标要求。 • 毕业生具有较强分析与解决综合性问题的能力,具有较强的创新精神和实践能力,以及职业适应能力和可持续发展能力
		8.2.2 技术技能	• 学生毕业时具有适应本专业领域技术革新的学习能力,具备从事本专业相关工作岗位的技术技能和职业素养,初步具有解决复杂问题和进行复杂操作的能力,能够从事科技成果转化、实验成果转化,生产加工中高端产品、提供中高端服务

续表

一级指标	二级指标	观测点	基本要求
8.教学质量	8.3 体育、美育和劳动教育	8.3.1 体育	• 全面加强和改进新时代学校体育工作,将体育纳入人才培养方案,体育课程开设、学生军训学时数、学生体质健康达标率、体育课与职业技能培养相结合等符合国家规定,学生体质健康达标、修满体育学分方可毕业
		8.3.2 美育	• 全面加强和改进新时代学校美育工作,开展丰富多彩的文体活动,注重培养学生良好的审美情趣和人文素养。公共艺术课程与艺术实践纳入人才培养方案,实行学分制管理,学生修满规定学分(公共艺术课程学分数≥2)方能毕业
		8.3.3 劳动教育	• 强化劳动教育,引导学生践行劳动光荣、技能宝贵、创造伟大的时代精神,热爱劳动人民、珍惜劳动成果、树立劳动观念、积极投身劳动。注重开展劳动实践、志愿服务及其他社会公益活动。 • 探索建立劳动清单制度,加强过程性评价,将参与劳动教育课程学习和实践情况纳入学生综合素质档案。 • 按要求开齐开足劳动教育学时(必修课或选修课程中劳动教育模块学时总数≥32)
	8.4 校内外评价	8.4.1 评价机制	• 强化过程评价,探索增值评价,健全综合评价改革导向,评价结果被用于持续改进,支撑人才培养目标的达成。 • 严把毕业出口关,有具体举措且效果良好
		8.4.2 师生评价	• 学生对学校教学工作及教学效果比较满意,评价较好。教师对学校教学工作和学生学习状况比较满意,评价较好
		8.4.3 社会评价	• 学校社会声誉较好。用人单位对毕业生满意度较高,毕业生对学校教育教学工作认可度较高、评价较好,本科各专业招生计划完成率不低于90%,新生报到率一般不低于85%

本科层次职业教育发展论纲

续表

一级指标	二级指标	观测点	基本要求
8.教学质量	8.5 就业	8.5.1 毕业生去向落实率	• 本科应届毕业生 9 月 1 日之前的去向落实率达到本省域内高校平均水平
		8.5.2 就业质量	• 毕业生就业面向符合培养目标要求,就业对口率较高。服务生产、建设、管理、服务一线,就业岗位适应性较强,有良好的发展前景。 • 毕业生实现高质量就业,其中有一定比例本科毕业生在产业高端和高端产业岗位上就业,对学校就业工作的满意度较高

备注:

1.表中定量指标的具体要求主要参照《本科层次职业学校设置标准(试行)》(教发〔2021〕1 号)、《本科层次职业教育专业设置管理办法(试行)》(教职成厅〔2021〕1 号)、《普通高等学校基本办学条件指标(试行)》(教发〔2004〕2 号)、《国家职业教育改革实施方案》(国发〔2019〕4 号)、《新时代高等学校思想政治理论课教师队伍建设规定》(中华人民共和国教育部令第 46 号)、《教育部等八部门关于加快构建高校思想政治工作体系的意见》(教思政〔2020〕1 号)、中共中央办公厅国务院办公厅印发《关于全面加强和改进新时代学校体育工作的意见》和《关于全面加强和改进新时代学校美育工作的意见》等文件,有关计算原则上参照《中国教育监测与评价统计指标体系(2020 年版)》(教发〔2020〕6 号)。如有文件修订更新,则以新文件要求为准。

2.生均年教学日常运行支出=教学日常运行支出/折合在校生数。教学日常运行支出:指学校开展普通本专科教学活动及其辅助活动发生的支出,仅指教学基本支出中的商品和服务支出(302 类)(不含教学专项拨款支出),具体包括:教学教辅部门发生的办公费(含考试考务费、手续费等)、印刷费、咨询费、邮电费、交通费、差旅费、出国费、维修(护)费、租赁费、会议费、培训费、专用材料费(含体育维持费等)、劳务费、其他教学商品和服务支出(含学生活动费、教学咨询研究机构会员费、教学改革科研业务费、委托业务费等)。取会计决算数。

3.毕业设计(论文)包括不同科类毕业汇报演出,作品展示,医学临床实习,社会调查报告等。

4.教学管理队伍包括学校分管教学的校领导、教务处等部门的专职教学管理人员、院(系、部)分管教学工作的院长(主任)、教学秘书等教学管理人员。